ERI 독해가

문해력 이다

5단계 

초등 5 ~ 6학년 권장

교재 내용 문의 교재 내용 문의는 EBS 초등사이트 (primary.ebs.co.kr)의 교재 Q&A 서비스를 활용하시기 바랍니다.

교재 정오표 공지 발행 이후 발견된 정오 사항을 EBS 초등사이트 정오표 코너에서 알려 드립니다. 교재 검색 → 교재 선택 → 정오표

교재 정정 신청 공지된 정오 내용 외에 발견된 정오 사항이 있다면 EBS 초등사이트를 통해 알려 주세요. 교재 검색 → 교재 선택 → 교재 Q&A

ERI 독해가 문해력이다

5단계 

초등 5 ~ 6학년 권장

교과서를 혼자 읽지 못하는 우리 아이?
평생을 살아가는 힘, '문해력'을 키워 주세요!

'ERI 독해가 문해력이다'
독해 학습으로 문해력 키우기

학습 수준에 따라 체계적인 독해 학습이 가능합니다.

단순히 많은 글을 읽고 문제를 푸는 것만으로는 문해력이 늘지 않습니다.
쉬운 글부터 어려운 글까지, 글의 난이도에 따라 체계적인 단계 학습이 가능하도록 구성하였습니다.

2

특허 출원한 독해 능력 수치 산출 프로그램을 통해 과학적으로 구성하였습니다.

EBS가 전국 문해력 전문가, 이화여대 산학협력단과 공동 개발한 ERI(EBS Reading Index) 지수에 따라 과학적인 독해 학습이 가능합니다.

3

다양한 교과의 핵심 개념과 소재를 반영한 학년별 2권×4주 학습으로 풍부한 독해 훈련이 가능합니다.

독해의 3대 요소인 '단어', '문장', '배경지식'의 수준을 고려하여 기본, 심화 단계로 구성하였습니다.
인문, 사회, 과학, 예술 영역 교과의 핵심 개념과 소재를 다룬, 다양한 글을 골고루 수록하였습니다.

4

관용 표현, 교과서 한자어까지 문제를 통해 어휘력의 깊이와 넓이를 동시에 키워 줍니다.

독해 능력의 40% 이상을 차지하는 어휘력은 독해 학습에 필수적입니다.
다양한 어휘 관련 문제로 어휘 학습까지 놓치지 않도록 하였습니다.

5

'한눈에 보는 읽기 방법'과 'STEAM 독해'로 문해력을 UP!

읽기 방법을 그림으로 표현한 '한눈에 보는 읽기 방법'으로 독해의 기본 원리를 확실히 잡을 수 있도록 하였습니다. 또한 지문 하나로 여러 과목을 동시에 학습하는 'STEAM 독해'를 통해 융합 사고력을 키우고, 문해력과 함께 문제 해결 능력을 쭈욱 올릴 수 있도록 하였습니다.

ERI 지수가 무엇인가요?

ERI(EBS Reading Index) 지수는
아이들이 읽는 글의 난이도를 단어, 문장, 배경지식에 따라 등급화하여 정량화하고, 독해 전문가들이 정성평가를 통해 최종 보정한 수치로서 EBS가 전국 문해력 전문가, 이화여대 산학협력단과 공동 개발하였습니다.

ERI 지수는 어떻게 산정되나요?

각 학년마다 꼭 알아야 하는 읽기 방법, 교과의 핵심 개념과 학습 요소들을 중심으로 체계적으로 지문을 구성합니다.
구성된 지문의 단어 수준과 문장의 복잡도, 배경지식이 학년 수준에 적합한지 여부를 계산합니다.
전문가들의 최종 정성평가와 보정을 거쳐 최종 지수와 적정 학년 수준과 단계가 산정됩니다.

ERI 지수 범위와 학습 단계

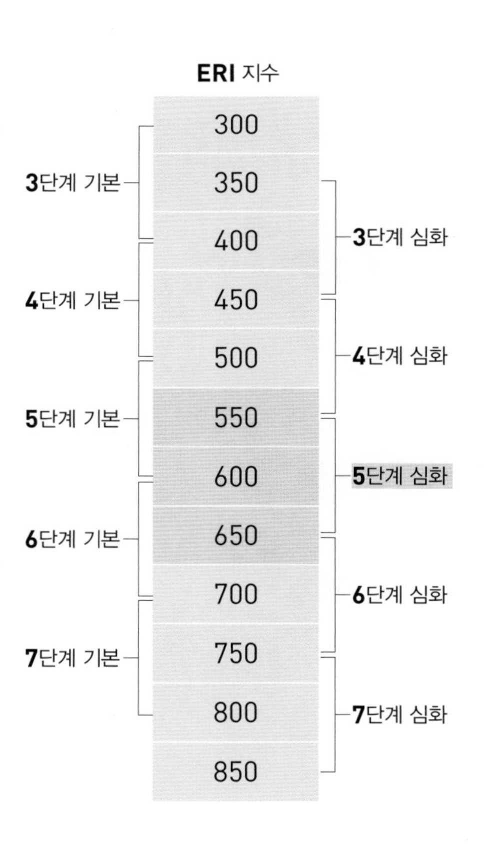

교재명	ERI 지수 범위	학년 수준
3단계 기본	300 이상~400 미만	초등 3~4학년
3단계 심화	350 이상~450 미만	
4단계 기본	400 이상~500 미만	초등 4~5학년
4단계 심화	450 이상~550 미만	
5단계 기본	500 이상~600 미만	초등 5~6학년
5단계 심화	550 이상~650 미만	
6단계 기본	600 이상~700 미만	초등 6학년 ~중학 1학년
6단계 심화	650 이상~750 미만	
7단계 기본	700 이상~800 미만	중학 1~2학년
7단계 심화	750 이상~850 미만	

이 책의 구성과 특징

회차별 지문을 미리 확인하고 공부 계획을 짤 수 있도록 했어요.

단어, 문장, 배경지식 각각의 수준이 학년 수준 내에서 어느 정도인지 막대그래프로 표현했어요.

막대그래프가 제일 높은 것을 어떻게 공부해야 할지 안내했어요.

이번 주 지문들의 수준이 어느 정도인지 한눈에 볼 수 있어요.

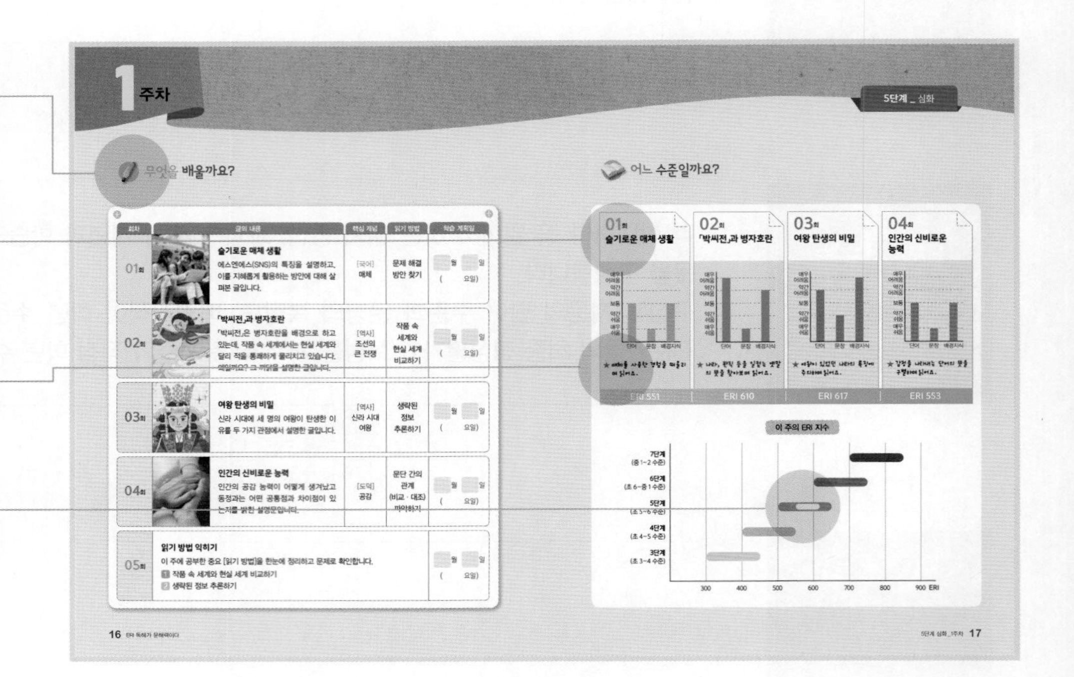

지문을 이해하는 데 도움을 주는 사진이나 그림을 넣었어요.

지문의 핵심 개념, 내용, 읽기 방법을 간단히 요약했어요.

지문의 핵심 개념을 미리 떠올리고 확인할 수 있도록 문제로 구성했어요.

간단한 문제로 핵심 읽기 방법을 확인할 수 있게 했어요.

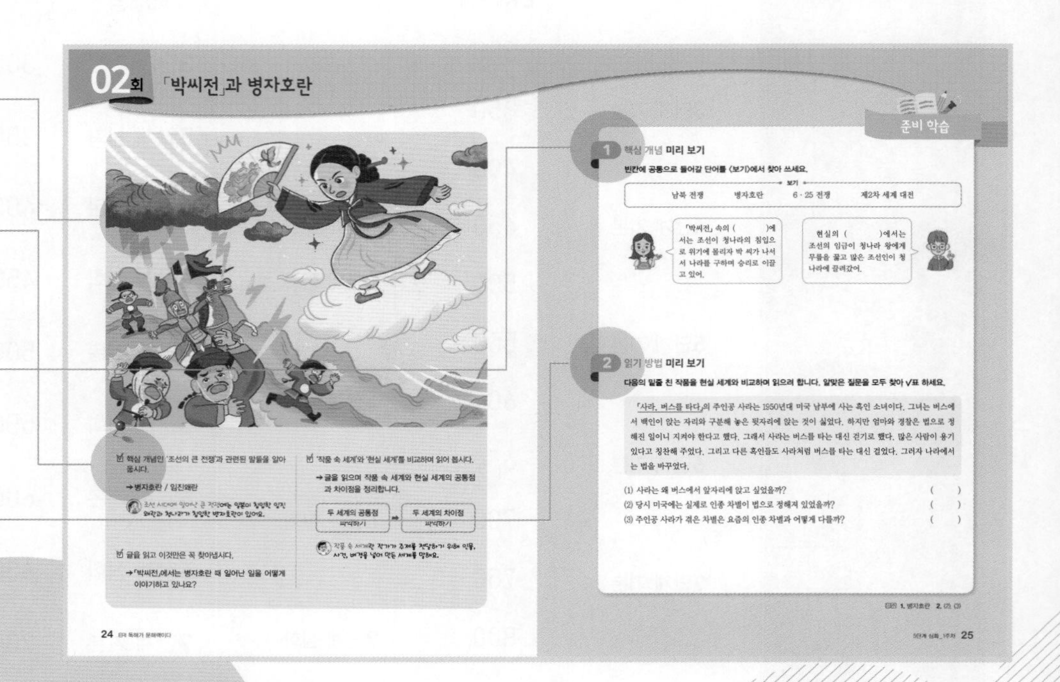

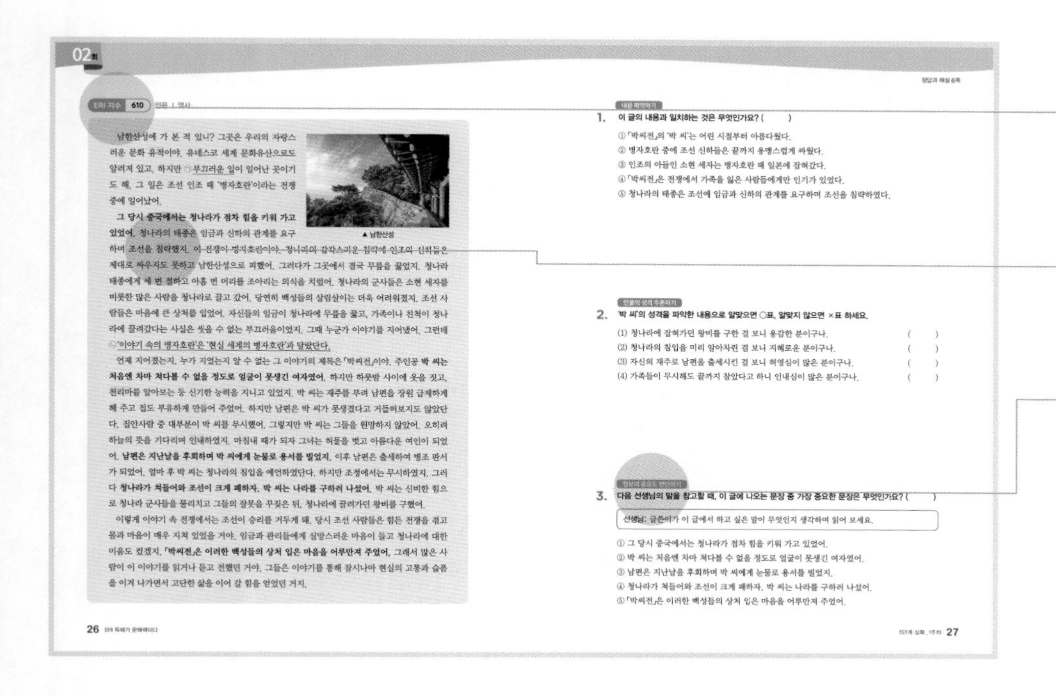

지문의 ERI 지수와 해당 영역, 교과를 표시하여 글의 난이도 수준과 교과서 학습 연계를 나타냈어요.

어려운 단어에는 노란 형광색 표시를 했어요.

다양한 읽기 방법을 적용한 문제들로 지문을 꼼꼼히 이해하고 사고력을 확장할 수 있게 했어요.

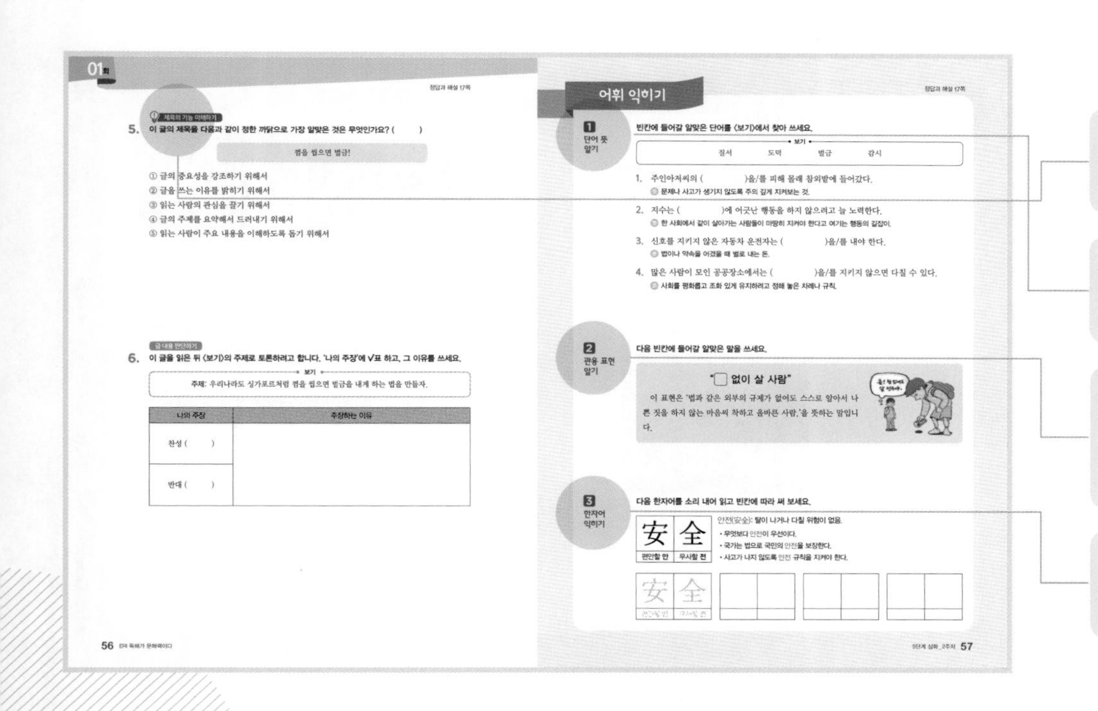

핵심 읽기 방법을 적용한 문제를 제시했어요.

지문의 노란 형광색으로 표시한 어려운 단어들을 공부하도록 했어요.

지문 내용과 관련된 속담, 관용어, 사자성어 등 관용 표현을 공부하도록 했어요.

지문과 관련된 한자어를 익히고 쓰는 연습을 하도록 했어요.

한 주를 정리하며 그동안 배웠던 핵심 읽기 방법 두 개를 심화하여 공부할 수 있도록 했어요.

읽기 방법과 관련된 개념과 과정을 간단히 요약하여 정리했어요.

읽기 방법을 적용한 문제로 문해력을 향상시킬 수 있도록 구성했어요.

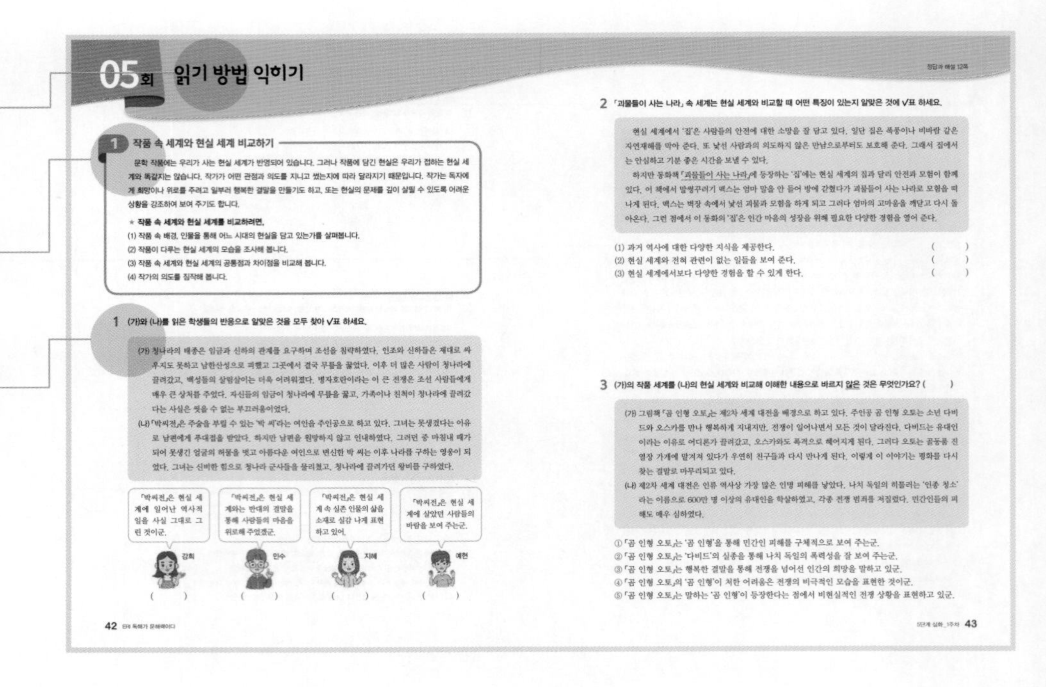

05회 읽기 방법 익히기

정답과 해설 12쪽

1 작품 속 세계와 현실 세계 비교하기

문학 작품에는 우리가 사는 현실 세계가 반영되어 있습니다. 그러나 작품에 담긴 현실은 우리가 접하는 현실 세계와 똑같지는 않습니다. 작가가 어떤 관점과 의도를 지니고 썼는지에 따라 달라지기 때문입니다. 작가는 독자에게 희망이나 위로를 주려고 일부러 행복한 결말을 만들기도 하고, 또는 현실의 문제를 깊이 살필 수 있도록 어려운 상황을 강조하여 보여 주기도 합니다.

＊ 작품 속 세계와 현실 세계를 비교하려면,
(1) 작품 속 배경, 인물을 통해 어느 시대의 현실을 담고 있는가를 살펴봅니다.
(2) 작품이 다루는 현실 세계의 모습을 조사해 봅니다.
(3) 작품 속 세계와 현실 세계의 공통점과 차이점을 비교해 봅니다.
(4) 작가의 의도를 짐작해 봅니다.

1 (가)와 (나)를 읽은 학생들의 반응으로 알맞은 것을 모두 찾아 √표 하세요.

(가) 청나라의 태종은 임금과 신하의 관계를 요구하며 조선을 침략하였다. 인조와 신하들은 제대로 싸우지도 못하고 남한산성으로 피했고 그곳에서 결국 무릎을 꿇었다. 이후 더 많은 사람이 청나라에 끌려갔고, 백성들의 살림살이는 더욱 어려워졌다. 병자호란이라는 이 큰 전쟁은 조선 사람들에게 매우 큰 상처를 주었다. 자신들의 임금이 청나라에 무릎을 꿇고, 가족이나 친척이 청나라에 끌려갔다는 사실은 씻을 수 없는 부끄러움이었다.

(나) 「박씨전」은 주술을 부릴 수 있는 '박 씨'라는 여인을 주인공으로 하고 있다. 그녀는 못생겼다는 이유로 남편에게 푸대접을 받았다. 하지만 남편을 원망하지 않고 인내하였다. 그러던 중 마침내 때가 되어 못생긴 얼굴의 허물을 벗고 아름다운 여인으로 변신한 박 씨는 이후 나라를 구하는 영웅이 되었다. 그녀는 신비한 힘으로 청나라 군사들을 물리쳤고, 청나라에 끌려가던 왕비를 구하였다.

2 「괴물들이 사는 나라」 속 세계는 현실 세계와 비교할 때 어떤 특징이 있는지 알맞은 것에 √표 하세요.

현실 세계에서 '집'은 사람들의 안전에 대한 소망을 잘 담고 있다. 일단 집은 폭풍이나 비바람 같은 자연재해를 막아 준다. 또 낯선 사람과의 의도하지 않은 만남으로부터도 보호해 준다. 그래서 집에서는 안심하고 기분 좋은 시간을 보낼 수 있다.

하지만 동화책 「괴물들이 사는 나라」에 등장하는 '집'에는 현실 세계의 집과 달리 안전과 모험이 함께 있다. 이 책에서 말썽꾸러기 맥스는 엄마 말을 안 들어 방에 갇혔다가 괴물들이 사는 나라로 모험을 떠나게 된다. 맥스는 벽장 속에서 낯선 괴물과 모험을 하게 되고 그러다 엄마의 고마움을 깨닫고 다시 돌아온다. 그런 점에서 이 동화의 '집'은 인간 마음의 성장을 위해 필요한 다양한 경험을 열어 준다.

(1) 과거 역사에 대한 다양한 지식을 제공한다. (   )
(2) 현실 세계와 전혀 관련이 없는 일들을 보여 준다. (   )
(3) 현실 세계에서보다 다양한 경험을 할 수 있게 한다. (   )

3 (가)의 작품 세계를 (나)의 현실 세계와 비교해 이해한 내용으로 바르지 않은 것은 무엇인가요? (   )

(가) 그림책 「곰 인형 오토」는 제2차 세계 대전을 배경으로 하고 있다. 주인공 곰 인형 오토는 소년 다비드와 오스카를 만나 행복하게 지내지만, 전쟁이 일어나면서 모든 것이 달라진다. 다비드는 유대인이라는 이유로 어디론가 끌려갔고, 오스카와도 폭격으로 헤어지게 된다. 그러다 오토는 골동품 진열장 가게에 맡겨져 있다가 우연히 친구들과 다시 만나게 된다. 이렇게 이 이야기는 평화를 다시 찾는 결말로 마무리되고 있다.

(나) 제2차 세계 대전은 인류 역사상 가장 많은 인명 피해를 낳았다. 나치 독일의 히틀러는 '인종 청소'라는 이름으로 600만 명 이상의 유대인을 학살하였고, 각종 전쟁 범죄를 저질렀다. 민간인들의 피해도 매우 심하였다.

① 「곰 인형 오토」는 '곰 인형'을 통해 민간인 피해를 구체적으로 보여 주는군.
② 「곰 인형 오토」는 '다비드'의 실종을 통해 나치 독일의 폭력성을 잘 보여 주는군.
③ 「곰 인형 오토」는 행복한 결말을 통해 전쟁을 넘어선 인간의 희망을 말하고 있군.
④ 「곰 인형 오토」의 '곰 인형'이 처한 어려움은 전쟁의 비극적인 모습을 표현한 것이군.
⑤ 「곰 인형 오토」는 말하는 '곰 인형'이 등장한다는 점에서 비현실적인 전쟁 상황을 표현하고 있군.

42 EBS 독해가 문해력이다

5단계 심화_1주차 43

사회, 과학, 수학, 미술, 음악 등 다양한 교과의 내용을 융합한 지문과 문제들로 지식과 사고력을 확장할 수 있게 했어요.

쓰기, 그리기, 표시하기 등 다양한 유형의 문제를 제시하여 학교 수업과 연관될 수 있도록 구성했어요.

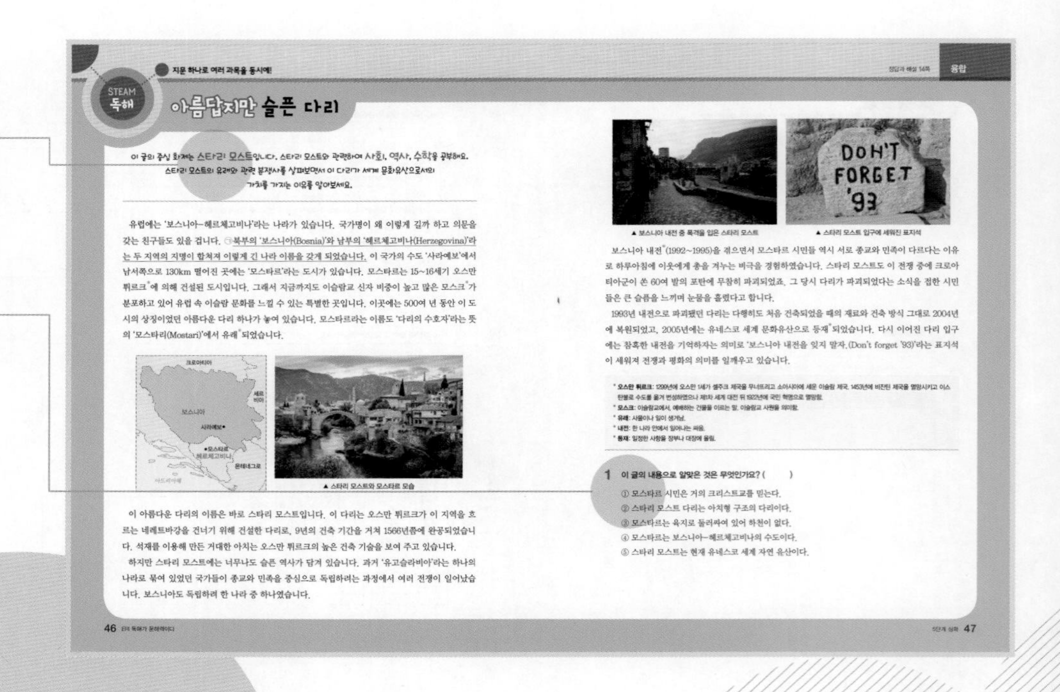

지문 하나로 여러 과목을 동시에!

STEAM 독해

아름답지만 슬픈 다리

정답과 해설 14쪽 융합

이 글의 중심 화제는 스타리 모스트입니다. 스타리 모스트와 관련하여 사회, 역사, 수학을 공부해요. 스타리 모스트의 유래와 관련 분쟁사를 살펴보면서 이 다리가 세계 문화유산으로서의 가치를 가지는 이유를 알아보세요.

유럽에는 '보스니아–헤르체고비나'라는 나라가 있습니다. 국가명이 왜 이렇게 길까 하고 의문을 갖는 친구들도 있을 겁니다. ㉠북부의 '보스니아(Bosnia)'와 남부의 '헤르체고비나(Herzegovina)'라는 두 지역의 지명이 합쳐져 이렇게 긴 나라 이름을 갖게 되었습니다. 이 국가의 수도 '사라예보'에서 남서쪽으로 130km 떨어진 곳에는 '모스타르'라는 도시가 있습니다. 모스타르는 15~16세기 오스만 튀르크*에 의해 건설된 도시입니다. 그래서 지금까지도 이슬람교 신자 비중이 높고 많은 모스크*가 분포하고 있어 유럽 속 이슬람 문화를 느낄 수 있는 특별한 곳입니다. 이곳에는 500여 년 동안 이 도시의 상징이었던 아름다운 다리 하나가 놓여 있습니다. 모스타르라는 이름도 '다리의 수호자'라는 뜻의 '모스타리(Mostari)'에서 유래*되었습니다.

▲ 스타리 모스트와 모스타르 모습

이 아름다운 다리의 이름은 바로 스타리 모스트입니다. 이 다리는 오스만 튀르크가 이 지역을 흐르는 네레트바강을 건너기 위해 건설한 다리로, 9년의 건축 기간을 거쳐 1566년쯤에 완공되었습니다. 석재를 이용해 만든 거대한 아치는 오스만 튀르크의 높은 건축 기술을 보여 주고 있습니다.

하지만 스타리 모스트에는 너무나도 슬픈 역사가 담겨 있습니다. 과거 '유고슬라비아'라는 하나의 나라로 묶여 있었던 국가들이 종교와 민족을 중심으로 독립하려는 과정에서 여러 전쟁이 일어났습니다. 보스니아도 독립하려 한 나라 중 하나였습니다.

▲ 보스니아 내전 중 폭격을 입은 스타리 모스트

▲ 스타리 모스트 입구에 세워진 표지석

보스니아 내전*(1992~1995)을 겪으면서 모스타르 시민들 역시 서로 종교와 민족이 다르다는 이유로 하루아침에 이웃에게 총을 겨누는 비극을 경험하였습니다. 스타리 모스트도 이 전쟁 중에 크로아티아군이 쏜 60여 발의 포탄에 무참히 파괴되었죠. 그 당시 다리가 파괴되었다는 소식을 접한 시민들은 큰 슬픔을 느끼며 눈물을 흘렸다고 합니다.

1993년 내전으로 파괴됐던 다리는 다행히도 처음 건축되었을 때의 재료와 건축 방식 그대로 2004년에 복원되었고, 2005년에는 유네스코 세계 문화유산으로 등재*되었습니다. 다시 이어진 다리 입구에는 참혹한 내전을 기억하자는 의미로 '보스니아 내전을 잊지 말자.(Don't forget '93)'라는 표지석이 세워져 전쟁과 평화의 의미를 일깨우고 있습니다.

* 오스만 튀르크: 1299년에 오스만 1세가 셀주크 제국을 무너뜨리고 소아시아에 세운 이슬람 제국. 1453년에 비잔틴 제국을 멸망시키고 이스탄불로 수도를 옮겨 번성하였으나 제1차 세계 대전 뒤 1922년에 국민 혁명으로 멸망함.
* 모스크: 이슬람교에서, 예배하는 건물을 이르는 말. 이슬람교 사원을 의미함.
* 유래: 사물이나 일이 생겨남.
* 내전: 한 나라 안에서 일어나는 싸움.
* 등재: 일정한 사항을 장부나 대장에 올림.

1 이 글의 내용으로 알맞은 것은 무엇인가요? (   )
① 모스타르 시민은 거의 크리스트교를 믿는다.
② 스타리 모스트 다리는 아치형 구조의 다리이다.
③ 모스타르는 육지로 둘러싸여 있어 하천이 없다.
④ 모스타르는 보스니아–헤르체고비나의 수도이다.
⑤ 스타리 모스트는 현재 유네스코 세계 자연 유산이다.

46 EBS 독해가 문해력이다

5단계 심화 47

이 책의
차례

작품 속 세계와 현실 세계 비교하기

★ 작가는 자신의 관점과 의지에 따라 작품의 세계를 창작해 냅니다.

생략된 정보 추론하기

★ 글을 깊이 이해하기 위해서는 생략된 정보를 추론하며 읽어야 합니다.

제목의 기능 이해하기

★ 글의 제목은 읽는 이가 관심과 호기심을 가질 만하거나, 주제나 중심 내용을 잘 표현할 수 있는 것으로 붙입니다.

도표의 종류와 기능 이해하기

★ 자료의 내용을 이해하기 쉽게 표현하기 위해 도표를 활용합니다.

순위	간식 종류	%
1	빵	27
2	과자	21
3	탄산음료	19
4	면	17
5	초콜릿	9
6	기타	7

글의 구조 파악하기

★ 글을 제대로 이해하기 위해서는 글의 구조를 파악해야 합니다.

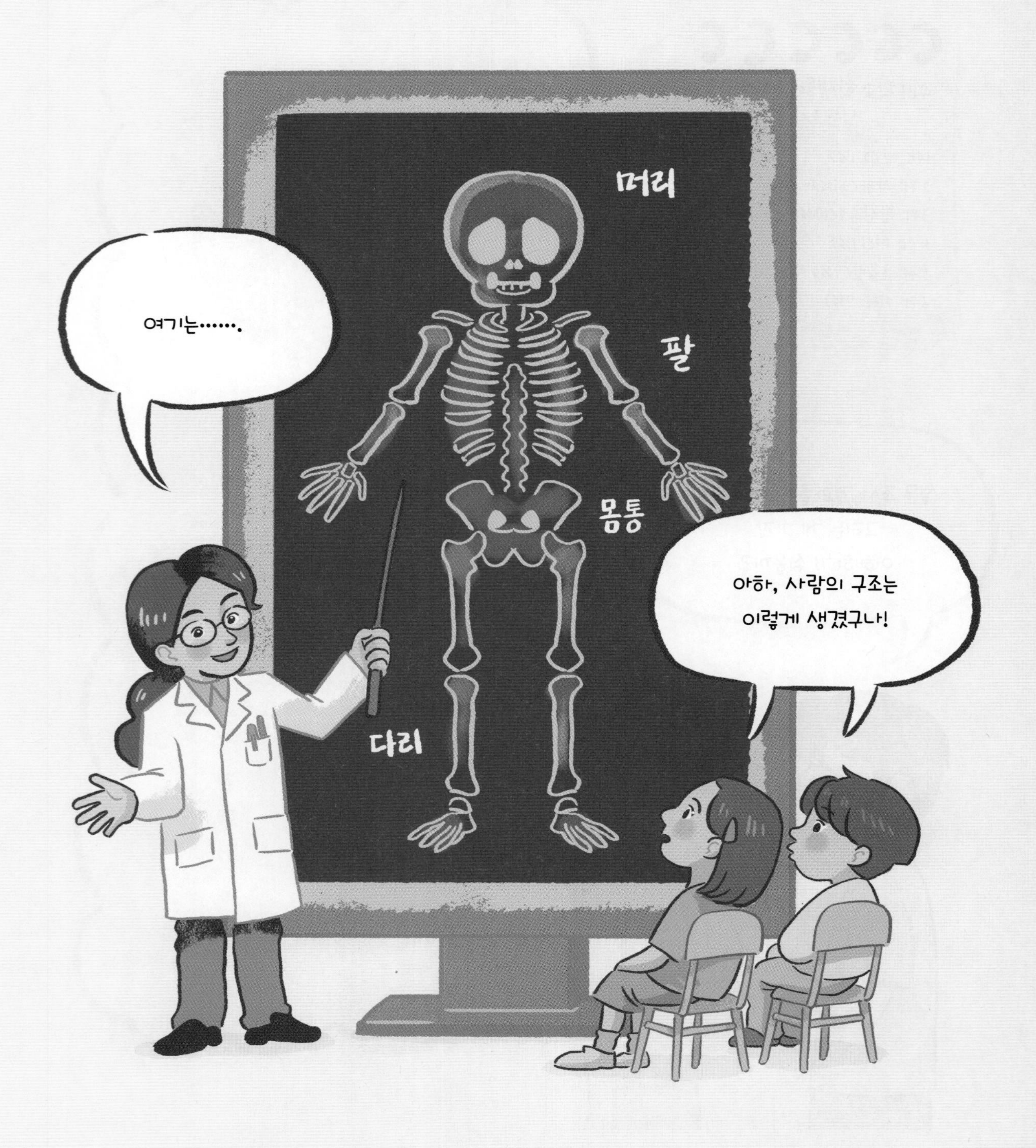

배경지식 활용하여 읽기

★ 글의 내용과 관련된 자신의 경험이나 지식, 즉 '배경지식'을 활용하면 글을 더 잘 이해할 수 있습니다.

맥락을 활용하여 내용 예측하기

★ 이어질 내용을 예측하며 읽다 보면 글을 더 풍부하게 이해할 수 있습니다.

글의 구조를 활용하여 요약하기

★ 글의 구조에 맞게 요약하면 글을 더 잘 이해하고 정리할 수 있습니다.

1주차

무엇을 배울까요?

회차	글의 내용		핵심 개념	읽기 방법	학습 계획일
01회		**슬기로운 매체 생활** 에스엔에스(SNS)의 특징을 설명하고, 이를 지혜롭게 활용하는 방안에 대해 살펴본 글입니다.	[국어] 매체	문제 해결 방안 찾기	월 일 (요일)
02회		**「박씨전」과 병자호란** 「박씨전」은 병자호란을 배경으로 하고 있는데, 작품 속 세계에서는 현실 세계와 달리 적을 통쾌하게 물리치고 있습니다. 왜일까요? 그 까닭을 설명한 글입니다.	[역사] 조선의 큰 전쟁	작품 속 세계와 현실 세계 비교하기	월 일 (요일)
03회		**여왕 탄생의 비밀** 신라 시대에 세 명의 여왕이 탄생한 이유를 두 가지 관점에서 설명한 글입니다.	[역사] 신라 시대 여왕	생략된 정보 추론하기	월 일 (요일)
04회		**인간의 신비로운 능력** 인간의 공감 능력이 어떻게 생겨났고 동정과는 어떤 공통점과 차이점이 있는지를 밝힌 설명문입니다.	[도덕] 공감	문단 간의 관계 (비교 · 대조) 파악하기	월 일 (요일)
05회	**읽기 방법 익히기** 이 주에 공부한 중요 [읽기 방법]을 한눈에 정리하고 문제로 확인합니다. 1 작품 속 세계와 현실 세계 비교하기 2 생략된 정보 추론하기				월 일 (요일)

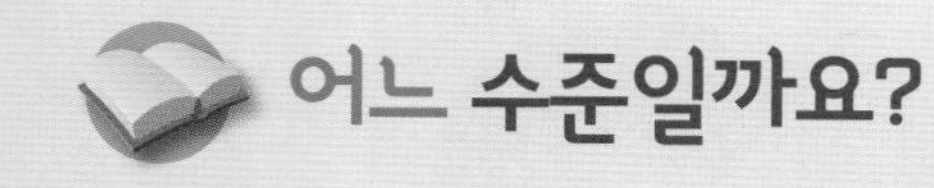

어느 수준일까요?

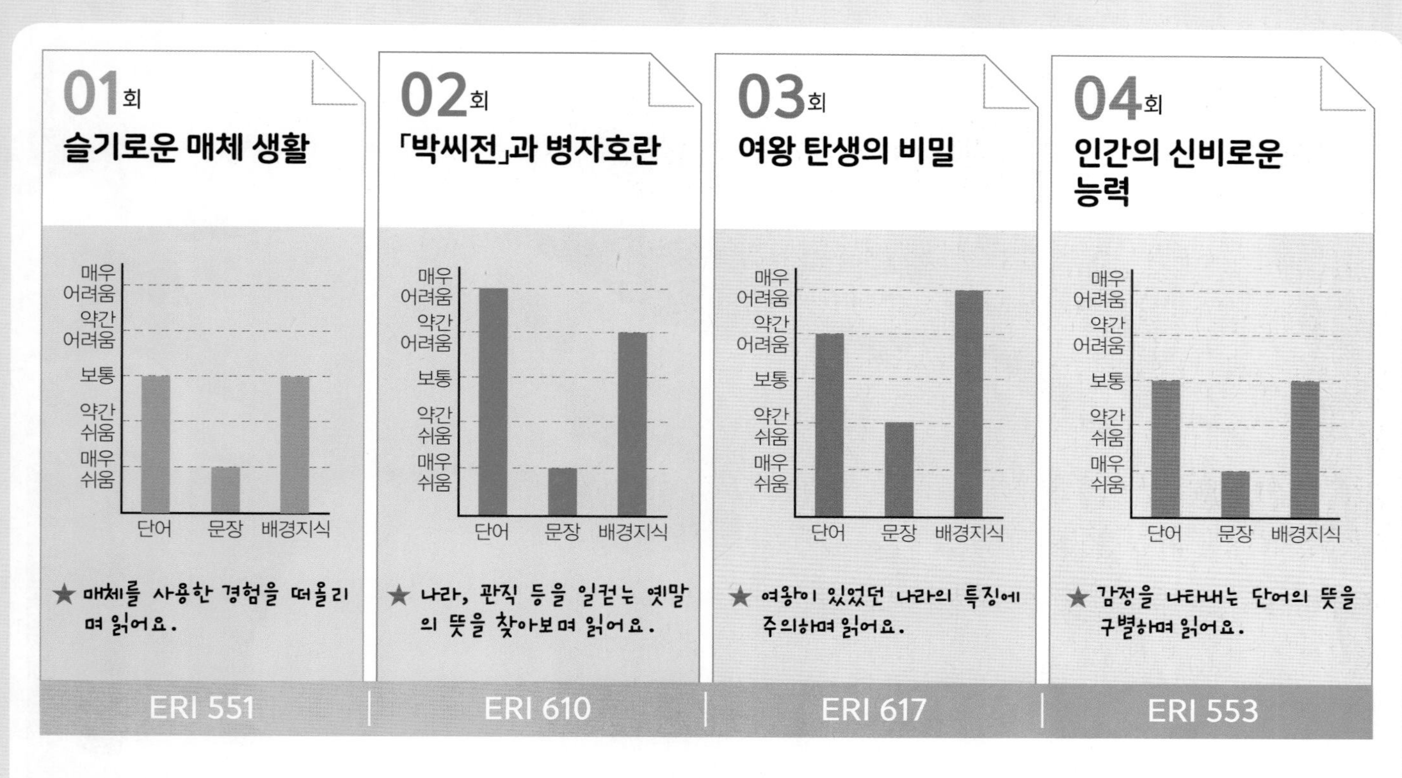

이 주의 ERI 지수

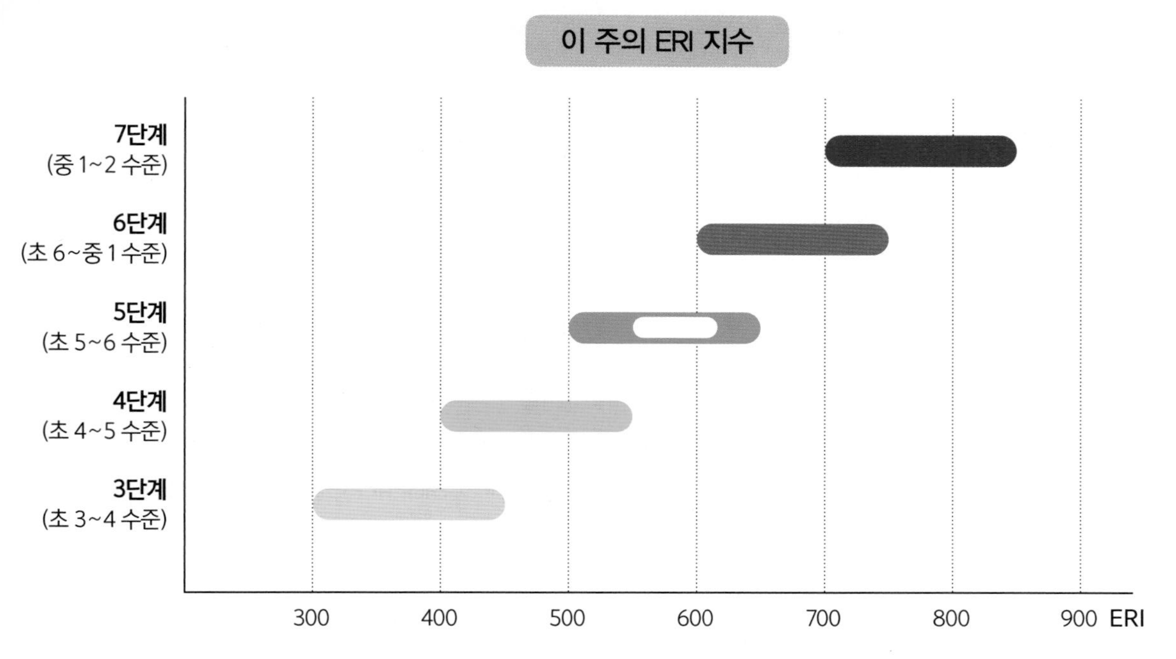

01회 슬기로운 매체 생활

☑ 핵심 개념인 '매체'와 관련한 말들을 알아 둡시다.

→ 매체 활용 / 대중 매체 / 영상 매체

매체란 사람들의 생각이나 사실을 전달하는 수단을 말해요. 신문, 라디오, 텔레비전, 인터넷 등이 매체에 포함되지요.

☑ 글을 읽고 이것만은 꼭 찾아냅시다.

→ 매체를 지혜롭게 활용하려면 어떻게 해야 할까요?

☑ 글을 읽으며 문제 해결 방안을 찾아봅시다.

→ 글에 제시된 내용을 바탕으로 자신이 처한 문제에 대한 해결 방법을 찾아 정리합니다.

문제점 발견하기 → 해결 방안 찾기 → 해결 방안 정리하기

문제 해결이란 어렵거나 난처한 물음이나 상황 등을 풀어내거나 얽힌 일을 처리하는 것을 말해요.

1 핵심 개념 미리 보기

빈칸에 공통으로 들어갈 단어를 〈보기〉에서 찾아 쓰세요.

보기

뉴스　　매체　　자동차　　휴대 전화

- 현대인은 (　　　　)을/를 통해서 서로 정보를 나눈다.
- 텔레비전과 같은 대중 (　　　　)은/는 사람들의 다양한 생각을 방해하기도 한다.

2 읽기 방법 미리 보기

다음 글을 통해 해결할 수 있는 문제 상황에 √표 하세요.

'멍때리다'는 '아무 생각 없이 멍하게 있다.'라는 의미이다. 이러한 '멍때리기'는 어떤 효과가 있을까? 사람의 뇌는 몸무게의 약 2%에 불과하지만, 몸이 사용하는 에너지의 20%를 사용한다. 생각하고 행동하고 느끼는 등 모든 활동을 뇌에서 하기 때문에 뇌도 휴식이 필요하다. 멍때리기는 컴퓨터가 초기 상태로 되돌아갈 때와 같은 효과가 있다. 멍때리기 이후 사람들은 새로운 아이디어를 빨리 내며 창의력을 발휘한다.

(1) 방과 후에 친구들과 공놀이를 오래 했더니 몸이 여기저기 아파서 꼼짝을 할 수가 없어. (　　)

(2) 글짓기 숙제를 해야 하는데 이것저것 신경 쓸 것이 많아서 머리만 아프고 좋은 생각이 안 나. (　　)

정답 1. 매체　2. (2)

ERI 지수 551 인문 | 국어

하루라도 인터넷, 휴대 전화, 텔레비전이 없는 세상을 상상할 수 있을까? 고개를 절레절레 흔드는 사람들이 많을 것이다. 이제는 하루도 이들이 없는 세상을 살기 힘들다. 이들의 공통점은 무엇일까? 모두 매체라는 것이다. 매체는 생각이나 사실을 전달하는 수단이다. 또 사람과 사람의 연결을 도와주는 도구이기도 하다. 그런 점에서 이들은 현대인의 생활에 없어서는 안 될 존재가 되고 있다.

(가) 요즘 가장 인기 있는 매체는 단연 사회적 소통망 또는 누리 소통망이라고 부르는 에스엔에스(SNS: social network service)이다. 이는 온라인상에 글이나 사진, 음악, 동영상 같은 것을 올려서 다른 사람들과 자유롭게 나눌 수 있도록 도와주는 서비스이다. 에스엔에스에는 메시지 전달과 채팅* 기능이 있어 편하게 대화를 나눌 수 있는 장점이 있다. 얼굴을 마주 보지 않아도 되기에 쉽게 자기 이야기를 할 수도 있다. 그래서인지 에스엔에스에서 우리는 엄청나게 많은 친구를 사귀기도 한다. 그런데 '과연 그 친구들이 나의 외로움을 덜어 줄 수 있을까?' 하는 질문에는 '그렇다.'라고 확신 있게 답하기 힘들다. 한 연구 결과에 따르면, 아무리 많은 사람과 관계를 맺어도 결국 나에게 영향을 주는 사람은 150명 정도라고 한다. 즉 에스엔에스 친구의 숫자가 곧 나에게 ㉠의미 있는 인간관계의 풍성함을 만들어 주는 것은 아니다.

에스엔에스에서는 ㉡다양한 부작용이 발생하기도 한다. 먼저, 개인 정보가 상업적 목적으로 활용될 수 있다. 에스엔에스에 가입할 때에 우리는 개인 정보를 넣어야 한다. 이 정보는 나의 허락 없이 특정 회사의 이익을 위해 사용되기도 한다. 심지어 에스엔에스에 올린 개인 정보가 범죄에 이용되기도 한다. 또 한쪽으로 치우친 정보만 제공받게 되기도 한다. 한 번 이용한 콘텐츠와 비슷한 내용이 계속 추천되기 때문이다. 그렇게 되면 나의 정보 선택권이 좁아진다.

분명히 다양한 매체는 우리의 생활에 편리함과 즐거움을 준다. 하지만 우리는 지나친 신상* 노출과 각종 범죄로부터 자신의 정보를 보호해야 한다. 슬기롭고 안전하게 매체를 활용하는 자세가 필요한 시대이다.

* **채팅**: 컴퓨터 통신망이나 게시판을 통해서 여러 사람이 글자로 이야기를 주고받는 일.
* **신상**: 이름, 사는 곳, 생년월일처럼 어떤 사람이 누구인지 알려 주는 것. 또는 사람의 형편이나 처지.

중심 화제 파악하기

1. **이 글의 중심 화제는 무엇인가요? (　　　)**

① 매체의 특성
② 대중 매체의 종류
③ 매체의 발달 과정
④ 에스엔에스의 종류
⑤ 에스엔에스의 장점과 부작용

내용 이해하기

2. **이 글을 바탕으로 '슬기로운 매체 활용'에 대해 바르게 말한 것은 무엇인가요? (　　　)**

① 친구들과 소통하려면 에스엔에스에 반드시 가입해야 해.
② 에스엔에스 친구를 되도록 많이 만들어 인간관계를 넓혀야 해.
③ 디지털 매체를 잘 활용하려면 에스엔에스에 많이 가입해야 해.
④ 정보가 유출될 수 있으니 에스엔에스는 가급적 이용하지 말아야 해.
⑤ 나의 정보가 어떻게 활용될지 모르니 에스엔에스는 신중하게 이용해야 해.

내용 추론하기

3. **㉮의 내용으로 볼 때, 에스엔에스의 장점으로 볼 수 없는 것은 무엇인가요? (　　　)**

① 다양한 사람과 소통할 수 있다.
② 먼 거리에 있는 친구와 대화할 수 있다.
③ 내가 좋아하는 정보를 찾아서 볼 수 있다.
④ 사진, 음악, 동영상 등을 주고받을 수 있다.
⑤ 모르는 상대의 취향과 관심사를 자세히 알 수 있다.

정답과 해설 5쪽

어휘의 문맥 추론하기

4. **㉠을 가장 바르게 풀이한 것은 무엇인가요? (　　　)**

① 다양한 정보를 주고받을 수 있는 관계
② 비밀스러운 정보를 나눌 수 있는 관계
③ 서로 얼굴을 마주 보고 대할 수 있는 관계
④ 공동체 전체의 발전에 도움을 줄 수 있는 관계
⑤ 진정한 마음으로 서로에게 영향을 줄 수 있는 관계

문제 해결 방안 찾기

5. **㉡에 대한 해결책으로 알맞은 것을 모두 고르세요. (　　,　　)**

① 개인 정보를 실제와 다른 내용으로 입력한다.
② 가입 시 너무 자세한 신상 정보를 넣지 않는다.
③ 이용자가 많은 매체에는 절대 가입하지 않는다.
④ 특정 에스엔에스에서 제공하는 콘텐츠만 열심히 활용한다.
⑤ 개인 정보가 들어 있는 글과 사진은 되도록 올리지 않는다.

글쓴이의 관점 파악하기

6. **글쓴이와 비슷한 관점을 지닌 사람은 누구인가요? (　　　)**

① **철수:** 매체는 기업들의 이익을 위해 사용되는 거야.
② **영희:** 매체는 사람들이 스스로 생각할 수 있는 능력을 빼앗아.
③ **희수:** 매체는 사람과 사람을 연결해서 행복할 수 있도록 도와줘
④ **현재:** 매체는 모든 사람에게 정보를 주어 평등한 세상을 만들어.
⑤ **현준:** 매체는 잘 이용하면 이롭지만 잘못 이용하면 큰 피해를 줘.

어휘 익히기

1 단어 뜻 알기

빈칸에 들어갈 알맞은 단어를 〈보기〉에서 찾아 쓰세요.

보기
도구　　허락　　이익　　노출

1. 과학 기술은 경우에 따라 위험한 (　　　　)일 수 있다.
   뜻 어떤 목적을 이루기 위한 수단이나 방법.

2. 햇볕에 오랫동안 (　　　　)되는 것은 피부 건강에 좋지 않다.
   뜻 겉으로 드러나거나 드러냄.

3. 그녀는 다른 사람의 행복을 위해 자신의 (　　　　)을/를 포기하였다.
   뜻 물질적으로나 정신적으로 보탬이 되는 것.

4. 여름 방학에 어린이 캠프에 참가하려고 부모님께 (　　　　)을/를 받았다.
   뜻 요구하거나 부탁하는 것을 들어줌.

2 관용 표현 알기

다음 빈칸에 들어갈 알맞은 말을 쓰세요.

"좋은 □□가 없는 사람은 뿌리 깊지 못한 나무와 같다"

인간은 누구나 자신의 속마음을 털어놓을 수 있는 좋은 친구를 원합니다. 이 속담은 사람에게 좋은 친구가 없으면 위급한 때에 도움을 받지 못하고 잘못될 수 있으므로 좋은 친구를 많이 사귀는 것이 중요하다는 말입니다.

3 한자어 익히기

다음 한자어를 소리 내어 읽고 빈칸에 따라 써 보세요.

手	段
손 **수**	구분 **단**

수단(手段): 어떤 목적을 이루기 위한 방법.
- 그 일을 해결할 뾰족한 수단이 없다.
- 낙타는 사막의 중요한 교통 수단이다.
- 그는 성공하기 위해 수단과 방법을 가리지 않았다.

手	段						
손 수	구분 단						

02회 「박씨전」과 병자호란

☑ 핵심 개념인 '조선의 큰 전쟁'과 관련된 말들을 알아 둡시다.

→ 병자호란 / 임진왜란

조선 시대에 일어난 큰 전쟁에는 일본이 침입한 임진왜란과 청나라가 침입한 병자호란이 있어요.

☑ 글을 읽고 이것만은 꼭 찾아냅시다.

→「박씨전」에서는 병자호란 때 일어난 일을 어떻게 이야기하고 있나요?

☑ '작품 속 세계'와 '현실 세계'를 비교하며 읽어 봅시다.

→ 글을 읽으며 작품 속 세계와 현실 세계의 공통점과 차이점을 정리합니다.

두 세계의 공통점 파악하기 → 두 세계의 차이점 파악하기

작품 속 세계란 작가가 주제를 전달하기 위해 인물, 사건, 배경을 넣어 만든 세계를 말해요.

준비 학습

1 핵심 개념 미리 보기

빈칸에 공통으로 들어갈 단어를 〈보기〉에서 찾아 쓰세요.

보기

남북 전쟁　　병자호란　　6 · 25 전쟁　　제2차 세계 대전

「박씨전」 속의 (　　　　)에서는 조선이 청나라의 침입으로 위기에 몰리자 박 씨가 나서서 나라를 구하며 승리로 이끌고 있어.

현실의 (　　　　)에서는 조선의 임금이 청나라 왕에게 무릎을 꿇고 많은 조선인이 청나라에 끌려갔어.

2 읽기 방법 미리 보기

다음의 밑줄 친 작품을 현실 세계와 비교하며 읽으려 합니다. 알맞은 질문을 모두 찾아 √표 하세요.

「사라, 버스를 타다」의 주인공 사라는 1950년대 미국 남부에 사는 흑인 소녀이다. 그녀는 버스에서 백인이 앉는 자리와 구분해 놓은 뒷자리에 앉는 것이 싫었다. 하지만 엄마와 경찰은 법으로 정해진 일이니 지켜야 한다고 했다. 그래서 사라는 버스를 타는 대신 걷기로 했다. 많은 사람이 용기 있다고 칭찬해 주었다. 그리고 다른 흑인들도 사라처럼 버스를 타는 대신 걸었다. 그러자 나라에서는 법을 바꾸었다.

(1) 사라는 왜 버스에서 앞자리에 앉고 싶었을까?　(　　　)

(2) 당시 미국에는 실제로 인종 차별이 법으로 정해져 있었을까?　(　　　)

(3) 주인공 사라가 겪은 차별은 요즘의 인종 차별과 어떻게 다를까?　(　　　)

정답 1. 병자호란　2. (2), (3)

ERI 지수 610 인문 | 역사

남한산성에 가 본 적 있니? 그곳은 우리의 자랑스러운 문화 유적이야. 유네스코 세계 문화유산으로도 알려져 있고. 하지만 ㉠부끄러운 일이 일어난 곳이기도 해. 그 일은 조선 인조 때 '병자호란'이라는 전쟁 중에 일어났어.

▲ 남한산성

그 당시 중국에서는 청나라가 점차 힘을 키워 가고 있었어. 청나라의 태종은 임금과 신하의 관계를 요구하며 조선을 침략했지. 이 전쟁이 병자호란이야. 청나라의 갑작스러운 침략에 인조와 신하들은 제대로 싸우지도 못하고 남한산성으로 피했어. 그러다가 그곳에서 결국 무릎을 꿇었지. 청나라 태종에게 세 번 절하고 아홉 번 머리를 조아리는 의식을 치렀어. 청나라의 군사들은 소현 세자를 비롯한 많은 사람을 청나라로 끌고 갔어. 당연히 백성들의 살림살이는 더욱 어려워졌지. 조선 사람들은 마음에 큰 상처를 입었어. 자신들의 임금이 청나라에 무릎을 꿇고, 가족이나 친척이 청나라에 끌려갔다는 사실은 씻을 수 없는 부끄러움이었지. 그때 누군가 이야기를 지어냈어. 그런데 ㉡'이야기 속의 병자호란'은 '현실 세계의 병자호란'과 달랐단다.

언제 지어졌는지, 누가 지었는지 알 수 없는 그 이야기의 제목은 「박씨전」이야. 주인공 **박 씨는 처음엔 차마 쳐다볼 수 없을 정도로 얼굴이 못생긴 여자였어.** 하지만 하룻밤 사이에 옷을 짓고, 천리마를 알아보는 등 신기한 능력을 지니고 있었지. 박 씨는 재주를 부려 남편을 장원 급제하게 해 주고 집도 부유하게 만들어 주었어. 하지만 남편은 박 씨가 못생겼다고 거들떠보지도 않았단다. 집안사람 중 대부분이 박 씨를 무시했어. 그렇지만 박 씨는 그들을 원망하지 않았어. 오히려 하늘의 뜻을 기다리며 인내하였지. 마침내 때가 되자 그녀는 허물을 벗고 아름다운 여인이 되었어. **남편은 지난날을 후회하며 박 씨에게 눈물로 용서를 빌었지.** 이후 남편은 출세하여 병조 판서가 되었어. 얼마 후 박 씨는 청나라의 침입을 예언하였단다. 하지만 조정에서는 무시하였지. 그러다 **청나라가 쳐들어와 조선이 크게 패하자, 박 씨는 나라를 구하러 나섰어.** 박 씨는 신비한 힘으로 청나라 군사들을 물리치고 그들의 잘못을 꾸짖은 뒤, 청나라에 끌려가던 왕비를 구했어.

이렇게 이야기 속 전쟁에서는 조선이 승리를 거두게 돼. 당시 조선 사람들은 힘든 전쟁을 겪고 몸과 마음이 매우 지쳐 있었을 거야. 임금과 관리들에게 실망스러운 마음이 들고 청나라에 대한 미움도 컸겠지. **「박씨전」은 이러한 백성들의 상처 입은 마음을 어루만져 주었어.** 그래서 많은 사람이 이 이야기를 읽거나 듣고 전했던 거야. 그들은 이야기를 통해 잠시나마 현실의 고통과 슬픔을 이겨 나가면서 고단한 삶을 이어 갈 힘을 얻었던 거지.

내용 파악하기

1. 이 글의 내용과 일치하는 것은 무엇인가요? (　　　)

① 「박씨전」의 '박 씨'는 어린 시절부터 아름다웠다.
② 병자호란 중에 조선 신하들은 끝까지 용맹스럽게 싸웠다.
③ 인조의 아들인 소현 세자는 병자호란 때 일본에 잡혀갔다.
④ 「박씨전」은 전쟁에서 가족을 잃은 사람들에게만 인기가 있었다.
⑤ 청나라의 태종은 조선에 임금과 신하의 관계를 요구하며 조선을 침략하였다.

인물의 성격 추론하기

2. '박 씨'의 성격을 파악한 내용으로 알맞으면 ○표, 알맞지 않으면 ×표 하세요.

(1) 청나라에 잡혀가던 왕비를 구한 걸 보니 용감한 분이구나. (　　　)
(2) 청나라의 침입을 미리 알아차린 걸 보니 지혜로운 분이구나. (　　　)
(3) 자신의 재주로 남편을 출세시킨 걸 보니 허영심이 많은 분이구나. (　　　)
(4) 가족들이 무시해도 끝까지 참았다고 하니 인내심이 많은 분이구나. (　　　)

정보의 중요도 판단하기

3. 다음 선생님의 말을 참고할 때, 이 글에 나오는 문장 중 가장 중요한 문장은 무엇인가요? (　　　)

선생님: 글쓴이가 이 글에서 하고 싶은 말이 무엇인지 생각하며 읽어 보세요.

① 그 당시 중국에서는 청나라가 점차 힘을 키워 가고 있었어.
② 박 씨는 처음엔 차마 쳐다볼 수 없을 정도로 얼굴이 못생긴 여자였어.
③ 남편은 지난날을 후회하며 박 씨에게 눈물로 용서를 빌었지.
④ 청나라가 쳐들어와 조선이 크게 패하자, 박 씨는 나라를 구하러 나섰어.
⑤ 「박씨전」은 이러한 백성들의 상처 입은 마음을 어루만져 주었어.

세부 내용 파악하기

4. **이 글에서 ㉠에 해당되는 내용을 모두 고르세요. (　　,　　)**

① 못생긴 박 씨의 이야기를 만든 일
② 임금이 궁궐을 떠나 남한산성으로 피한 일
③ 청나라와 제대로 싸우지도 못하고 항복한 일
④ 유네스코에서 남한산성을 세계 문화유산으로 지정한 일
⑤ 백성들의 살림살이가 어려워져서 청나라에 도움을 청한 일

작품 속 세계와 현실 세계 비교하기

5. **㉡의 '이야기 속의 병자호란'과 '현실 세계의 병자호란'을 비교한 내용으로 알맞은 것은 무엇인가요? (　　)**

	이야기 속의 병자호란	현실 세계의 병자호란
①	백성들이 청나라를 원망함.	백성들이 박 씨를 원망함.
②	임금이 가난한 삶으로 고통받음.	백성들이 가난한 삶으로 고통받음.
③	박 씨의 남편이 청나라에 항복함.	임금이 청나라에 항복함.
④	주인공의 힘으로 전쟁에서 승리함.	적군의 힘에 의해 전쟁에서 패배함.
⑤	박 씨가 신기한 재주로 문제를 해결함.	임금과 신하들이 새로운 무기로 문제를 해결함.

맥락 추론하기

6. **이 글을 통해 알 수 있는 문학의 역할은 무엇인가요? (　　)**

① 모든 사람이 한마음이 될 수 있다.
② 현실의 고통에서 완전히 벗어날 수 있다.
③ 과거에 있었던 일을 정확하게 기억할 수 있다.
④ 상상력을 통해 새로운 지식을 획득할 수 있다.
⑤ 힘든 현실을 극복할 수 있는 희망을 얻을 수 있다.

어휘 익히기

정답과 해설 7쪽

1 단어 뜻 알기

빈칸에 들어갈 알맞은 단어를 〈보기〉에서 찾아 쓰세요.

• 보기 •

유적　　침략　　천리마　　인내

1. 연구팀은 고대 도시의 (　　　　　)을/를 발굴하였다.
   뜻 옛날 사람들이 남긴 자취.

2. 적의 (　　　　　)에 대비하여 국방을 튼튼히 해야 한다.
   뜻 정당한 이유 없이 남의 나라에 쳐들어감.

3. 아무리 힘들어도 조금만 (　　　　　)하면 좋은 일이 생길 거야.
   뜻 괴로움이나 어려움을 참고 견딤.

4. 비록 (　　　　　)(이)라도 알아주는 사람이 없으면 헛되이 마구간에서 늙어 죽는다.
   뜻 하루에 천 리를 달릴 수 있을 정도로 좋은 말.

2 관용 표현 알기

다음 빈칸에 들어갈 알맞은 말을 쓰세요.

"□□□에도 볕 들 날 있다"

「박씨전」에서 박 씨는 가족들의 푸대접에도 원망하지 않고 하늘의 뜻을 기다리며 인내하였습니다. 그러다 마침내 허물을 벗고 아름다운 여인으로 변신하였습니다. 이 속담은 지금 당장은 힘들어도 언젠가 좋은 날이 온다는 뜻으로, 이러한 박 씨의 상황을 표현하기에 알맞습니다.

3 한자어 익히기

다음 한자어를 소리 내어 읽고 빈칸에 따라 써 보세요.

출세(出世): 사회에 나와 유명해지거나 높은 지위에 오름.

- 사람은 출세만 바라고 살아서는 안 된다.
- 그 사람은 출세를 위해 모든 수단을 동원했다.
- 아버지가 출세하는 데에는 어머니의 도움이 컸다.

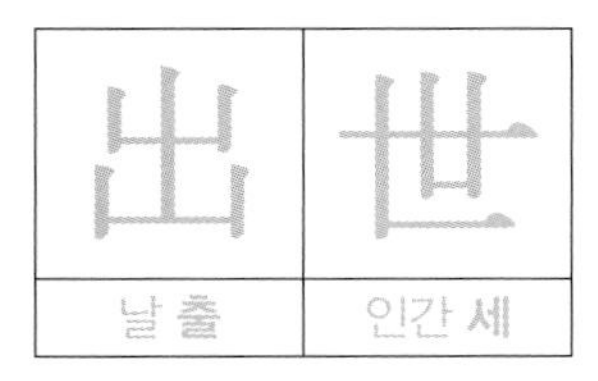

03회 여왕 탄생의 비밀

☑ 핵심 개념인 '신라 시대 여왕'과 관련된 말들을 알아 둡시다.

→ 선덕 여왕 / 진덕 여왕 / 진성 여왕

여왕은 여성 임금을 말합니다. 우리 역사에서는 신라 시대에만 세 명의 여왕이 있었어요.

☑ 글을 읽고 이것만은 꼭 찾아냅시다.

→ 우리 역사에서 왜 신라 시대에만 여왕이 있었을까요?

☑ 생략된 정보를 추론하며 글을 읽어 봅시다.

→ 글의 전체 흐름에 비추어 생략된 정보가 무엇인지 추론하며 글을 읽어 봅니다.

드러난 정보 → 생략된 정보의 추론

추론은 겉으로 드러난 정보를 바탕으로 드러나지 않은 정보를 파악하는 활동을 말해요.

준비 학습

1 핵심 개념 미리 보기

빈칸에 공통으로 들어갈 단어를 〈보기〉에서 찾아 쓰세요.

보기

권위 법률 친족 혈통

- 왕위 계승에서는 직계 (　　　　)을/를 우선시한다.
- 골품제란 신라 때에, (　　　　)에 따라 신분을 나눈 제도이다.

2 읽기 방법 미리 보기

다음 글을 바탕으로 추론한 내용으로 알맞은 것에 √표 하세요.

고려청자는 빛깔과 독특한 장식 기법, 아름다운 형태로 유명하다. 고려청자가 만들어진 시기에는 중국과 우리나라에서만 질 높은 청자를 만들 수 있었다. 우리나라보다 중국이 먼저 청자를 만들고 세상에 알렸다. 하지만 고려인들의 우수한 기술력으로 탄생한 고려청자는 아름다움을 인정받아 다른 나라 사람들에게 사랑을 받았다.

(1) 청자는 우리나라와 중국에서만 사용되었겠군. (　　)
(2) 고려는 중국보다 먼저 청자를 만들어 다른 나라에 수출하였군. (　　)
(3) 좋은 청자를 만들기 위해서는 높은 수준의 기술력과 미적 감각이 필요했겠군. (　　)

정답 1. 혈통 2. (3)

ERI 지수 617 인문 | 역사

▲ 선덕 여왕 표준 영정

인류의 기나긴 역사에서 여왕이 나라를 다스린 경우는 극히 드물다. 우리나라만 해도 삼국 시대 신라에만 유일하게 여왕이 있었다. 바로 선덕 여왕, 진덕 여왕, 진성 여왕이다.

그렇다면, 왜 유독 신라에만 여왕이 있었을까? 여성은 어떻게 왕이 될 수 있었을까? 그 해답은 골품제에서 찾을 수 있다. 신라에는 혈통에 따라 신분을 정하는 골품제가 있었다. 골품제에서는 왕위를 물려줄 때 성골*이냐 아니냐가 가장 중요하였다. 선덕 여왕이 왕이 될 수 있었던 이유도 이 때문이다. 그녀의 아버지였던 진평왕은 아들은 없고 딸만 셋이 있었다. 선덕 여왕은 장녀였기에 왕위를 물려받은 것이다. 진덕 여왕도 마찬가지이다. 선덕 여왕이 자녀가 없이 사망하였기 때문에 남아 있던 유일한 성골인 진덕 여왕이 그 뒤를 이은 것이다.

반면, 조선 시대에는 남성에게만 왕위를 물려주었다. 비록 같은 혈통의 여성이 있다고 하더라도 여성보다는 차라리 먼 친척의 남성을 선택하였던 것이다. 과거 유럽에서도 남성만 왕위를 이을 수 있다는 살리카법이 있었다. 그러나 영국의 경우는 신라와 유사하게 성별보다는 혈통을 더 중요하게 생각하였다. 영국의 메리 1세와 엘리자베스 1세 여왕은 직계 혈통이었기에 왕위에 오른 경우이다. 이렇듯 영국이 독특한 전통을 가진 이유는 다른 유럽 국가들과 ㉠거리가 멀었기 때문이다. 섬나라였기에 다른 문화를 가질 수 있었던 것이다.

한편, 여왕의 탄생이 혈통보다도 여성이 지닌 권위 때문이라고 주장하는 연구자들도 있다. 신라 시대의 여성은 조선 시대의 여성에 비해 사회적 지위가 높았다고 한다. 『삼국유사』의 기록을 보면, 신라에서 여성은 제사나 장례를 이끌 수 있었다. 자신의 재산을 갖는 것도 가능하였다. 그리고 나라에서 벼슬이 내려지기도 하였다. 나아가 신라의 첫 여왕인 선덕 여왕은 지도자로서 능력이 뛰어났다는 주장도 있다. 그 예시로 선덕 여왕의 ㉡'모란꽃 이야기'를 들기도 한다.

모든 일이 그렇듯이 어떤 사건의 원인을 하나로만 설명할 수는 없다. 왜 신라에서만 여왕이 등장하였는지에 대해서 역시 의견이 각각 다르다. 혈통을 중시하였기 때문일 수도 있고, 여성들의 사회적 지위가 높았기 때문일 수도 있다. 무엇이 더 설득력이 있는지는 우리가 증거를 찾아 퍼즐을 맞추듯이 찾아 나가야 한다. 다만, 여왕 탄생에 그 시대의 문화가 영향을 미쳤다는 점만은 분명하다.

* **성골**: 신라 때 신분 가운데 으뜸인 신분. 부모가 모두 왕족인 사람이 이 신분에 듦.

내용 파악하기

1. 이 글의 내용과 일치하지 않는 것은 무엇인가요? (   )

① 영국에는 살리카법이 적용되지 않았다.
② 인류의 역사에 존재했던 여왕은 세 명뿐이다.
③ 신라 시대에는 여성이 제사를 이끌기도 하였다.
④ 신라 시대에는 조선 시대보다 혈통을 중시하였다.
⑤ 신라 시대에 여왕이 등장한 이유에 대해서는 여러 의견이 있다.

내용 전개 방식 파악하기

2. 이 글에 대한 설명으로 알맞은 것은 무엇인가요? (   )

① 특정 의견의 문제점을 분석하여 제시하고 있다.
② 질문을 던져 독자들의 흥미를 불러일으키고 있다.
③ 구체적인 통계 자료를 제시하여 설득력을 높이고 있다.
④ 다른 나라의 사례를 들어 문제를 해결할 방법을 찾고 있다.
⑤ 핵심 단어의 뜻을 먼저 제시한 후에 글쓴이의 의견을 제시하고 있다.

세부 내용 파악하기

3. 조선 시대에 왕위를 계승할 때 가장 중요하게 여긴 요소는 무엇인가요? (   )

① 재산
② 능력
③ 성별
④ 외모
⑤ 직계 혈통

핵심어 이해하기

4. 이 글의 내용으로 볼 때, 빈칸에 들어갈 알맞은 단어는 무엇인가요? (　　)

> 여왕의 탄생을 바라보는 의견은 다양하지만, 그 시대의 (　　　)가 영향을 미쳤다는 점은 모두가 동의하고 있군.

① 문화　② 기후　③ 지리　④ 언어　⑤ 인구

어휘 의미 파악하기

5. 밑줄 친 말 중 ㉠과 같은 뜻으로 쓰인 것은 무엇인가요? (　　　)

① 우리, 앞으로는 거리를 두지 말고 지내도록 하자.
② 날씨가 추워서인지 거리에 사람들이 많이 없었다.
③ 달리고 난 뒤 목이 말라 마실 거리를 찾아보았다.
④ 할머니 댁까지는 거리가 멀어서 일찍 출발해야 한다.
⑤ 친구와 마음을 터놓고 얘기했더니 거리를 좁힌 느낌이 들었다.

생략된 정보 추론하기

6. ㉡에 대해 자유롭게 떠올려 본 생각으로 알맞지 않은 것은 무엇인가요? (　　)

① 지혜로운 선덕 여왕이 모란꽃을 이용해 적을 물리치는 내용일 거야.
② 선덕 여왕이 모란꽃으로 도술을 부려 가뭄을 해소하는 내용일 거야.
③ 선덕 여왕이 모란꽃처럼 아름다워서 좋은 신랑감을 얻는 이야기 같아.
④ 선덕 여왕이 모란꽃을 통해 백성들을 행복하게 만든다는 이야기 같아.
⑤ 적이 보낸 모란꽃에 숨겨진 뜻을 선덕 여왕이 알아채는 내용이 아닐까.

어휘 익히기

정답과 해설 9쪽

1 단어 뜻 알기

빈칸에 들어갈 알맞은 단어를 〈보기〉에서 찾아 쓰세요.

보기

혈통 직계 권위 지위

1. 모름지기 (　　　　　)이/가 높을수록 겸손해야 한다.
   뜻 어떤 사람이 사회에서 차지하는 자리.
2. 고대 국가에서는 임금이 절대적인 (　　　　　)을/를 가지고 있었다.
   뜻 특별한 지위나 자격으로 남을 따르게 하는 힘.
3. 키가 큰 것은 오랫동안 이어져 온 그 집안의 (　　　　　)인 것 같았다.
   뜻 같은 핏줄을 지닌 계통.
4. 우리는 연구를 위해 유명한 국어학자의 (　　　　　) 손자를 찾아갔다.
   뜻 혈연이 친자 관계에 의해 직접적으로 이어져 있는 계통.

2 관용 표현 알기

다음 빈칸에 들어갈 말을 차례대로 쓰세요.

"귀에 걸면 ☐걸이, 코에 걸면 ☐걸이"

신라 시대에 어떤 문화 때문에 여왕이 등장했는지에 대해서는 의견이 각기 다르다고 하였습니다. 이 속담은 어떤 원칙이 있는 것이 아니라, 둘러대기에 따라 이렇게도 되고 저렇게도 될 수 있다는 뜻으로, 이러한 상황에 빗대어 쓸 수도 있습니다.

3 한자어 익히기

다음 한자어를 소리 내어 읽고 빈칸에 따라 써 보세요.

身	分
몸 **신**	나눌 **분**

신분(身分): 사람이 사회에서 지니는 지위.

- 그 낯선 사람은 경찰에게 이름과 신분을 밝혔다.
- 신분이 낮은 사람을 무시하는 사람은 복 받기 어려울 것이다.
- 할아버지께서는 학생 신분에 맞는 옷차림을 하라고 말씀하셨다.

身	分
몸 신	나눌 분

04회 인간의 신비로운 능력

☑ 핵심 개념인 '공감'과 관련된 말들을 알아 둡시다.

➜ 공감 세상 / 공감하며 듣기 / 공감이 가다

공감은 다른 사람의 생각과감정을 자신의 것처럼 생각하거나 느끼는 것을 말해요.

☑ 글을 읽고 이것만은 꼭 찾아냅시다.

➜ 공감과 동정의 공통점과 차이점은 무엇인가요?

☑ 문단 간의 관계(비교 · 대조)를 파악하며 읽어 봅시다.

➜ 글을 읽으며 둘 이상의 대상이나 사물을 견주어 공통점과 차이점을 찾아 정리합니다.

둘 이상의 대상이나 사물 확인하기 ➡ 공통점과 차이점 정리하기

문단과 문단은 논리적으로 연결되어 전체 주제를 만들어 갑니다.

1 핵심 개념 미리 보기

빈칸에 공통으로 들어갈 단어를 〈보기〉에서 찾아 쓰세요.

보기

공감　　배려　　사랑　　존중

- (　　　　) 능력은 다른 사람의 상황이나 기분을 같이 느낄 수 있는 능력을 말한다.
- 환경 오염이 남의 문제가 아니라 우리가 처한 문제라는 말에 나 역시 (　　　　)이/가 갔다.

2 읽기 방법 미리 보기

다음 글을 문단 간의 관계를 살피며 읽고, 알맞은 설명에 √표 하세요.

(가) 텔레비전과 인터넷은 모두 우리에게 필요한 정보를 전달해 주는 도구이다. 이들은 세상에서 일어난 일이나 다른 사람들의 이야기를 빠르게 전해 준다. 하루 중 많은 시간을 함께 보내게 된다는 점도 비슷하다.
(나) 하지만 다른 점도 있다. 일단 텔레비전은 가만히 앉아서 보고 듣는다. 거실에 앉아 과일 등을 먹으면서 느긋하게 보곤 한다. 그래서 '눈으로 씹는 껌'이란 별명도 있다. 반면 인터넷은 정보를 보고 듣는 것과 동시에 마우스와 키보드를 사용해 글을 쓰고 사진을 올리는 등 우리가 직접 참여하여 정보를 구성하는 것이 가능하다. 또한 상대방과 대화도 나눌 수 있다.

(1) (가)는 사건의 원인을, (나)는 결과를 다루고 있다. (　　)
(2) (가)는 대상의 문제를 다루고, (나)는 해결 방식을 제시하고 있다. (　　)
(3) (가)는 두 대상의 공통점을, (나)는 두 대상의 차이점을 다루고 있다. (　　)

정답 1. 공감　2. (3)

ERI 지수 553 인문 | 도덕

가 인간이 가진 공감 능력은 신비롭고 독특하다. 공감은 다른 사람의 처지를 고려하여 그의 감정을 함께 느끼고 표현하는 것을 말한다. 다른 사람의 생각과 감정을 마치 자신의 것처럼 이해하고 느끼다니! 텔레파시라도 보낸 걸까? 개, 침팬지, 돌고래도 약간의 공감 능력은 있지만, 인간에 비해서는 턱없이 부족하다고 한다. 인간의 공감은 폭넓고 빠르며, 비교적 정확하기 때문이다.

나 그렇다면, 인간은 어떻게 공감 능력을 가지게 되었을까? 바로 뇌에 있는 거울 신경 때문이다. 거울 신경은 다른 사람의 움직임을 관찰할 때 활동하는 신경이다. 이 거울 신경 덕분에 우리는 다른 사람의 행동을 보고 있기만 해도 자신이 행동하는 것처럼 느끼게 된다. 즉 공감 능력을 갖게 된다. 옆에 있는 친구가 억울한 일로 잔뜩 화가 났다고 해 보자. 나는 그 일과 관련이 없다. 그렇더라도 친구의 상황을 듣고 이해하게 되면 슬그머니 함께 속상해진다. 그런데 흥미로운 점은 이 거울 신경이 책을 읽거나 영화를 감상할 때도 작동한다는 것이다. 그림책 「강아지똥」에서 강아지똥이 친구인 흙덩이까지 떠나보내고 비에 젖어 있는 장면을 보노라면, [   ]

다 한편 공감과 비슷한 감정으로 동정이 있다. 둘 다 다른 사람의 감정에 관심을 보인다는 점은 같다. 하지만 차이점이 있다. 먼저 공감은 남의 일이지만 마치 나의 일처럼 상대방의 감정과 마음을 이해하고 느낀다. 마치 상대방의 감정과 발맞추어 함께 걷는 것이라 할 수 있다. 그러다 보니 상대방에게 어려움이 있으면 그 사람을 위해 자기 이익을 내어놓기도 한다. 소설 「레 미제라블」에 나오는 주교가 그러하다. 장 발장이 비록 주교의 은그릇을 훔쳤지만, 그의 딱한 처지에 공감하였기에 주교는 장 발장을 용서해 준다. 심지어 다른 은촛대를 더 내어놓는다.

라 동정 역시 상대방의 고통에 관심을 갖는다. 하지만 다른 사람의 처지를 그 사람의 입장에서 이해할 뿐, 나아가 자신의 것으로 받아들이지는 않는다. 다른 사람의 불행을 보면 "그것참, 안됐군." 하고 걱정하지만, '나'의 안타까운 마음을 전한 것일 뿐 내 일로 생각하지는 않는 것이다. 만약 「레 미제라블」의 주교가 동정에만 머물렀다면 어떻게 하였을까? 장 발장을 안타깝게 여겼겠지만, 도둑질은 안 된다고 하였을 것이다. 그는 주교로서의 자기 입장이 있기 때문이다.

마 동정하는 사람은 다른 사람의 어려움 때문에 자기 자신을 크게 바꾸지는 않는다. 하지만 공감은 공감하는 사람이나 공감받는 사람을 (㉠   )하게 한다. 그러면 ㉡<u>우리는 어떻게 해야 진정한 공감에 이를 수 있을까?</u>

내용 파악하기

1. **가에서 공감을 신비로운 능력이라고 한 까닭은 무엇인가요? (   )**

① 상상력을 키워 주므로
② 다른 사람과 싸우지 않고 살게 하므로
③ 인류가 문명을 꽃피우며 살 수 있게 하므로
④ 동물들은 전혀 갖고 있지 않은 능력이므로
⑤ 다른 사람의 감정을 이해하고 느낄 수 있게 하므로

질문 만들기

2. **다음 중 이 글에서 답을 찾을 수 없는 질문에 √표 하세요.**

(1) 거울 신경은 인간의 어디에 있을까? (   )
(2) 거울 신경은 인간의 지능에도 영향을 줄까? (   )
(3) 거울 신경은 공감 능력에 어떻게 영향을 미치는 걸까? (   )

문단 간의 관계 파악하기

3. **다와 라의 문단 관계에 대한 이해로 알맞은 것은 무엇인가요? (   )**

① 다에서는 사건의 원인을, 라에서는 결과를 다루고 있다.
② 다에서 제시한 대상을 라에서 작게 쪼개어 설명하고 있다.
③ 다에서 대상을 제시하고 라에서 예를 들어 설명하고 있다.
④ 다와 라에서는 두 대상 간의 공통점과 차이점을 설명하고 있다.
⑤ 다에서는 대상의 문제점을, 라에서는 해결 방식을 제시하고 있다.

정답과 해설 11쪽

생략된 정보 추론하기

4. 이 글의 [ ] 안에 들어갈 내용으로 가장 알맞은 것은 무엇인가요? (　　　)

① 나도 강아지똥처럼 외롭고 쓸쓸해진다.
② 내가 강아지똥이 아니어서 다행이라고 느낀다.
③ 강아지똥이 왜 저렇게 혼자 되었을까 궁금해진다.
④ 강아지똥이 앞으로 어떻게 될까 호기심이 생긴다.
⑤ 주변에 강아지똥과 같은 처지의 친구가 있는지 찾아보게 된다.

생략된 내용 추론하기

5. ㉠에 들어갈 단어로 알맞은 것은 무엇인가요? (　　　)

① 변화　　② 위로　　③ 지지
④ 사랑　　⑤ 격려

문제 해결 방안 찾기

6. 이 글의 내용으로 볼 때, ㉡에 대한 해결책으로 가장 알맞은 것은 무엇인가요? (　　　)

① 상대의 장점이 무엇인지 생각해 본다.
② 사회에서 고통받는 사람들을 위해 봉사한다.
③ 소통을 통하여 상대와 같은 목표를 세워 본다.
④ 상대에게 자신의 의견을 솔직하게 표현해 본다.
⑤ 상대의 처지를 생각하며 그 사람의 감정을 느껴 본다.

어휘 익히기

정답과 해설 11쪽

1 단어 뜻 알기

빈칸에 들어갈 알맞은 단어를 〈보기〉에서 찾아 쓰세요.

보기

신비　　처지　　신경　　관심

1. 그와 나는 (　　　　)이/가 같아 쉽게 친해졌다.
   뜻 처하여 있는 사정이나 형편.
2. 우리는 그곳에서 다리의 (　　　　)이/가 마비되도록 꿇어앉아 있어야 했다.
   뜻 몸 곳곳에서 느끼는 감각을 뇌에 전하여 반응을 일으키게 하는 기관.
3. 내 동생은 가족 여행을 다녀온 뒤 경주에 대한 (　　　　)이/가 갑자기 커졌다.
   뜻 어떤 것에 마음이 끌려 주의를 기울이는 마음.
4. 여러 악기가 모여 화음이 이루어지고 새로운 음악이 만들어지는 과정은 (　　　　)롭다.
   뜻 어떻게 된 것인지 알 수 없게 놀랍고 이상한 것.

2 관용 표현 알기

다음 빈칸에 들어갈 알맞은 말을 쓰세요.

"가재는 □ 편이라"

우리는 친구에게 일어난 안 좋은 상황을 듣게 되면 함께 속상해하곤 합니다. 그리고 친구의 입장이 되어 친구 편을 들게 되지요. 이 속담은 됨됨이나 형편이 서로 비슷한 사람끼리 서로 편이 되어 어울리고 사정을 보아주며 감싸 줄 때 사용하는 말입니다.

3 한자어 익히기

다음 한자어를 소리 내어 읽고 빈칸에 따라 써 보세요.

共	感
함께 **공**	느낄 **감**

공감(共感): 남의 감정, 의견, 주장 따위에 대하여 자기도 그렇다고 느낌.

- 모두가 공감하는 내용으로 화제를 정하자.
- 그들의 쓰라린 고통은 사람들의 공감을 얻었다.
- 고개를 끄덕이는 걸 보니 그도 내 말에 공감하는 눈치였다.

共	感
함께 공	느낄 감

05회 읽기 방법 익히기

1 작품 속 세계와 현실 세계 비교하기

문학 작품에는 우리가 사는 현실 세계가 반영되어 있습니다. 그러나 작품에 담긴 현실은 우리가 접하는 현실 세계와 똑같지는 않습니다. 작가가 어떤 관점과 의도를 지니고 썼는지에 따라 달라지기 때문입니다. 작가는 독자에게 희망이나 위로를 주려고 일부러 행복한 결말을 만들기도 하고, 또는 현실의 문제를 깊이 살필 수 있도록 어려운 상황을 강조하여 보여 주기도 합니다.

★ **작품 속 세계와 현실 세계를 비교하려면,**

(1) 작품 속 배경, 인물을 통해 어느 시대의 현실을 담고 있는가를 살펴봅니다.

(2) 작품이 다루는 현실 세계의 모습을 조사해 봅니다.

(3) 작품 속 세계와 현실 세계의 공통점과 차이점을 비교해 봅니다.

(4) 작가의 의도를 짐작해 봅니다.

1 **(가)와 (나)를 읽은 학생들의 반응으로 알맞은 것을 모두 찾아 √표 하세요.**

(가) 청나라의 태종은 임금과 신하의 관계를 요구하며 조선을 침략하였다. 인조와 신하들은 제대로 싸우지도 못하고 남한산성으로 피했고 그곳에서 결국 무릎을 꿇었다. 이후 더 많은 사람이 청나라에 끌려갔고, 백성들의 살림살이는 더욱 어려워졌다. 병자호란이라는 이 큰 전쟁은 조선 사람들에게 매우 큰 상처를 주었다. 자신들의 임금이 청나라에 무릎을 꿇고, 가족이나 친척이 청나라에 끌려갔다는 사실은 씻을 수 없는 부끄러움이었다.

(나) 「박씨전」은 주술을 부릴 수 있는 '박 씨'라는 여인을 주인공으로 하고 있다. 그녀는 못생겼다는 이유로 남편에게 푸대접을 받았다. 하지만 남편을 원망하지 않고 인내하였다. 그러던 중 마침내 때가 되어 못생긴 얼굴의 허물을 벗고 아름다운 여인으로 변신한 박 씨는 이후 나라를 구하는 영웅이 되었다. 그녀는 신비한 힘으로 청나라 군사들을 물리쳤고, 청나라에 끌려가던 왕비를 구하였다.

「박씨전」은 현실 세계에 일어난 역사적 일을 사실 그대로 그린 것이군.

강희 (　　　)

「박씨전」은 현실 세계와는 반대의 결말을 통해 사람들의 마음을 위로해 주었겠군.

민수 (　　　)

「박씨전」은 현실 세계 속 실존 인물의 삶을 소재로 실감 나게 표현하고 있어.

지혜 (　　　)

「박씨전」은 현실 세계에 살았던 사람들의 바람을 보여 주는군.

예현 (　　　)

2 「괴물들이 사는 나라」 속 세계는 현실 세계와 비교할 때 어떤 특징이 있는지 알맞은 것에 √표 하세요.

현실 세계에서 '집'은 사람들의 안전에 대한 소망을 잘 담고 있다. 일단 집은 폭풍이나 비바람 같은 자연재해를 막아 준다. 또 낯선 사람과의 의도하지 않은 만남으로부터도 보호해 준다. 그래서 집에서는 안심하고 기분 좋은 시간을 보낼 수 있다.

하지만 동화책 「괴물들이 사는 나라」에 등장하는 '집'에는 현실 세계의 집과 달리 안전과 모험이 함께 있다. 이 책에서 말썽꾸러기 맥스는 엄마 말을 안 들어 방에 갇혔다가 괴물들이 사는 나라로 모험을 떠나게 된다. 맥스는 벽장 속에서 낯선 괴물과 모험을 하게 되고 그러다 엄마의 고마움을 깨닫고 다시 돌아온다. 그런 점에서 이 동화의 '집'은 인간 마음의 성장을 위해 필요한 다양한 경험을 열어 준다.

(1) 과거 역사에 대한 다양한 지식을 제공한다. ( )
(2) 현실 세계와 전혀 관련이 없는 일들을 보여 준다. ( )
(3) 현실 세계에서보다 다양한 경험을 할 수 있게 한다. ( )

3 (가)의 작품 세계를 (나)의 현실 세계와 비교해 이해한 내용으로 바르지 않은 것은 무엇인가요? ( )

(가) 그림책 「곰 인형 오토」는 제2차 세계 대전을 배경으로 하고 있다. 주인공 곰 인형 오토는 소년 다비드와 오스카를 만나 행복하게 지내지만, 전쟁이 일어나면서 모든 것이 달라진다. 다비드는 유대인이라는 이유로 어디론가 끌려갔고, 오스카와도 폭격으로 헤어지게 된다. 그러다 오토는 골동품 진열장 가게에 맡겨져 있다가 우연히 친구들과 다시 만나게 된다. 이렇게 이 이야기는 평화를 다시 찾는 결말로 마무리되고 있다.

(나) 제2차 세계 대전은 인류 역사상 가장 많은 인명 피해를 낳았다. 나치 독일의 히틀러는 '인종 청소'라는 이름으로 600만 명 이상의 유대인을 학살하였고, 각종 전쟁 범죄를 저질렀다. 민간인들의 피해도 매우 심하였다.

① 「곰 인형 오토」는 '곰 인형'을 통해 민간인 피해를 구체적으로 보여 주는군.
② 「곰 인형 오토」는 '다비드'의 실종을 통해 나치 독일의 폭력성을 잘 보여 주는군.
③ 「곰 인형 오토」는 행복한 결말을 통해 전쟁을 넘어선 인간의 희망을 말하고 있군.
④ 「곰 인형 오토」의 '곰 인형'이 처한 어려움은 전쟁의 비극적인 모습을 표현한 것이군.
⑤ 「곰 인형 오토」는 말하는 '곰 인형'이 등장한다는 점에서 비현실적인 전쟁 상황을 표현하고 있군.

2 생략된 정보 추론하기

글을 깊이 있게 이해하기 위해서는 글에 생략된 정보를 짐작하고 추론하며 읽어야 합니다. '추론'이란 드러난 정보를 바탕으로 드러나지 않은 정보를 미루어 이해하는 것을 말합니다. 이때 반드시 글에 나타난 정보에 근거하여 추론해야 합니다. 글쓴이의 의도나 관점, 단어나 구절의 숨은 뜻은 주로 추론을 통해 이해하는 내용입니다.

★ **생략된 정보를 추론하려면,**

(1) 전체 글 내용의 흐름을 파악합니다.

(2) 앞과 뒤에 드러난 문장의 내용을 이해합니다.

(3) 생략된 내용에 어떤 말을 넣어야 자연스러운지 살펴봅니다.

1 다음 글을 읽고 알맞게 추론한 학생을 모두 찾아 √표 하세요.

공감과 비슷한 감정으로 동정이 있다. 둘 다 다른 사람의 감정에 관심을 보인다는 점은 같다. 하지만 차이점이 있다. 먼저 공감은 남의 일이지만 마치 나의 일처럼 상대방의 감정과 마음을 이해하고 느낀다. 마치 상대방의 감정과 발맞추어 함께 걷는 것이라 할 수 있다. 그러다 보니 상대방에게 어려움이 있으면 그 사람을 위해 자기 이익을 내어놓기도 한다. 소설 「레 미제라블」에 나오는 주교가 그러하다. 장 발장이 비록 주교의 은그릇을 훔쳤지만, 그의 딱한 처지에 공감하였기에 주교는 장 발장을 용서해 준다. 심지어 다른 은촛대를 더 내어놓는다.

동정 역시 상대방의 고통에 관심을 갖는다. 하지만 다른 사람의 처지를 그 사람의 입장에서 이해할 뿐, 나아가 자신의 것으로 받아들이지는 않는다. 다른 사람의 불행을 보면 "그것참, 안됐군." 하고 걱정하지만, '나'의 안타까운 마음을 전한 것일 뿐 내 일로 생각하지는 않는 것이다. 만약 「레 미제라블」의 주교가 동정에만 머물렀다면 어떻게 하였을까? 장 발장을 안타깝게 여겼겠지만, 도둑질은 안 된다고 하였을 것이다. 그는 주교로서의 자기 입장이 있기 때문이다.

동정하는 사람은 다른 사람의 어려움 때문에 자기 자신을 크게 바꾸지는 않는다. 하지만 공감은 공감하는 사람이나 공감받는 사람을 변화하게 한다. 그러면 우리는 어떻게 해야 진정한 공감에 이를 수 있을까?

글쓴이는 동정보다 공감을 더 가치 있게 여기고 있는 것 같아.

강희

(　　　)

동정은 공감과 달리 다른 사람의 마음에는 관심이 없는 감정이군.

민수

(　　　)

공감을 한다면 길가에 누워 있는 노인을 돕기 위한 행동을 할 거야.

지혜

(　　　)

2 **다음 글의 빈칸에 들어갈 알맞은 말은 무엇인가요? (   )**

아메리카에 살고 있는 토착민들은 동물과 마음으로 (   )할 줄 알았다. 아메리칸 인디언, 특히 평야 지대에 거주하는 인디언들은 부족의 생존을 위해 먹이를 사냥해야만 했다. 이들은 농사를 짓지 못했기 때문에 들소와 같은 들짐승을 사냥하여 식량으로 삼았다. 하지만 재미로 동물을 죽이는 일은 거의 없었다. 또 자신의 힘이나 지위를 자랑하기 위해 사냥하지도 않았다.

인디언들은 사냥에 대해서도 매우 독특한 생각을 가지고 있었다. 언젠가는 자신이 동물로 태어날 수도 있고, 다음 생에서는 사냥감인 동물들이 인간으로 태어날 수도 있다고 믿었다. 그래서 동물을 죽일 때는 "다음 생에서 내가 동물로 태어나고 네가 인간으로 태어나 만나게 될 경우, 네게 필요하다면 나의 몸을 기꺼이 바치겠어."와 같은 말을 했다. 이는 인디언들이 다른 동물을 죽이는 사냥에 대해 매우 고민했음을 엿볼 수 있는 대목이다.

① 사과　② 협동　③ 소통　④ 활용　⑤ 사용

3 **다음 글에서 글쓴이가 ㉠과 같이 표현한 까닭은 무엇인가요? (   )**

부하에게 사랑받는 리더와 부하가 두려워하는 리더 중 어느 쪽이 더 뛰어난 리더일까? 쉽지 않은 문제이다. 마키아벨리가 쓴 「군주론」에서는 부하가 두려워하는 리더가 되어야 한다고 주장하고 있다. 이 책에서는 군주로서 갖춰야 할 행동과 생각을 표현하고 있다. 그 내용을 쉽게 정리하면, 개인의 의견이나 소망을 무시하더라도 결과적으로 국가의 이익을 가져올 수 있다면 괜찮다는 것이다. ㉠이런 주장은 사실 다소 충격적이다.

나폴레옹, 히틀러, 스탈린이 매일 잠들기 전에 「군주론」을 읽었다는 말도 있다. 이 말에 따른다면 독재자들에게 이 책은 분명 큰 영향력을 미쳤다고 할 수 있다.

① 국가만을 중시하고 개인은 존중하지 않기 때문에
② 복잡한 문제를 지나치게 단순하게 이해하고 다루기 때문에
③ 독재자의 모습을 지나치게 긍정적으로 표현하고 있기 때문에
④ 군주의 권리만 강조하고 개인의 의무는 소홀히 할 수 있기 때문에
⑤ 수단과 방법만 강조하고 결과에 대해서는 이야기하지 않기 때문에

지문 하나로 여러 과목을 동시에!

STEAM 독해

아름답지만 슬픈 다리

이 글의 중심 화제는 **스타리 모스트**입니다. 스타리 모스트와 관련하여 **사회**, **역사**, **수학**을 공부해요.
스타리 모스트의 유래와 관련 분쟁사를 살펴보면서 이 다리가 세계 문화유산으로서의
가치를 가지는 이유를 알아보세요.

유럽에는 '보스니아–헤르체고비나'라는 나라가 있습니다. 국가명이 왜 이렇게 길까 하고 의문을 갖는 친구들도 있을 겁니다. ㉠ 북부의 '보스니아(Bosnia)'와 남부의 '헤르체고비나(Herzegovina)'라는 두 지역의 지명이 합쳐져 이렇게 긴 나라 이름을 갖게 되었습니다. 이 국가의 수도 '사라예보'에서 남서쪽으로 130km 떨어진 곳에는 '모스타르'라는 도시가 있습니다. 모스타르는 15~16세기 오스만 튀르크*에 의해 건설된 도시입니다. 그래서 지금까지도 이슬람교 신자 비중이 높고 많은 모스크*가 분포하고 있어 유럽 속 이슬람 문화를 느낄 수 있는 특별한 곳입니다. 이곳에는 500여 년 동안 이 도시의 상징이었던 아름다운 다리 하나가 놓여 있습니다. 모스타르라는 이름도 '다리의 수호자'라는 뜻의 '모스타리(Mostari)'에서 유래*되었습니다.

▲ 스타리 모스트와 모스타르 모습

이 아름다운 다리의 이름은 바로 스타리 모스트입니다. 이 다리는 오스만 튀르크가 이 지역을 흐르는 네레트바강을 건너기 위해 건설한 다리로, 9년의 건축 기간을 거쳐 1566년쯤에 완공되었습니다. 석재를 이용해 만든 거대한 아치는 오스만 튀르크의 높은 건축 기술을 보여 주고 있습니다.

하지만 스타리 모스트에는 너무나도 슬픈 역사가 담겨 있습니다. 과거 '유고슬라비아'라는 하나의 나라로 묶여 있었던 국가들이 종교와 민족을 중심으로 독립하려는 과정에서 여러 전쟁이 일어났습니다. 보스니아도 독립하려 한 나라 중 하나였습니다.

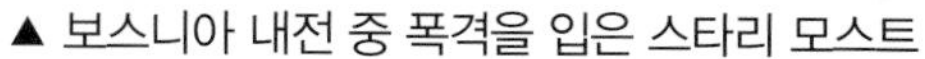
▲ 보스니아 내전 중 폭격을 입은 스타리 모스트

▲ 스타리 모스트 입구에 세워진 표지석

보스니아 내전*(1992~1995)을 겪으면서 모스타르 시민들 역시 서로 종교와 민족이 다르다는 이유로 하루아침에 이웃에게 총을 겨누는 비극을 경험하였습니다. 스타리 모스트도 이 전쟁 중에 크로아티아군이 쏜 60여 발의 포탄에 무참히 파괴되었죠. 그 당시 다리가 파괴되었다는 소식을 접한 시민들은 큰 슬픔을 느끼며 눈물을 흘렸다고 합니다.

1993년 내전으로 파괴됐던 다리는 다행히도 처음 건축되었을 때의 재료와 건축 방식 그대로 2004년에 복원되었고, 2005년에는 유네스코 세계 문화유산으로 등재*되었습니다. 다시 이어진 다리 입구에는 참혹한 내전을 기억하자는 의미로 '보스니아 내전을 잊지 말자.(Don't forget '93)'라는 표지석이 세워져 전쟁과 평화의 의미를 일깨우고 있습니다.

* **오스만 튀르크**: 1299년에 오스만 1세가 셀주크 제국을 무너뜨리고 소아시아에 세운 이슬람 제국. 1453년에 비잔틴 제국을 멸망시키고 이스탄불로 수도를 옮겨 번성하였으나 제1차 세계 대전 뒤 1922년에 국민 혁명으로 멸망함.
* **모스크**: 이슬람교에서, 예배하는 건물을 이르는 말. 이슬람교 사원을 의미함.
* **유래**: 사물이나 일이 생겨남.
* **내전**: 한 나라 안에서 일어나는 싸움.
* **등재**: 일정한 사항을 장부나 대장에 올림.

1 **이 글의 내용으로 알맞은 것은 무엇인가요? (　　　)**

① 모스타르 시민은 거의 크리스트교를 믿는다.
② 스타리 모스트 다리는 아치형 구조의 다리이다.
③ 모스타르는 육지로 둘러싸여 있어 하천이 없다.
④ 모스타르는 보스니아-헤르체고비나의 수도이다.
⑤ 스타리 모스트는 현재 유네스코 세계 자연 유산이다.

2 스타리 모스트가 위치한 국가와 도시 이름을 쓰고, 지도에서 해당 국가를 찾아 색칠해 보세요.

• 국가 이름: ______________ • 도시 이름: ______________

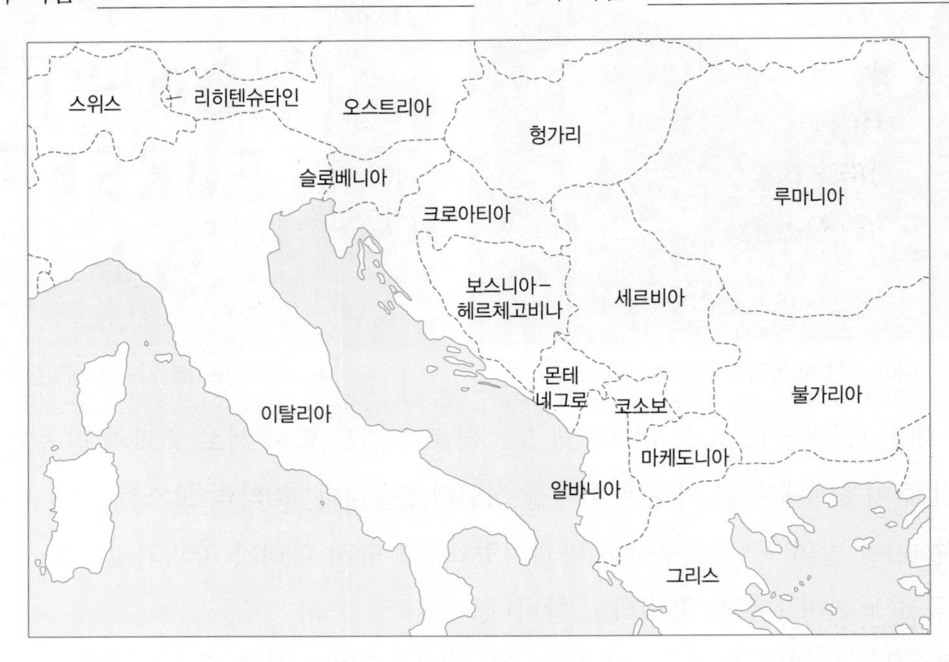

3 다음은 이 글을 심화 학습하기 위해 탐구한 내용입니다. 〈보기〉를 참고하여 밑줄 친 질문에 답해 보세요.

세상에는 다양한 달력이 있습니다. 이슬람교를 믿었던 오스만 튀르크가 건설한 스타리 모스트의 비문에는 '이슬람력 974년에 건립되었다.'라는 기록이 있는데, 이를 우리가 일반적으로 많이 사용하는 서양력으로 고쳐 계산해 보면 1566~1567년 사이에 건립된 것으로 추정할 수 있다고 합니다.

그럼 이제 〈보기〉의 식을 적용해 볼까요? 이슬람력을 통한 서양력 시기 추정 방식 및 내용을 확인하고, <u>서양력 2021년은 이슬람력으로 대략 몇 년에서 몇 년 사이인지 계산해 보세요.</u>

• 보기 •

*이슬람력을 서양력으로 바꿀 때

① 서양력 연도=[(32×이슬람력 연도)÷33]+622

② 서양력 연도=이슬람력 연도+622−(이슬람력 연도÷33)

*서양력을 이슬람력으로 바꿀 때

① 이슬람력 연도=서양력 연도−622+[(서양력 연도−622)÷33]

② 이슬람력 연도=[(서양력 연도−622)×33]÷32

( )

4 보스니아는 내전(1992~1995)을 겪으며 20만 명 이상의 희생자와 약 230만 명의 난민이 발생하였습니다. 보스니아에는 아직도 전쟁의 상처가 곳곳에 생생히 남아 있습니다. 이 지역 사람들에게 따뜻한 위로의 글을 써 보세요.

____

____

____

____

5 ㉠처럼 우리나라도 두 지역의 지명이 합쳐져 '도(道)'의 명칭이 된 경우가 있습니다. 빈칸에 알맞은 우리나라의 '도 이름'을 써 보세요.

- 경주 + 상주 → ① (　　　　)
- 강릉 + 원주 → ② (　　　　)
- 전주 + 나주 → ③ (　　　　)
- 충주 + 청주 → ④ (　　　　)

6 다음을 참고할 때 모스타르의 위치는 어디일지 그림에서 골라 번호를 쓰세요. (　　　　)

수도 '사라예보'에서 남서쪽으로 130km 떨어진 곳에는 '모스타르'라는 도시가 있습니다.

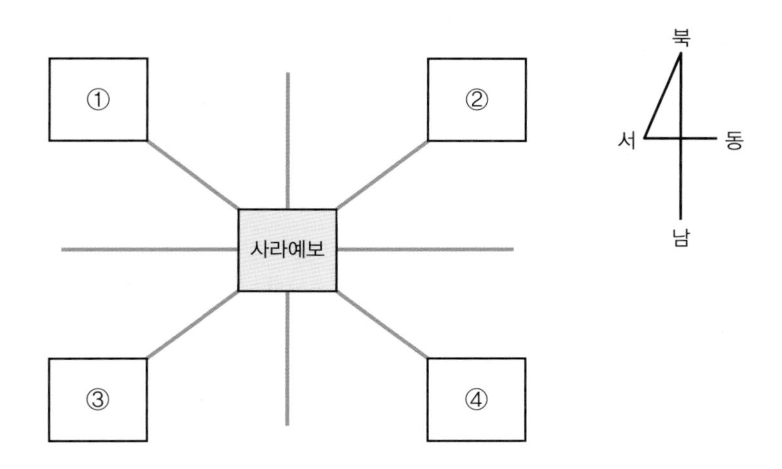

2 주차

무엇을 배울까요?

회차	글의 내용	핵심 개념	읽기 방법	학습 계획일
01회	**껌을 씹으면 벌금!** 법이 필요한 이유와 법이 시대나 나라에 따라 달라지기도 한다는 점을 예를 들어 설명한 글입니다.	[법] 법	제목의 기능 이해하기	월 일 (요일)
02회	**모두가 소중하다** 사람이라면 누구나 누려야 하는 권리인 인권을 지키기 위해서는 모두의 노력이 필요함을 주장한 글입니다.	[법] 인권	내용 상세화하기	월 일 (요일)
03회	**누구의 권리가 우선할까?** 국민이면 누구나 기본권을 갖지만, 사람들 사이에 권리가 충돌할 때가 있음을 어린이 출입 제한 구역을 예로 들어 설명한 글입니다.	[법] 기본권	도표의 종류와 기능 이해하기	월 일 (요일)
04회	**비행기가 하늘을 나는 데에도 돈을 내야 할까?** 한 나라에 속한 하늘의 범위인 영공에 대해 비행기의 영공 통과료를 중심으로 설명한 글입니다.	[지리] 영공	중심 문장 찾기	월 일 (요일)
05회	**읽기 방법 익히기** 이 주에 공부한 중요 [읽기 방법]을 한눈에 정리하고 문제로 확인합니다. 1 제목의 기능 이해하기 2 도표의 종류와 기능 이해하기			월 일 (요일)

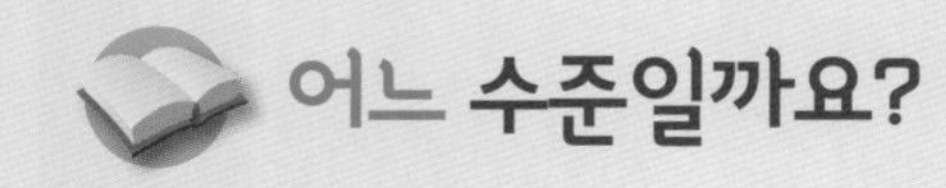
어느 수준일까요?

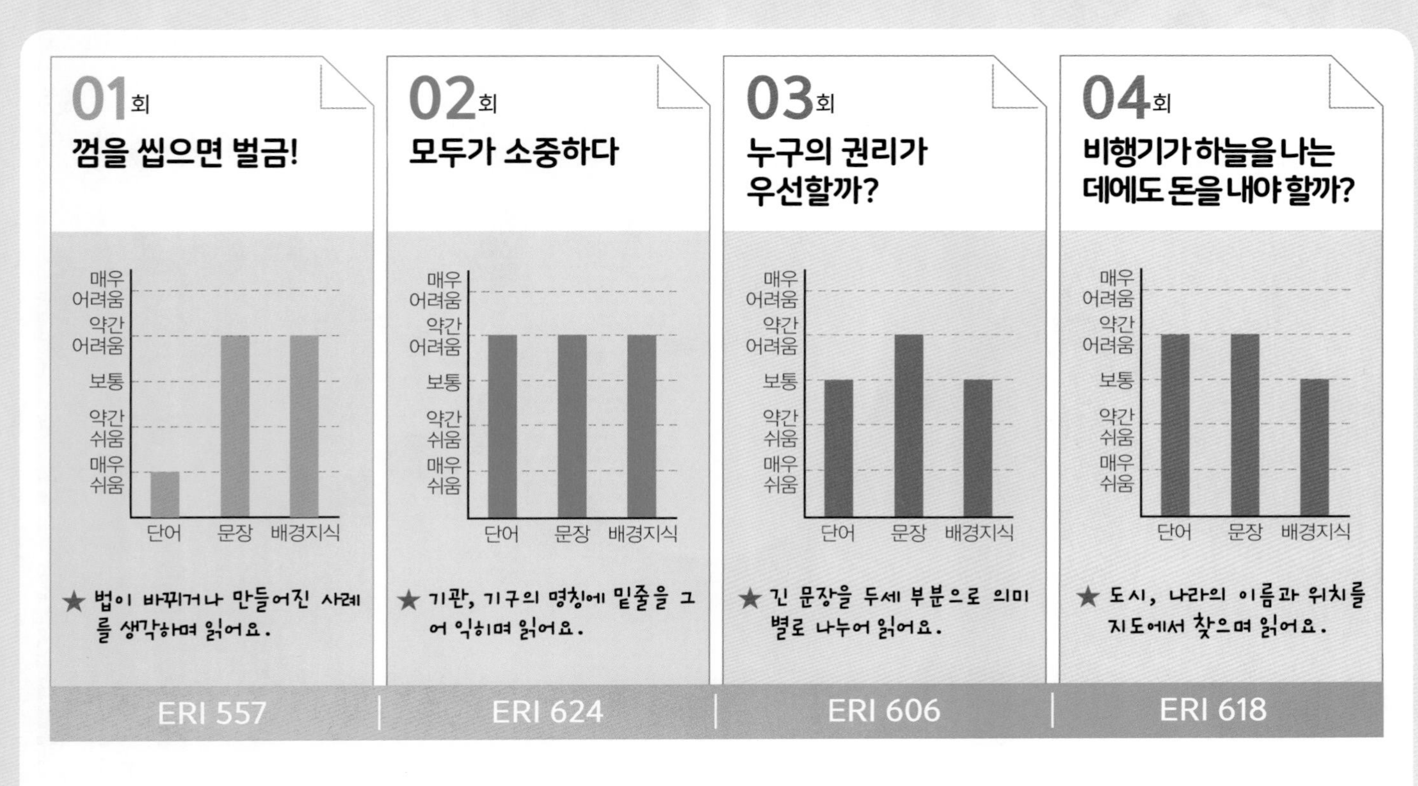
01회
껌을 씹으면 벌금!
매우 어려움
약간 어려움
보통
약간 쉬움
매우 쉬움
단어
문장
배경지식
★ 법이 바뀌거나 만들어진 사례를 생각하며 읽어요.
ERI 557
02회
모두가 소중하다
★ 기관, 기구의 명칭에 밑줄을 그어 익히며 읽어요.
ERI 624
03회
누구의 권리가 우선할까?
★ 긴 문장을 두세 부분으로 의미별로 나누어 읽어요.
ERI 606
04회
비행기가 하늘을 나는 데에도 돈을 내야 할까?
★ 도시, 나라의 이름과 위치를 지도에서 찾으며 읽어요.
ERI 618

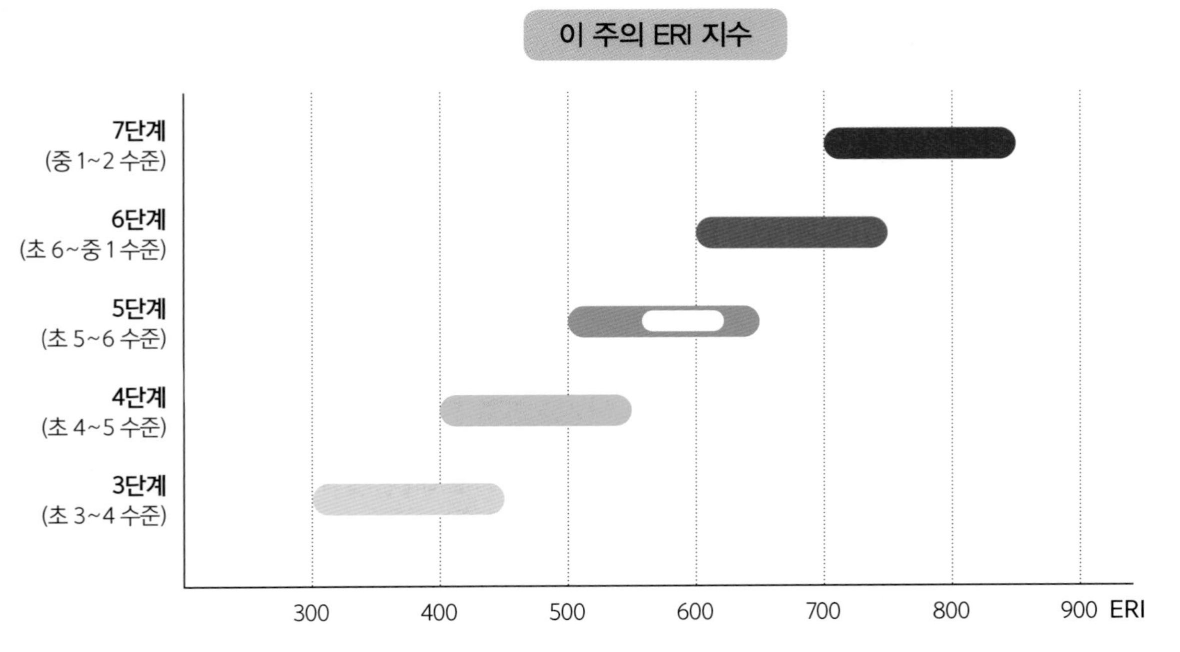
이 주의 ERI 지수
7단계
(중 1~2 수준)
6단계
(초 6~중 1 수준)
5단계
(초 5~6 수준)
4단계
(초 4~5 수준)
3단계
(초 3~4 수준)
300
400
500
600
700
800
900
ERI

01회 껌을 씹으면 벌금!

☑ 핵심 개념인 '법'과 관련된 말들을 알아 둡시다.

→ 법을 지킵시다 / 법을 만들어요

법은 사람들이 안전하게 살기 위해 지키도록 정해 놓은 규칙을 말해요.

☑ 글을 읽고 이것만은 꼭 찾아냅시다.

→ 법이 시대나 나라에 따라 다른 이유는 무엇인가요?

☑ 글 제목이 어떤 역할을 하는지 생각해 봅시다.

→ 다음과 같은 질문을 통해 글의 제목이 어떤 역할을 하는지 짐작해 봅니다.

제목을 보고 글을 읽고 싶었나요?	+	제목이 중요한 내용을 담고 있나요?

제목은 재미있는 표현으로 읽는 이의 관심을 끌거나 중요 내용을 짧게 드러내어 읽는 이의 이해를 돕는답니다.

준비 학습

1 핵심 개념 미리 보기

다음 질문과 답변을 살펴보고, '법'이란 무엇인지 자신의 말로 정리해 쓰세요.

- **질문**: 법은 누가 만드나요?
- **답변**: 국가가 만듭니다.

- **질문**: 법을 왜 만드나요?
- **답변**: 사회의 질서를 유지하고 사람들의 안전을 지키기 위해서입니다

- **질문**: 법을 꼭 지켜야 하나요?
- **답변**: 사람들은 법을 지켜야 하는 의무가 있으며, 법을 지키지 않으면 기준에 따라 처벌을 받습니다.

➡ 법이란 ______________________________

____

2 읽기 방법 미리 보기

다음 글의 제목으로 알맞은 것에 모두 √표 하세요.

우리나라는 봄, 여름, 가을, 겨울이 뚜렷합니다. 봄은 따뜻하고 꽃이 피는 계절입니다. 여름은 덥고 비가 많이 옵니다. 가을은 맑고 열매를 거둘 수 있는 계절이지요. 겨울은 춥고 눈이 자주 옵니다. 우리나라 기후는 이렇게 사계절이 뚜렷하게 나타나는 특징이 있습니다.

(1) 봄이 좋다 ( )
(2) 우리나라의 기후 ( )
(3) 우리나라의 사계절 ( )

정답 **1.** 국가가 사회의 질서를 유지하고 사람들의 안전을 지키기 위하여 정한 규칙으로, 법을 지키지 않으면 처벌을 받는다. **2.** (2), (3)

ERI 지수 557 사회 | 법

평소에 잘 느끼지 못하지만 우리는 수많은 법의 테두리 안에서 살고 있다. 학교 가는 길을 상상해 보자. 차들은 학교 주변에서 속도를 늦추고 학교 앞 횡단보도에서 일단 멈춰야 한다. 이런 법이 있어서 학생들은 안전하게 학교를 오고 갈 수 있다. 이처럼 법은 사람들이 사회의 질서를 지키며 안전하게 사는 데 필요하다. 사회를 지켜 나가기 위해서 만들어진 것으로 도덕도 있는데, 법은 반드시 지켜야 한다는 점에서 도덕과 차이가 있다. 도덕은 지키지 않아도 벌을 받지 않지만, 법은 지키지 않으면 처벌을 받을 수 있다.

사람들이 반드시 지켜야 하는 법이 언제나 같지는 않다. 사회가 변화하는 것처럼 법도 변화하기 때문이다. ㉠1970년대 우리나라 법에서는 여자가 무릎 위 20cm 이상 올라가는 짧은 치마를 입거나 남자가 옷깃을 덮을 정도의 긴 머리를 하지 못하도록 하였다. 이 법을 어기면 처벌을 받아야 했다. 그러나 지금은 법이 바뀌어 누구나 자신이 원하는 머리를 하고 옷을 골라 입을 수 있다. 여자와 남자의 모습과 행동에 대한 사람들의 변화된 생각, 국민의 자유를 더 존중해야 한다는 생각이 법을 바꾸게 한 것이다.

법은 나라에 따라 다르게 만들어지기도 한다. 그래서 우리나라에는 없는 법이 다른 나라에는 있는 경우도 생긴다. 예를 들어, 우리나라는 어디에서나 껌을 씹을 수 있지만, 싱가포르에서는 공공장소나 거리에서 껌을 씹으면 우리나라 돈으로 약 80만 원의 벌금을 낼 수 있다. 또 사람들의 안전을 위하여 법으로 어떤 행동을 하지 못하게 한다는 점에서는 비슷하지만, 처벌을 하는 방법이 다른 경우도 있다. 예컨대, 술을 마시고 운전을 하지 못하게 하는 법은 대부분의 나라에 있지만, 처벌하는 방법은 다르다. 술을 얼마나 마셨는가에 따라 차이가 있으나, 우리나라는 술을 마시고 운전을 하면 감옥에 가거나 벌금을 내야 한다. **터키의 경우는 술을 마시고 운전한 사람을 도시 30km 밖으로 내보낸 다음 걸어서 집으로 가도록 한다.** 이때 술을 마신 운전자가 택시를 타지 못하도록 경찰이 자전거를 타고 뒤따라가면서 감시를 한다. 이처럼 법은 나라마다 차이를 보이기도 하는데, 이는 법이 각 나라의 문화나 상황에 따라 만들어지기 때문이다.

내용 파악하기

1. **이 글의 내용으로 알맞지 않은 것은 무엇인가요? (   )**

① 법은 한번 만들어지면 바뀌지 않는다.
② 우리는 여러 가지 법 안에서 살아간다.
③ 법은 사람들이 안전하게 사는 데 필요하다.
④ 법은 각 나라의 문화나 상황에 따라 만들어진다.
⑤ 사회 질서를 지키기 위해서는 법과 도덕 모두 필요하다.

내용의 중요도 평가하기

2. **다음은 이 글에 나온 문장들입니다. 각 문장의 내용이 매우 중요하면 ★표, 덜 중요하면 △표 하세요.**

(1) 법은 나라에 따라 다르게 만들어지기도 한다. (   )
(2) 터키의 경우는 술을 마시고 운전한 사람을 도시 30km 밖으로 내보낸 다음 걸어서 집으로 가도록 한다. (   )

개념 파악하기

3. **이 글의 내용으로 볼 때, 법과 도덕의 차이를 가장 잘 보여 주는 단어는 무엇인가요? (   )**

① 속도 ② 안전 ③ 질서 ④ 처벌 ⑤ 전통

상황 추론하기

4. **㉠으로 미루어 1970년대 우리나라에 대한 설명으로 알맞은 것에 √표 하세요.**

(1) 지금보다 국민의 자유를 더 많이 존중하였다. (   )
(2) 긴 머리를 하는 남자를 좋게 여기지 않았다. (   )
(3) 법이 국민의 옷차림이나 외모에는 관심을 두지 않았다. (   )

제목의 기능 이해하기

5. **이 글의 제목을 다음과 같이 정한 까닭으로 가장 알맞은 것은 무엇인가요? (　　)**

껌을 씹으면 벌금!

① 글의 중요성을 강조하기 위해서
② 글을 쓰는 이유를 밝히기 위해서
③ 읽는 사람의 관심을 끌기 위해서
④ 글의 주제를 요약해서 드러내기 위해서
⑤ 읽는 사람이 주요 내용을 이해하도록 돕기 위해서

글 내용 판단하기

6. **이 글을 읽은 뒤 〈보기〉의 주제로 토론하려고 합니다. '나의 주장'에 √표 하고, 그 이유를 쓰세요.**

보기

주제: 우리나라도 싱가포르처럼 껌을 씹으면 벌금을 내게 하는 법을 만들자.

나의 주장	주장하는 이유
찬성 (　　　)	
반대 (　　　)	

어휘 익히기

정답과 해설 17쪽

1
단어 뜻 알기

빈칸에 들어갈 알맞은 단어를 〈보기〉에서 찾아 쓰세요.

보기

질서 도덕 벌금 감시

1. 주인아저씨의 ( )을/를 피해 몰래 참외밭에 들어갔다.
   뜻 문제나 사고가 생기지 않도록 주의 깊게 지켜보는 것.
2. 지수는 ( )에 어긋난 행동을 하지 않으려고 늘 노력한다.
   뜻 한 사회에서 같이 살아가는 사람들이 마땅히 지켜야 한다고 여기는 행동의 길잡이.
3. 신호를 지키지 않은 자동차 운전자는 ( )을/를 내야 한다.
   뜻 법이나 약속을 어겼을 때 벌로 내는 돈.
4. 많은 사람이 모인 공공장소에서는 ( )을/를 지키지 않으면 다칠 수 있다.
   뜻 사회를 평화롭고 조화 있게 유지하려고 정해 놓은 차례나 규칙.

2
관용 표현 알기

다음 빈칸에 들어갈 알맞은 말을 쓰세요.

"☐ 없이 살 사람"

이 표현은 '법과 같은 외부의 규제가 없어도 스스로 알아서 나쁜 짓을 하지 않는 마음씨 착하고 올바른 사람.'을 뜻하는 말입니다.

3
한자어 익히기

다음 한자어를 소리 내어 읽고 빈칸에 따라 써 보세요.

安	全
편안할 **안**	무사할 **전**

안전(安全): 탈이 나거나 다칠 위험이 없음.

- 무엇보다 안전이 우선이다.
- 국가는 법으로 국민의 안전을 보장한다.
- 사고가 나지 않도록 안전 규칙을 지켜야 한다.

安	全						
편안할 안	무사할 전						

02회 모두가 소중하다

☑ 핵심 개념인 '인권'과 관련된 말을 알아 둡시다.

→ 인권 존중 / 인권 침해 / 인권 운동가

인권은 인간이라면 누구든지 기본적으로 누려야 할 권리를 말해요.

☑ 글을 읽고 이것만은 꼭 찾아냅시다.

→ 인권을 지키기 위하여 어떤 노력을 해야 할까요?

☑ 글 내용을 상세화해 봅시다.

→ 글에 자세한 내용이 없을 때는 앞뒤 내용을 살펴보거나 자신이 알고 있는 것 등을 활용하여 글을 이해합니다.

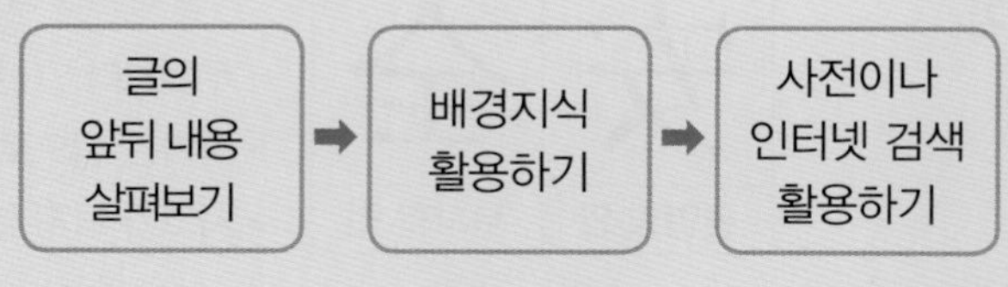

글 내용의 상세화는 글 내용을 좀 더 자세하게 풀어서 이해하거나 설명하는 것을 말해요.

준비 학습

1 핵심 개념 미리 보기

빈칸에 공통으로 들어갈 단어를 〈보기〉에서 찾아 쓰세요.

보기

문화 인권 자유 평등

- 사람은 태어날 때부터 존중받을 권리인 ( )을/를 갖는다.
- 피부색이 다르다고 사람을 무시하는 것은 그 사람의 ( )을/를 존중하지 않는 행동이다.

2 읽기 방법 미리 보기

강희는 다음 글을 읽고 아래와 같은 질문을 하였습니다. 강희가 이해하기 쉽게 자세하게 답해 주세요.

동물원 수족관에 사는 돌고래를 본 적이 있나요? 수족관에 사는 돌고래는 바다에 살 때보다 오래 살지 못한다고 합니다. 화학 약품이 들어간 물을 많이 마셔서 몸이 좋지 않대요. 또 구경하는 사람들이 주는 먹이를 먹고 운동을 충분히 하지 못해서 건강이 좋지 않답니다.

수족관에 사는 돌고래는 왜 운동을 충분히 하지 못할까?

➡ ______________________

____

____

정답 1. 인권 2. 수족관이 아무리 크더라도 덩치가 큰 돌고래가 충분히 움직이면서 운동하기엔 좁기 때문이지.

ERI 지수 624 사회 | 법

우리가 사는 세상에는 다양한 외모와 생각, 문화를 가진 사람들이 있다. 사람들은 저마다 다르지만, 모두 사람이기 때문에 존중받아야 하고 소중하게 여겨져야 한다. 사람이 존중받아야 한다는 것이 인간의 존엄성이며, 이러한 인간의 존엄성은 인권의 바탕이 된다. 인권은 사람으로서 당연히 가져야 하는 권리이다.

인권은 저절로 지켜지지 않는다. 여러 국제기구와 국가 기관 및 수많은 사람의 노력으로 인권이 지켜지는 것이다. 국제 연합(UN)* 은 1948년 12월 10일 '세계 인권 선언'을 발표하고, 이날을 '세계 인권의 날'로 정하였다. '세계 인권 선언'을 통해 국제 연합은 '모든 사람은 태어날 때부터 자유롭고 존엄하며 평등하고, 사람들은 서로를 형제처럼 대해야 한다.'라고 주장한다. '세계 인권의 날'에는 사람들이 인권에 대해 생각하고 교육하는 행사를 열기도 한다.

국민의 인권을 보장하기 위해 국가는 법을 만들고 인권이 잘 지켜지도록 도와주는 기관을 운영한다. 우리나라는 국가 인권 위원회나 국민 권익 위원회 등을 통해서 국민의 인권을 보호하고, 인권이 침해당했을 경우 이를 개선하기 위해 노력하고 있다.

그러나 인권은 국제기구나 국가 기관의 노력만으로 보호되지 않는다. 모든 사람이 인권에 꾸준한 관심을 가지고 실천하기 위해 노력해야 한다. 다른 사람의 처지에서 생각하고, 다른 사람도 나처럼 소중한 사람이라는 사실을 인정하고 함께 어울려 살 수 있는 방법을 찾는 것이 필요하다. 그러기 위해서는 무엇보다 나 자신이 다른 사람의 인권을 무시하는 말을 하지 않는지 돌아볼 필요가 있다. '어른들이 이야기할 때 끼어들면 안 돼.'나 '애들이 뭘 알아?'와 같은 말을 들었을 때 어떤 마음이었는지를 생각해 보자. 이런 말들이 어린이의 인권을 무시하여 어린이의 마음을 아프게 하는 것처럼, 자신 또한 성별이나 피부색 등에 따라 사람을 존중하지 않는 말을 하지 않는지 스스로를 돌아보아야 한다. 또한, 일상생활에서 익숙하게 했던 생각이나 행동이 다른 사람의 인권을 침해하지 않는지 살펴보고 고쳐 나가는 것도 인권을 지키는 ㉠ 지름길이다.

* **국제 연합(UN)**: 제2차 세계 대전이 끝난 뒤에 여러 나라가 세계 평화와 안전을 지키려고 만든 단체. 총회, 안전 보장 이사회, 국제 사법 재판소 같은 기관이 있음.

내용 파악하기

1. **이 글의 내용과 일치하지 않는 것은 무엇인가요? (　　　)**

① 모든 사람은 존중받아야 한다.
② 인권은 인간의 존엄성을 바탕으로 한다.
③ 인권은 법을 만들면 충분히 지켜 줄 수 있다.
④ 우리나라는 인권을 보호하는 기관을 운영하고 있다.
⑤ 다른 사람의 인권을 침해하지 않도록 노력해야 한다.

어휘 관계 파악하기

2. **다음은 이 글의 일부분입니다. 밑줄 친 '보장'과 반대되는 뜻의 단어는 무엇인가요? (　　　)**

> 국민의 인권을 보장하기 위해 국가는 법을 만들고 인권이 잘 지켜지도록 도와주는 기관을 운영한다.

① 소중　　② 바탕　　③ 침해
④ 노력　　⑤ 첫걸음

어휘 의미 파악하기

3. **다음 중 ㉠과 같은 의미로 쓰인 '지름길'은 무엇인가요? (　　　)**

① 지름길로 가면 기름값을 아낄 수 있다.
② 이 고개가 집과 학교를 연결하는 지름길이다.
③ 길이 험해도 시간이 없으니 지름길로 빨리 와.
④ 할머니 댁에 가려면 큰길보다 지름길이 한결 빠르다.
⑤ 중소기업을 살리는 것이 국가 산업 경쟁력을 높이는 지름길이다.

내용 요약하기

4. 이 글의 내용을 다음과 같이 정리할 때, 빈칸에 들어갈 알맞은 말을 쓰세요.

주제	인권을 지키기 위한 노력

⇩

누가	국제기구	( )	개인
한 일 또는 해야 할 일	• ‘세계 인권 선언’을 발표함. • ‘세계 인권의 날’ 행사를 진행함.	법을 만들고 인권이 잘 지켜지도록 돕는 기관을 운영함.	다른 사람의 인권을 존중하는 말과 행동을 해야 함.

내용 상세화하기

5. 다음은 이 글을 읽고 두 학생이 나눈 대화입니다. 빈칸에 들어갈 내용을 대화의 흐름에 맞게 2~3개의 문장으로 쓰세요.

어휘 익히기

정답과 해설 19쪽

1 단어 뜻 알기

빈칸에 들어갈 알맞은 단어를 〈보기〉에서 찾아 쓰세요.

보기

외모 존중 평등 지름길

1. 시간이 없어서 (   )을/를 이용하여 집으로 갔습니다.
   뜻 멀리 돌지 않고 가깝게 질러 가는 길.
2. 내가 먼저 남을 (   )해야 나도 그런 대접을 받습니다.
   뜻 높이어 귀중하게 대함.
3. 사람을 (   )만 보고 판단하는 잘못을 하면 안 됩니다.
   뜻 겉으로 드러나 보이는 모양.
4. 우리나라 국민은 누구나 (   )하게 교육을 받을 권리가 있습니다.
   뜻 권리나 의무 같은 것이 모든 사람한테 똑같은 것.

2 관용 표현 알기

다음 빈칸에 들어갈 알맞은 사자성어를 쓰세요.

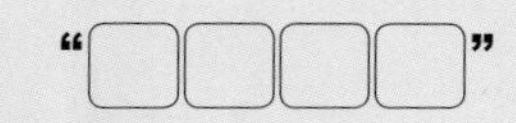

다른 사람과 '처지나 형편을 바꾸어 생각해 봄.'을 이르는 말입니다. 다른 사람의 인권을 존중하기 위해서는 자신이 그 사람의 입장이 되어서 생각해 보는 것이 좋습니다. 자신의 말과 행동이 그 사람에게 어떻게 받아들여질지, 그 사람의 인권을 침해하는 것은 아닐지 돌아보아야 합니다.

한자	뜻	음
易	바꾸다	
地	땅	
思	생각	
之	가다	

3 한자어 익히기

다음 한자어를 소리 내어 읽고 빈칸에 따라 써 보세요.

人	權
사람 **인**	권리 **권**

인권(人權): 사람이 누려야 할 기본적인 권리.
- 모든 사람은 태어날 때부터 인권을 갖는다.
- 다른 사람의 인권을 존중하는 태도를 가져야 한다.
- 세계 여러 나라는 국민의 인권 보호를 위하여 여러 가지 정책을 펴고 있다.

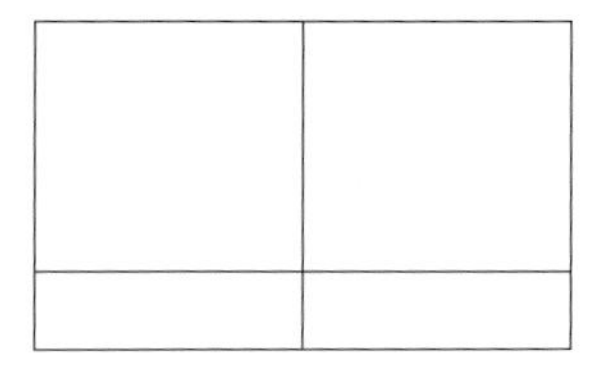

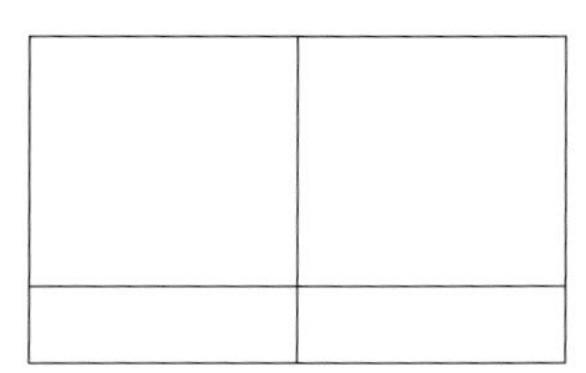

03회 누구의 권리가 우선할까?

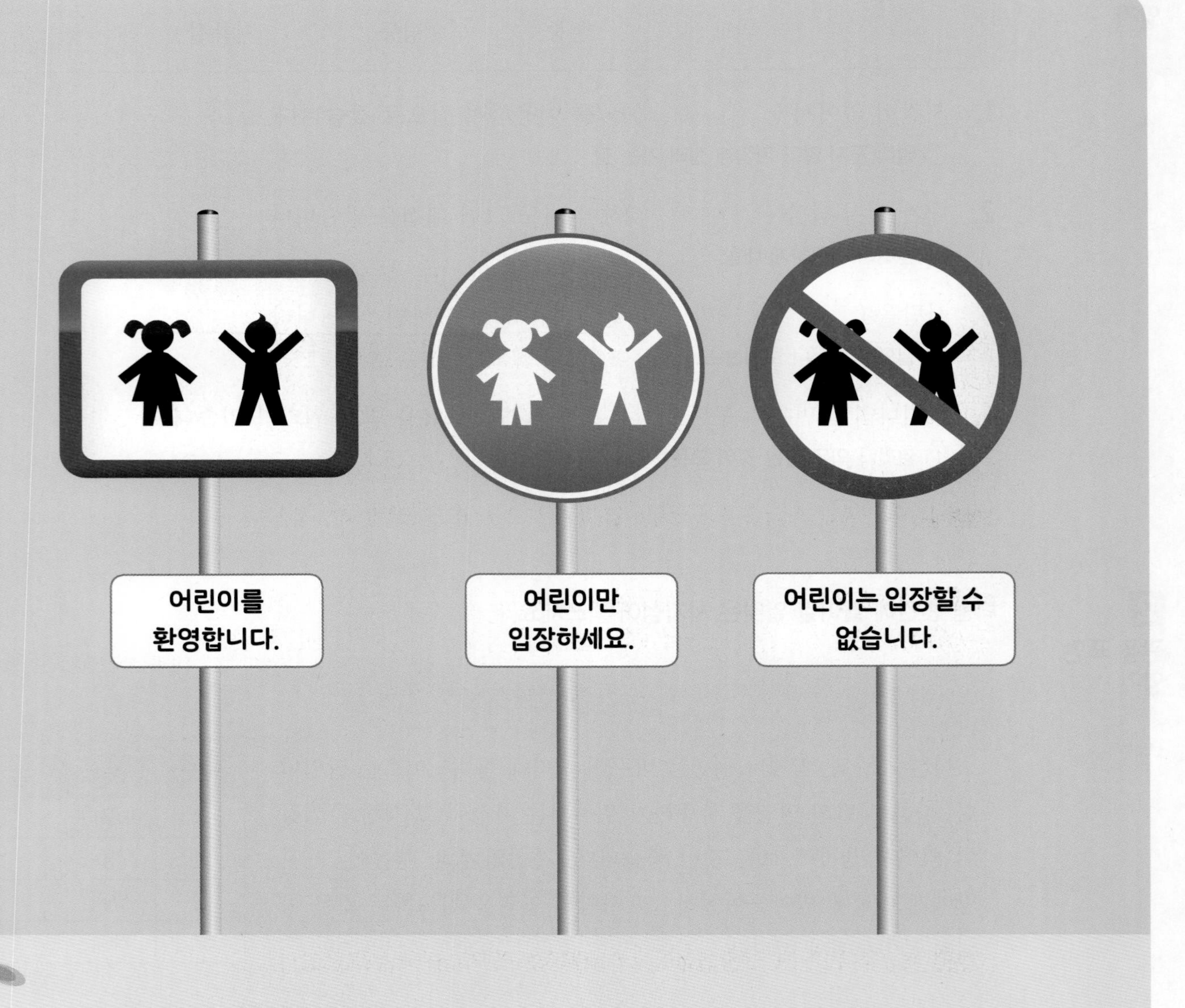

☑ 핵심 개념인 '기본권'과 관련된 말들을 알아 둡시다.

→ 국민의 기본권 / 기본권 보장

기본권이란 헌법으로 지켜 주는 국민의 기본적인 권리를 말해요.

☑ 글을 읽고 이것만은 꼭 찾아냅시다.

→ 사람들 사이에 기본권이 충돌하면 어떻게 해결해야 하나요?

☑ 도표를 왜 사용하는지 알아봅시다.

→ 글에는 많은 정보가 담겨 있습니다. 이러한 정보를 표나 그래프로 나타내면 읽는 이가 쉽게 알아볼 수 있습니다.

표, 그래프	• 내용을 한눈에 보여 줌. • 쉽게 이해할 수 있음.

도표란 여러 가지 자료를 분석하여 그 관계를 일정한 형태로 나타낸 표나 그래프를 말해요.

1 핵심 개념 미리 보기

빈칸에 들어갈 알맞은 단어를 〈보기〉에서 찾아 쓰세요.

보기

법　　국민　　양보　　참여　　기본권

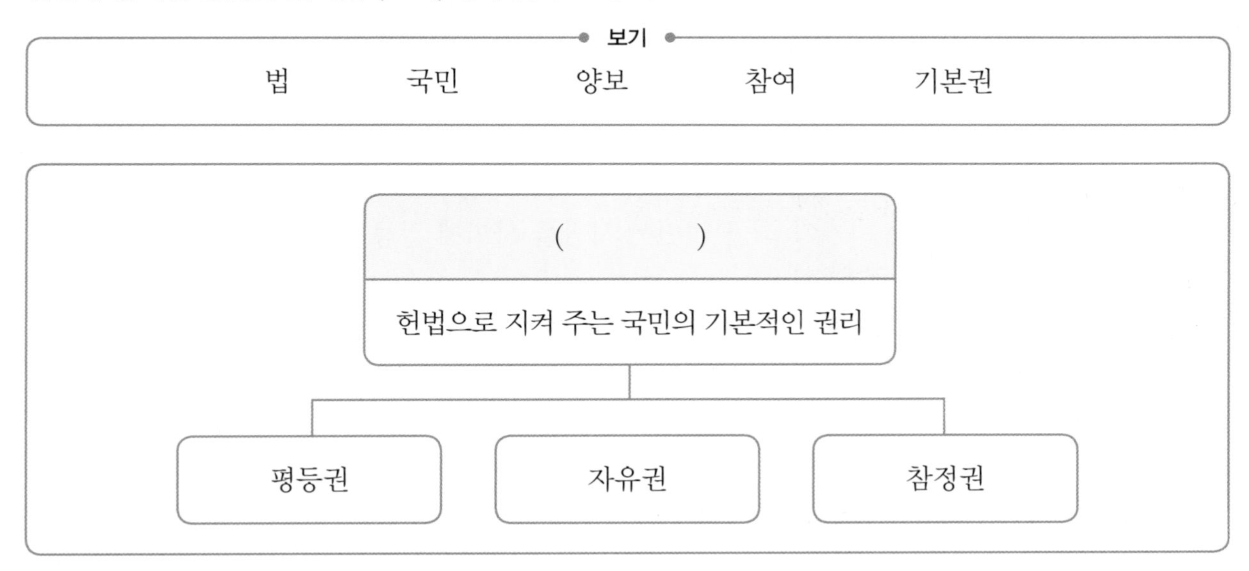

2 읽기 방법 미리 보기

(가)를 (나)와 같은 그래프로 나타낼 때의 효과로 알맞은 것에 √표 하세요.

(가) 샛별 모둠에서 조사한 자료에 따르면 우리 반 학생들이 학교 급식을 남기는 이유의 48%는 음식이 맛이 없어서, 36%는 빨리 먹고 놀고 싶어서, 16%는 내가 먹기에 양이 많아서라고 합니다.

(나) 우리 반 학생들이 학교 급식을 남기는 이유

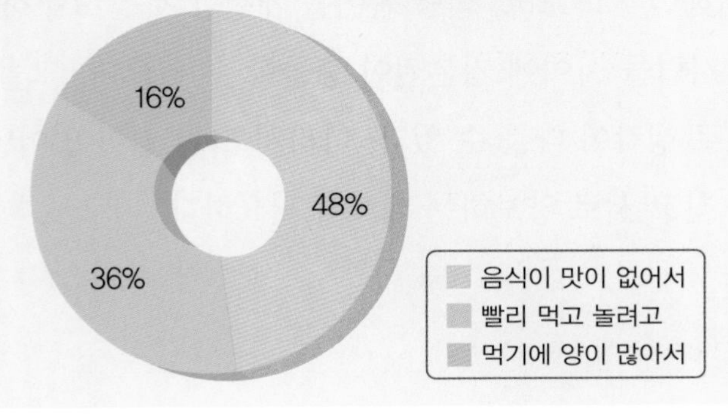

(1) 조사 결과를 자세하게 설명할 수 있다. (　　　)

(2) 읽는 사람이 자료를 쉽게 이해할 수 있다. (　　　)

정답 1. 기본권 2. (2)

ERI 지수 606 사회 | 법

가 ㉠인간이 인간답게 살기 위해서 가장 필요한 것이 무엇일까? 여러 가지 필요한 것이 많지만 인간으로서 누릴 수 있는 권리를 법으로 지켜 주는 것이 무엇보다 중요하다. '기본권'은 헌법으로 지켜 주는 국민의 기본적인 권리이다. 기본권에는 모든 국민은 똑같이 법 앞에서 차별받지 않을 '평등권'과 직업이나 사는 곳을 자신이 원하는 대로 선택할 수 있는 '자유권'이 있다. 또 나라의 중요한 일을 정하거나 대표를 뽑는 데 참여할 수 있는 '참정권'도 있다.

나 그런데 만약 사람들 사이에 권리가 충돌하는 경우에는 어떻게 해야 할까? 예를 들어, 어린이가 들어오지 못하게 막는 가게가 최근 늘면서 사람들 사이에 갈등이 벌어지는 상황을 생각해 볼 수 있다. 이런 경우 어린이의 가게 출입을 제한하는 것이 어린이와 부모의 자유를 해친다는 주장과, 그것은 가게 주인의 자유라는 주장이 맞서고 있다. 그러면 어린이 출입 제한은 어린이의 자유를 해치는 것일까? 아니면 가게 주인의 자유로운 영업 방법일까?

다 이 문제에 대하여 경기 연구원은 2016년 경기도민 1,000명에게 설문 조사를 하였다. '어린이 출입을 막는 것이 가게 주인의 자유인가?'라는 질문에 '그렇다'라는 대답이 44.4%로 나타났다. '그렇지 않다'라는 대답은 22.8%, '그저 그렇다'라는 대답은 32.8%였다. '어린이 출입을 막는 것이 어린이의 기본권을 해치는가?'라는 질문에는 '그렇다'라는 대답이 29.2%로 나타났다. '그렇지 않다'라는 대답은 34.8%, '그저 그렇다'라는 대답은 36%로 어린이의 기본권을 해치지 않는다고 생각하는 대답이 더 많았다.

라 그러나 국가 인권 위원회는 다른 의견을 나타내었다. 제주도의 한 식당이 9세 어린이와 그 부모가 가게에 들어오는 것을 막은 일이 있었다. 그러자 그 부모는 국가 인권 위원회에 가게 주인이 어린이를 차별한다는 주장을 하였다. 이에 국가 인권 위원회는 헌법의 평등권에 비추어 볼 때 어린이 출입 제한 구역이 어린이의 자유를 침해한다고 보고, 식당에 이를 개선할 것을 요구하였다.

마 모든 국민은 기본권을 가진다. 그러나 사람들 사이에 기본권이 충돌할 수 있으며, 그럴 때 누구의 권리가 우선할 것인지에 대해서는 서로 생각이 다를 수 있다. 따라서 그런 일이 일어날 때는 양쪽 모두의 권리를 존중하는 해결 방법을 찾고 서로 양보하는 태도가 필요하다.

내용 파악하기

1. **이 글의 내용과 일치하지 않는 것은 무엇인가요? (　　　)**

① 모든 국민은 기본권을 갖는다.
② 어린이의 출입을 막는 가게가 늘고 있다.
③ 어린이 출입 제한과 관련한 설문 조사가 있었다.
④ 사람들 사이에 기본권이 충돌하는 문제가 일어나기도 한다.
⑤ 국가 인권 위원회는 항상 어른보다 어린이의 기본권을 우선한다.

개념 파악하기

2. **다음 단어에 해당하는 뜻을 찾아 바르게 연결하세요.**

(1) 평등권 •		• ㉮ 직업이나 사는 곳을 자신이 원하는 대로 선택할 권리
(2) 자유권 •		• ㉯ 나라의 중요한 일을 정하거나 대표를 뽑는 데 참여할 수 있는 권리
(3) 참정권 •		• ㉰ 법 앞에서 차별받지 않을 권리

주제 파악하기

3. **이 글의 주제가 가장 잘 드러난 문단은 어느 것인가요? (　　　)**

① 가　　② 나　　③ 다　　④ 라　　⑤ 마

표현 의도 파악하기

4. **글쓴이가 ㉠과 같은 질문을 한 까닭으로 가장 알맞은 것은 무엇인가요? (　　　)**

① 기본권에 대한 사람들의 생각을 조사하려고
② 인간에게 중요한 가치가 많다는 것을 강조하려고
③ 인간이 인간답게 사는 데 필요한 것이 무엇인지 궁금해서
④ 읽는 이로 하여금 기본권에 대해 관심을 갖고 글을 읽게 하려고
⑤ 읽는 이로 하여금 인간에게 중요한 것이 무엇인지 생각하면서 살게 하려고

내용 요약하기

5. **나~라의 내용을 다음과 같이 정리할 때, 빈칸에 들어갈 알맞은 말을 쓰세요.**

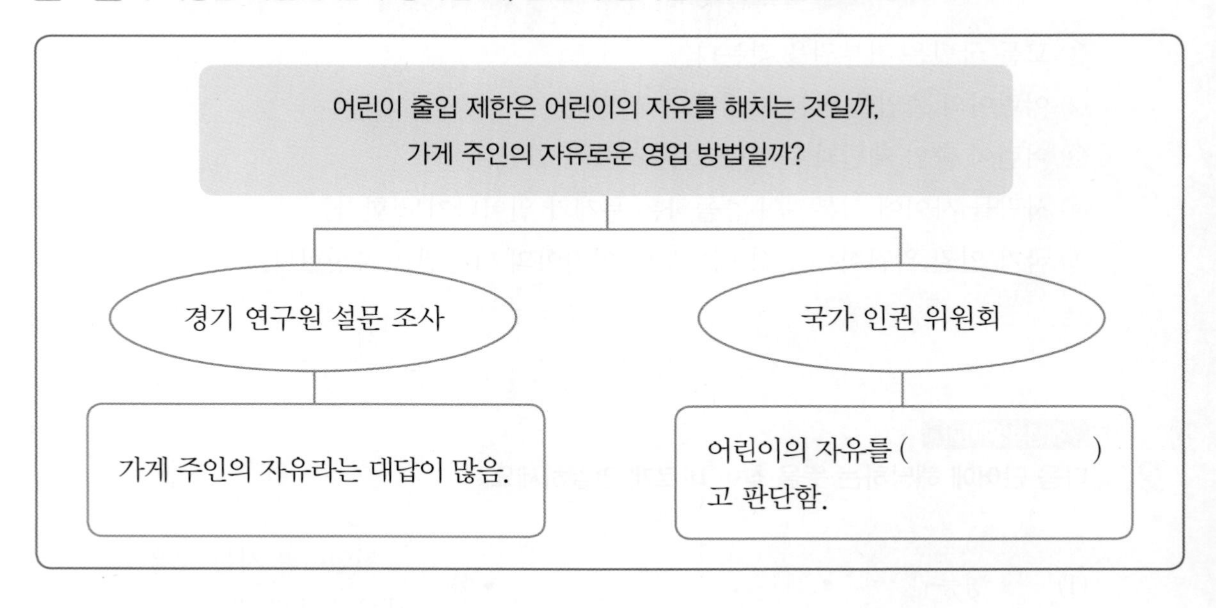

도표의 종류와 기능 이해하기

6. **다음은 다의 일부분입니다. 설문 조사 결과를 〈조건〉에 맞춰 원그래프로 표현하세요.**

조건

- 설문 조사 결과를 정확하게 표현할 것
- 읽는 이가 설문 조사 결과를 쉽게 파악할 수 있도록 표현할 것

이 문제에 대하여 경기 연구원은 2016년 경기도민 1,000명에게 설문 조사를 하였다. '어린이 출입을 막는 것이 가게 주인의 자유인가?'라는 질문에 '그렇다'라는 대답이 44.4%로 나타났다. '그렇지 않다'라는 대답은 22.8%, '그저 그렇다'라는 대답은 32.8%였다.

➡

어휘 익히기

정답과 해설 21쪽

1 단어 뜻 알기

빈칸에 들어갈 알맞은 단어를 〈보기〉에서 찾아 쓰세요.

보기

차별　　출입　　개선　　양보

1. 이곳은 자유롭게 (　　　　)할 수 있어요.
   뜻 어느 곳을 드나듦.
2. 어떤 이유로도 사람을 (　　　　)해서는 안 된다.
   뜻 둘 이상의 대상을 수준 따위의 차이를 두어서 구별함.
3. 네 주장만 하지 말고 (　　　　)하는 미덕을 가져라.
   뜻 자기의 주장을 굽히고 남의 의견을 따르는 것.
4. 지구 생태계를 보호하기 위해서는 주변의 오염된 환경을 (　　　　)해야 한다.
   뜻 잘못된 것이나 부족한 것, 나쁜 것 따위를 고쳐 더 좋게 만듦.

2 관용 표현 알기

다음 빈칸에 공통으로 들어갈 말을 쓰세요.

"사람 위에 □□ 없고 사람 밑에 □□ 없다"

사람은 태어날 때부터 권리나 의무가 모두 평등하다는 말입니다. 힘이 있거나 돈이 많다고 해서 그렇지 못한 사람을 우습게 여기거나 함부로 대해서는 안 됩니다. 사람들은 모두 인간으로 똑같이 존중받아야 합니다.

3 한자어 익히기

다음 한자어를 소리 내어 읽고 빈칸에 따라 써 보세요.

基	本
터 기	근본 본

기본(基本): 어떤 것의 밑바탕. 또는 어떤 것을 이루는 데 가장 먼저 있어야 할 것.

- 공부는 기본을 탄탄히 해야 한다.
- 인간 존중은 민주주의의 기본이다.
- 이 컴퓨터는 첨단 기능을 기본으로 갖추었다.

基	本
터 기	근본 본

04회 비행기가 하늘을 나는 데에도 돈을 내야 할까?

☑ 핵심 개념인 '영공'과 관련된 말들을 알아 둡시다.

→ 영공을 지키다 / 영공을 침범하다 / 영공 통과료

영공이란 한 나라가 다른 나라의 간섭 없이 중요한 일을 스스로 결정할 수 있는 권리를 가진 하늘이에요.

☑ 글을 읽고 이것만은 꼭 찾아냅시다.

→ 영공과 비행기 통과료는 어떤 관계가 있나요?

☑ 문단의 중심 문장을 파악해 봅시다.

→ 문단에는 중심 문장이 있고, 이를 뒷받침하고 설명하는 여러 개의 뒷받침 문장들이 있습니다.

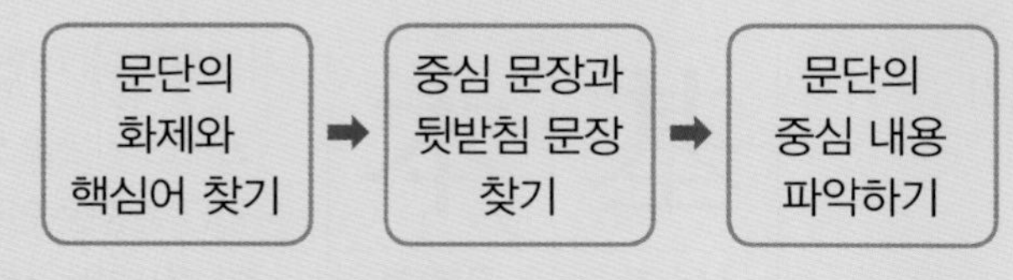

중심 문장이란 문단에서 중심 생각이 직접 드러나 있는 문장을 말해요.

준비 학습

1 핵심 개념 미리 보기

다음 그림을 참고하여 빈칸에 들어갈 단어를 〈보기〉에서 찾아 쓰세요.

보기

국가 권리 하늘 비행기 통과료

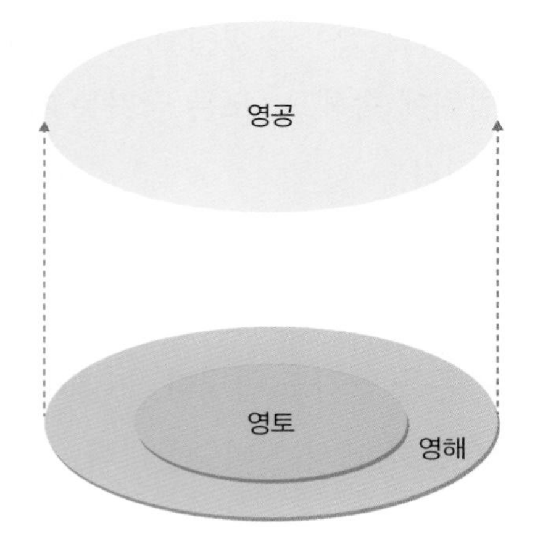

- 영토: 한 나라가 다른 나라의 간섭 없이 중요한 일을 스스로 결정할 수 있는 권리를 가진 땅.
- 영해: 한 나라가 다른 나라의 간섭 없이 중요한 일을 스스로 결정할 수 있는 권리를 가진 바다.
- 영공: 영토와 영해 위의 (　　　). 한 나라가 다른 나라의 간섭 없이 중요한 일을 스스로 결정할 수 있는 권리를 가짐.

2 읽기 방법 미리 보기

다음 글에서 가장 중요한 문장을 찾아 밑줄을 치세요.

독감과 감기는 다르다. 독감은 '인플루엔자'라는 특정한 바이러스에 의해 걸리는 병인 데 비해, 감기는 약 200종류의 다양한 바이러스가 원인이 되는 병이다. 독감은 하루 이상 잠복기를 거친 뒤 38도 이상의 높은 열과 심한 근육통 등이 생기는데, 감기는 보통 코나 목에 통증이 있지만 근육통은 없다. 또 독감은 치료하지 않으면 합병증에 걸리거나 심할 경우 죽을 수도 있지만, 감기는 해열제를 먹고 며칠 쉬면 자연스럽게 낫는 경우가 대부분이다.

정답 **1.** 하늘 **2.** 독감과 감기는 다르다.

ERI 지수 618 사회 | 지리

높고 푸른 하늘을 멋지게 나는 비행기를 보면 어떤 생각이 드나요? 마음대로 어디든 갈 수 있는 비행기를 부러워해 본 적이 있을 겁니다. 그런데 비행기도 허락을 받지 못하거나 돈을 내지 않으면 하늘을 날지 못합니다. 특히 자기 나라에서는 아니지만, 다른 나라의 영공을 지날 때는 미리 허락을 받고 통행료를 내야 ㉠비행할 수 있습니다.

영공은 한 나라가 다른 나라의 간섭 없이 중요한 일을 스스로 결정할 수 있는 권리를 가진 하늘을 말합니다. 영토와 영해가 각각 그러한 권리를 가진 땅과 바다를 뜻하는 것처럼요. 영공은 영토와 영해 위로 곧게 뻗은 하늘로, 한 나라의 권리가 미치는 범위에 속해요. 모든 국가는 자신의 땅과 바다에 권리를 가진 것처럼 영공에 대해서도 권리를 갖습니다.

대부분의 나라들은 영공에 대한 권리로 자기 나라의 영공을 지나가는 비행기에 대해 일종의 통행료인 '영공 통과료'를 받습니다. 이때 미국을 포함한 몇몇 나라에서는 비행에 필요한 관리를 해주거나 정보를 제공하는 대가로 자기 나라의 영역을 지날 때 돈을 받기도 합니다. 그래서 이를 단지 영공을 지나는 통행료로만 볼 수는 없지만, 돈을 내야 한다는 점에서는 비슷합니다.

그렇다면 비행기는 영공 통과료로 돈을 얼마나 내야 할까요? 영국 런던에서 출발해 미국 시애틀로 간다고 할 때 비행기는 그린란드*와 캐나다를 지납니다. 그래서 이들 나라에 각각 영공 통과료를 내야 해요. 각 나라에 얼마를 내야 할지는 각 나라가 정한 바에 따릅니다. 미국은 비행하는 거리만큼 내게 하고, 캐나다는 항공기 무게에 따라 내도록 합니다. 우리나라는 영공을 통과할 때 한 번씩만 돈을 내도록 하고 있고요. ㉡영국 런던에서 미국 시애틀까지 왕복으로 비행할 때 캐나다에만 우리 돈으로 약 600만 원 정도를 내야 합니다. 영공 통과료가 비싸기 때문에 비행사들은 영공을 지나는 나라의 수를 줄이거나 통과료가 싼 영공을 지나가도록 경로를 짜 비용을 줄이려고 노력하기도 합니다.

* **그린란드**: 대서양과 북극해 사이에 있는 세계에서 가장 큰 섬. 덴마크령이며, 주민은 대부분 에스키모인임.

내용 파악하기

1. 이 글을 정확하게 이해하지 못한 사람은 누구인가요? (   )

① 수진: 대부분의 국가들은 영공 통과료를 받는대.
② 기준: 비행기가 하늘을 날 때마다 600만 원을 내야 한대.
③ 혜수: 모든 국가는 자기 나라의 영공에 대해서 권리를 갖는대.
④ 진수: 비행기가 하늘을 날기 위해서는 보통 허락을 받아야 한대.
⑤ 지민: 비행기가 다른 나라의 영공을 지날 때는 그 나라에 돈을 내야 한대.

어휘 관계 파악하기

2. 이 글의 통행료와 가장 비슷한 뜻으로 사용된 단어를 〈보기〉에서 골라 √표 하세요.

보기

돈	허락	권리	통과료
( )	( )	( )	( )

중심 문장 찾기

3. 다음은 이 글의 3문단입니다. 중심 문장을 찾아 밑줄을 치세요.

대부분의 나라들은 영공에 대한 권리로 자기 나라의 영공을 지나가는 비행기에 대해 일종의 통행료인 '영공 통과료'를 받습니다. 이때 미국을 포함한 몇몇 나라에서는 비행에 필요한 관리를 해 주거나 정보를 제공하는 대가로 자기 나라의 영역을 지날 때 돈을 받기도 합니다. 그래서 이를 단지 영공을 지나는 통행료로만 볼 수는 없지만, 돈을 내야 한다는 점에서는 비슷합니다.

정답과 해설 23쪽

어휘 의미 파악하기

4. 밑줄 친 '비행'이 ㉠과 비슷한 뜻으로 쓰인 문장을 모두 찾아 √표 하세요.

(1) 조종사의 비행 솜씨가 뛰어났다. ( )

(2) 날개가 크면 비행하기가 좀 더 쉬워진다. ( )

(3) 그동안 그가 저지른 비행이 세상에 모두 밝혀질 것이다. ( )

문맥 추론하고 해석하기

5. 이 글에 나타난 ㉡의 뜻을 문맥을 고려하여 알맞게 풀이한 것에 √표 하세요.

영국 런던에서 출발해 미국 시애틀로 간다고 할 때 비행기는 그린란드와 캐나다를 지납니다. 그래서 이들 나라에 각각 영공 통과료를 내야 해요. 각 나라에 얼마를 내야 할지는 각 나라가 정한 바에 따릅니다. 미국은 비행하는 거리만큼 내게 하고, 캐나다는 항공기 무게에 따라 내도록 합니다. 우리나라는 영공을 통과할 때 한 번씩만 돈을 내도록 하고 있고요. ㉡영국 런던에서 미국 시애틀까지 왕복으로 비행할 때 캐나다에만 우리 돈으로 약 600만 원 정도를 내야 합니다.

(1) 다른 나라에도 돈을 내는데, 그중 캐나다에는 우리 돈으로 약 600만 원 정도를 내야 한다. ( )

(2) 다른 나라에는 돈을 내지 않는데, 오로지 캐나다에게만 우리 돈으로 약 600만 원 정도를 내야 한다. ( )

글의 구조 파악하기

6. 이 글을 다음과 같이 요약할 때, 빈칸에 들어갈 알맞은 단어를 쓰세요.

질문	비행기가 하늘을 나는 데에도 돈을 내야 할까?
	↓
대답	다른 나라의 영공을 지날 때는 통과료를 내야 한다.
	↑
근거	모든 국가는 자국의 영공에 대해 ( )을/를 가지기 때문이다.

어휘 익히기

정답과 해설 23쪽

1
단어 뜻 알기

빈칸에 들어갈 알맞은 단어를 〈보기〉에서 찾아 쓰세요.

보기

간섭 범위 왕복 비용

1. 내가 아는 ( ) 안에서 말해 줄게.
   뜻 어떤 것이 정해지거나 미치는 테두리.

2. 거기는 여기서 ( )(으)로 세 시간 걸려.
   뜻 어떤 곳에 갔다가 돌아옴.

3. 동생이 노는 데 ( )했더니 화를 내었다.
   뜻 관계가 없는 남의 일에 끼어듦.

4. 그동안 모든 돈을 여행 ( )(으)로 사용하였다.
   뜻 어떤 일을 하는 데 드는 돈.

2
관용 표현 알기

다음 빈칸에 들어갈 알맞은 말을 쓰세요.

"□□도 끝 갈 날이 있다"

아무리 높아 보이는 하늘이라도 끝이 있는 것처럼 세상 모든 것에도 끝은 있게 마련입니다. 이 속담은 무엇이든, 어떤 일이든 끝이 있다는 뜻을 나타내는 말입니다.

3
한자어 익히기

다음 한자어를 소리 내어 읽고 빈칸에 따라 써 보세요.

領	空
다스릴 **영**	빌 **공**

영공(領空): 한 나라가 다른 나라의 간섭 없이 중요한 일을 스스로 결정할 수 있는 권리를 가진 하늘.

- 다른 나라의 영공을 침범해서는 안 된다.
- 대한민국 공군이 우리 영공을 굳건히 지킨다.

領	空
다스릴 영	빌 공

05회 읽기 방법 익히기

1 제목의 기능 이해하기

도서관이나 서점에 가면 많은 책이 꽂혀 있습니다. 그 많은 책 가운데 어느 한 권을 골라야 한다면 여러분은 무엇을 보고 고르나요? 아마도 많은 친구가 제목을 보고 고를 겁니다. 글쓴이는 읽는 이가 책이나 글을 읽도록 하기 위해 읽는 이의 관심이나 호기심을 불러일으킬 만한 제목을 붙이는 경우가 많으니까요. 또한, 글쓴이는 읽는 이가 책이나 글에 대해 이해하기 쉽도록 말하고자 하는 주제나 중심 내용을 압축하여 제목을 붙이기도 합니다. 그래서 제목만 보아도 책이나 글의 주제를 짐작할 수 있습니다.

★ **책이나 글 제목은,**

(1) 읽는 이의 관심을 불러일으킵니다.
(2) 책이나 글에서 주로 다루는 내용이 무엇인지 알려 줍니다.
(3) 글쓴이가 하고 싶은 말이나 주제를 나타내어 읽는 이의 이해를 돕습니다.

하나의 제목이 동시에 위의 세 가지 일을 하기는 어렵기 때문에 글쓴이는 어떻게 하면 읽는 이의 관심을 끌면서도 주제를 나타내는 제목을 붙일 수 있을까 늘 고민합니다. 글쓴이가 왜 이런 제목을 붙였을지, 나라면 어떤 제목을 붙일지 생각하면서 글을 읽으면 이해가 쉬워지고 읽기도 더 재미있어집니다.

1 **다음 글의 중심 내용을 드러내는 제목으로 가장 알맞은 것에 √표 하세요.**

법은 나라에 따라 다르게 만들어지기도 한다. 그래서 우리나라에는 없는 법이 다른 나라에는 있는 경우도 생긴다. 예를 들어, 우리나라는 어디에서나 껌을 씹을 수 있지만, 싱가포르에서는 공공장소나 거리에서 껌을 씹으면 우리나라 돈으로 약 80만 원의 벌금을 낼 수 있다. 또 사람들의 안전을 위하여 법으로 어떤 행동을 하지 못하게 한다는 점에서는 비슷하지만, 처벌을 하는 방법이 다른 경우도 있다. 예컨대, 술을 마시고 운전을 하지 못하게 하는 법은 대부분의 나라에 있지만, 처벌하는 방법은 다르다. 술을 얼마나 마셨는가에 따라 차이가 있으나, 우리나라는 술을 마시고 운전을 하면 감옥에 가거나 벌금을 내야 한다. 터키의 경우는 술을 마시고 운전한 사람을 도시 30km 밖으로 내보낸 다음 걸어서 집으로 가도록 한다. 이때 술을 마신 운전자가 택시를 타지 못하도록 경찰이 자전거를 타고 뒤따라가면서 감시를 한다.

(1) 법, 나라에 따라 다르다! (　　)
(2) 우리나라의 너그러운 법 (　　)
(3) 법이 엄격한 나라, 싱가포르 (　　)

2 다음 글의 제목에 대한 이해로 알맞은 것에 √표 하세요.

'착한 사마리아인 법', 왜 만들어야 하는가?

'착한 사마리아인 법'을 만드는 것에 대한 사람들의 의견이 팽팽하게 엇갈리고 있다. '착한 사마리아인 법'은 위험에 처한 사람을 일부러 구하지 않은 사람을 처벌하는 법이다.

성경에 따르면 사마리아인은 유대인과 사이가 좋지 않았다. 어느 날 유대인이 강도를 당해 길가에 쓰러졌는데 다른 사람들은 모른 척하고 지나갔다. 그런데 한 사마리아인이 쓰러진 유대인을 구해 주었다고 한다. '착한 사마리아인 법'이라는 이름은 이 이야기에서 유래한다.

위험에 처한 사람을 돕지 않으면 사회가 안전하게 유지되지 않기 때문에 '착한 사마리아인 법'을 만들어야 한다고 주장하는 사람들이 있다. 이와 반대로 위험에 처한 사람을 돕는 것은 법이 아닌 도덕의 문제로, 개인이 스스로 선택할 일이라고 주장하면서 이 법의 도입을 반대하는 사람들도 있다. 이렇듯 사람들 사이에 생각이 달라 '착한 사마리아인 법'은 현재 우리나라에서 법으로 만들어지지 않고 있다.

(1) 글의 중심 내용과 맞지 않는 제목이야. (　　)
(2) 글쓴이의 의도를 잘 드러내는 제목이야. (　　)

3 다음 글의 제목으로 알맞은 것을 모두 찾아 √표 하세요.

어제도 우리 반 두 친구가 서로 욕을 하면서 다투는 일이 벌어졌습니다. 그래서 오늘 우리 반 학급 회의에서는 '말 온도계' 게시판을 만들기로 결정하였습니다. 친구의 마음을 아프게 하는 말을 하거나 욕을 하여 기분을 나쁘게 만드는 말을 하면 온도계를 1도씩 내리는 온도계 게시판을 만들기로 한 것입니다. 반대로 친구를 진심으로 칭찬하거나 위로하는 등 친구의 마음을 따뜻하게 하고 기분을 좋게 하는 말을 하는 친구의 온도계는 1도씩 올리고요. 또 한 학기 동안 온도계의 온도를 가장 높이 올린 친구에게는 상을 주기로 했습니다. 꼭 상을 받으려고 해서가 아니라 친구를 존중하고 사이좋게 지내기 위하여 배려하는 말, 따뜻한 말을 하는 우리 반이 되었으면 좋겠습니다.

(1) 싸우지 말자! (　　)
(2) 친구를 존중하는 말, 따뜻한 우리 반 (　　)
(3) 말 온도계, 친구를 따뜻하게 만들다 (　　)

2 도표의 종류와 기능 이해하기

어떤 대상이나 사건을 이해하기 위해서는 자료를 체계적으로 모으고 정확하게 분석해야 합니다. 자료를 분석한 후에는 결과를 읽는 이가 이해하기 쉽도록 표현해야 하는데, 이때 도표를 활용할 수 있습니다. 도표는 '여러 가지 자료를 분석하여 그 관계를 일정한 형태로 나타낸 표나 그래프'를 말합니다. 어떤 대상이나 사건을 이해하기 위해서 자료를 모으고 분석한 다음, 이를 도표로 표현하면 읽는 이가 알아보기 쉽습니다.

표	자료의 관계를 파악하기 쉽게 정리하도록 돕는 가로(행)와 세로(열)로 된 틀
그래프	자료의 변화나 어떤 자료가 차지하는 정도를 한눈에 알아보도록 나타낸 그림 예 원그래프, 막대그래프, 꺾은선 그래프

★ **도표는,**

(1) 자료의 특징을 한눈에 알아보기 쉽게 합니다.

(2) 자료를 간단명료하게 표현하여 읽는 이가 빨리 이해하도록 도와줍니다.

1 (가)의 그래프를 보고 (나)의 ㉠에 알맞은 숫자를 써넣으세요.

(가)

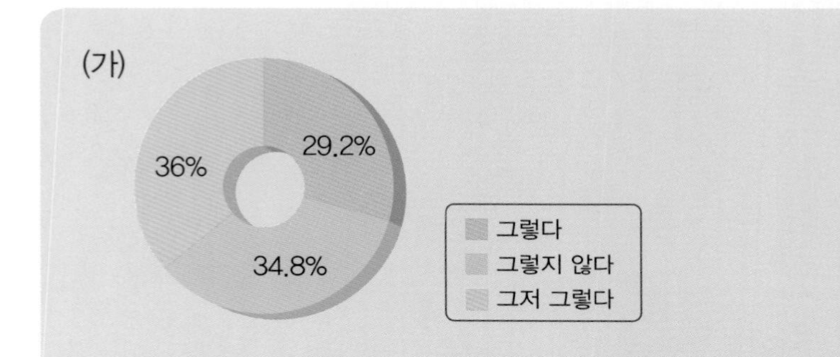

(나) 어린이 출입 제한 구역 문제에 대하여 경기 연구원은 2016년 경기도민 1,000명에게 설문 조사를 하였다. '어린이 출입을 막는 것이 어린이의 기본권을 해치는가?'라는 질문에 '그렇다'라는 대답이 29.2%로 나타났다. '그렇지 않다'라는 대답은 ㉠(   )%, '그저 그렇다'라는 대답은 36%로 어린이의 기본권을 해치지 않는다고 생각하는 대답이 더 많았다.

[2~3] (나)는 (가)의 ㉠을 그래프로 나타낸 것입니다. 물음에 답하세요.

(가) 202×년 들어 샛별 초등학교에 지각하는 학생이 크게 늘었다고 합니다. 지난 3월에 지각한 학생이 전 학년에 걸쳐 모두 42명이나 되었습니다. 지각생 수를 줄이기 위하여 샛별 초등학교 학생회에서는 4월부터 지각할 때 벌을 주는 규칙을 자발적으로 만드는 등 여러 가지 활동을 하였습니다. ㉠이러한 노력이 효과를 나타내어 샛별 초등학교의 전체 지각생 수가 4월에는 30명, 5월에는 22명, 6월에는 15명으로 크게 줄었습니다.

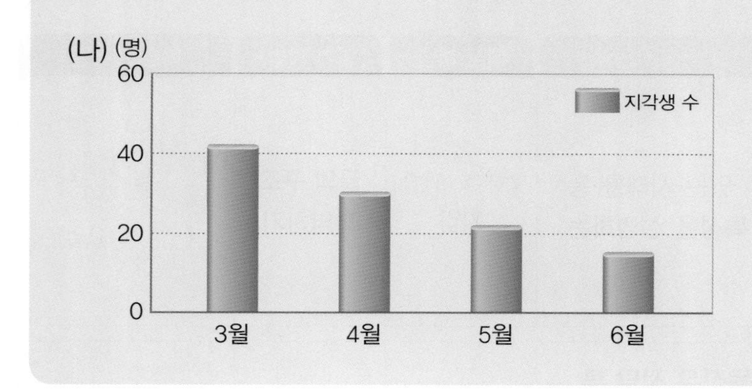

2 **다음은 (나)의 그래프의 효과에 대한 설명입니다. 빈칸에 알맞은 말을 써넣으세요.**

(가)에서 글로 쓰인 내용을 그래프로 바꾸니 3월부터 6월까지 지각한 학생 수가 (　　　　　　) 것을 한눈에 알 수 있어.

3 **(나)의 그래프 제목으로 알맞은 것에 √표 하세요.**

(1) 샛별 초등학교 학생회 (　　)

(2) 샛별 초등학교 학생회 활동의 효과 (　　)

(3) 샛별 초등학교의 202×년 3~6월 지각생 수 (　　)

3 주차

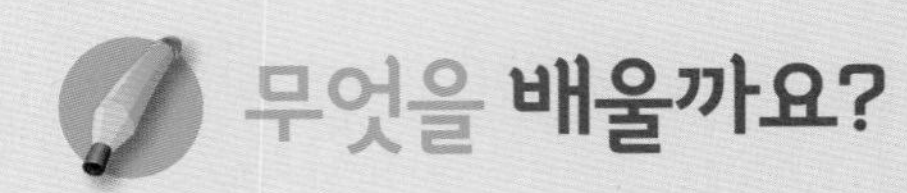

무엇을 배울까요?

회차	글의 내용	핵심 개념	읽기 방법	학습 계획일
01회	**공기의 비밀** 생활 속에서 경험할 수 있는 사례를 통해 공기의 여러 가지 특성을 설명하는 글입니다.	[지구 과학] 기압	글의 구조 파약하기	월 일 (요일)
02회	**셋째 돼지가 지은 벽돌집은 정말 튼튼한가요?** 우리의 옛이야기를 활용하여 산성비의 원인과 피해 상황을 설명하는 수업 내용입니다.	[화학] 산성	이유나 근거 파악하기	월 일 (요일)
03회	**지구도 다이어트가 필요해** 지구 온난화 문제를 해결할 수 있는 탄소 중립 운동을 실천하도록 설득하는 글입니다.	[생물] 탄소 중립	독서 목적에 맞게 글 읽기	월 일 (요일)
04회	**'빠르다'와 '빨라지다'의 차이** 속도라는 단어 속에 담긴 과학적 개념을 예를 들어 설명하는 글입니다.	[물리] 속도, 가속도	배경지식 활용하여 읽기	월 일 (요일)
05회	**읽기 방법 익히기** 이 주에 공부한 중요 [읽기 방법]을 한눈에 정리하고 문제로 확인합니다. 1 글의 구조 파악하기 2 배경지식 활용하여 읽기			월 일 (요일)

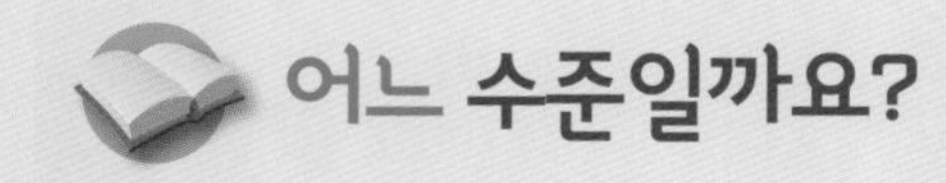
어느 수준일까요?

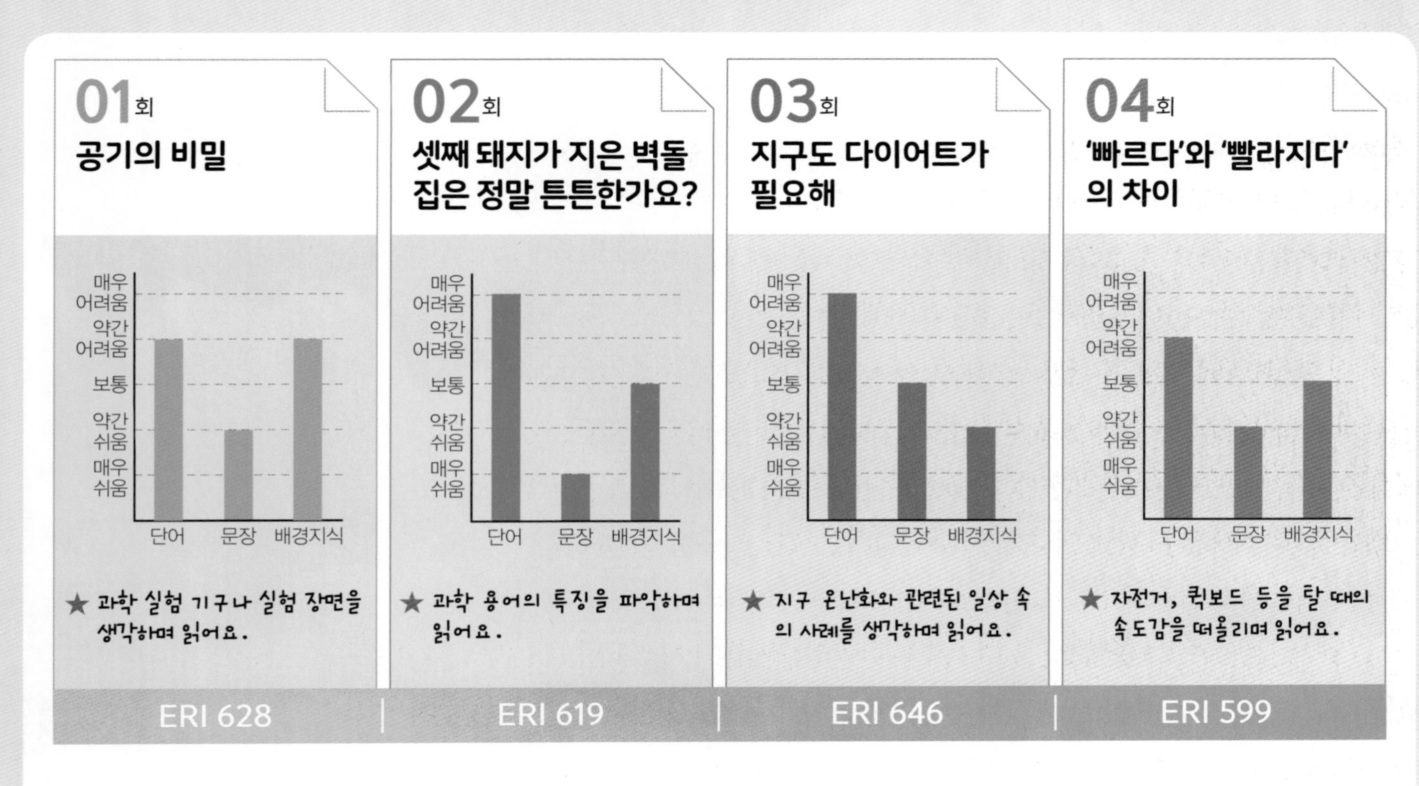
01회
공기의 비밀
매우 어려움
약간 어려움
보통
약간 쉬움
매우 쉬움
단어
문장
배경지식
★ 과학 실험 기구나 실험 장면을 생각하며 읽어요.
ERI 628
02회
셋째 돼지가 지은 벽돌집은 정말 튼튼한가요?
★ 과학 용어의 특징을 파악하며 읽어요.
ERI 619
03회
지구도 다이어트가 필요해
★ 지구 온난화와 관련된 일상 속의 사례를 생각하며 읽어요.
ERI 646
04회
'빠르다'와 '빨라지다'의 차이
★ 자전거, 킥보드 등을 탈 때의 속도감을 떠올리며 읽어요.
ERI 599

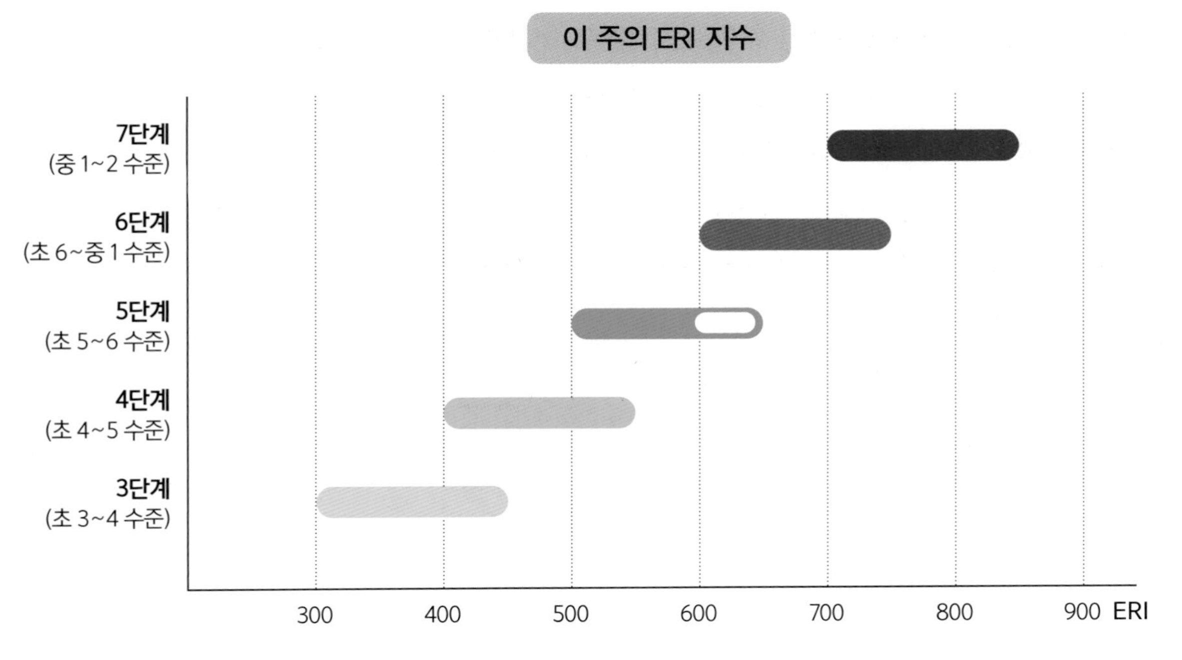
이 주의 ERI 지수
7단계
(중 1~2 수준)
6단계
(초 6~중 1 수준)
5단계
(초 5~6 수준)
4단계
(초 4~5 수준)
3단계
(초 3~4 수준)
300
400
500
600
700
800
900
ERI

01회 공기의 비밀

☑ 핵심 개념인 '기압'과 관련된 말들을 알아 둡시다.

→ 저기압 / 기압 차이 / 기압 조절

기압은 공기의 무게 때문에 생기는 압력을 의미해요.

☑ 글을 읽고 이것만은 꼭 찾아냅시다.

→ 공기의 특성은 무엇일까요?

☑ 글을 읽고 글의 구조를 파악해 봅시다.

→ 글의 구조는 각 문단 간의 관계를 고려하여 파악합니다.

문단 간의 관계 확인하기 ➡ '처음 – 중간 – 끝'으로 구분하기

구조란 전체를 이루는 부분이나 요소의 짜임을 말해요.

준비 학습

1 핵심 개념 미리 보기

빈칸에 들어갈 알맞은 말을 〈보기〉에서 찾아 쓰세요.

보기

기압 압력 공기 방울 우유 방울

- 물방울: 작고 동글동글한 물의 덩이
- 비눗방울: 동글동글하게 방울이 진 비누 거품
- ① ( ): 물속에 공기가 둥그렇게 부풀어 있는 것

- 체력: 몸을 움직이는 힘
- 창의력: 새로운 생각을 하는 힘
- ② ( ): 누르는 힘

2 읽기 방법 미리 보기

다음 글을 내용상 세 부분으로 바르게 나눈 것에 √표 하세요.

㉮ 공기에도 비밀이 있다는 사실을 알고 있나요? ㉯ 공기에는 무게가 있습니다. ㉰ 공기에 무게가 있기 때문에 바람이 불고, 계절도 생겨요. ㉱ 게다가 공기 덕분에 우리는 숨 쉬며 살아갈 수 있죠. ㉲ 이처럼 공기는 우리가 피부로 느낄 수 있는 소중한 친구랍니다.

(1) ㉮ / ㉯, ㉰, ㉱ / ㉲ ( )
(2) ㉮, ㉯ / ㉰, ㉱ / ㉲ ( )
(3) ㉮, ㉯, ㉰ / ㉱ / ㉲ ( )

정답 **1.** ① 공기 방울 ② 압력 **2.** (1)

ERI 지수 628 과학 | 지구 과학

가 물속에 빈 페트병을 비스듬히 넣어 보세요. 그러면 병 입구에 방울이 보글보글 생기면서 물이 들어가는 것을 확인할 수 있습니다. 이렇게 방울이 생기는 이유는 페트병 안에 있던 공기가 밖으로 빠져나오기 때문입니다. 바로 공기 방울이죠. 반대로, 페트병 안의 물을 바깥으로 쏟아부을 때는 밖에 있던 공기가 병 안으로 다시 들어갑니다. 만약에 페트병에서 나가는 것만 있고 들어오는 것이 없다면 페트병은 쪼그라들겠죠.

나 그런데 공기에도 무게가 있다는 사실, 알고 있나요? 물 1리터의 무게가 1kg이라고 했을 때, 공기 1리터의 무게는 약 1.3g이라고 해요. 공기에 무게가 있다는 것을 처음으로 발견한 사람은 갈릴레이(1564~1642)입니다. 갈릴레이는 공기에 무게가 있다는 것을 증명하기 위해 실험을 했어요. 먼저, 저울 한쪽에 공기를 압축해 넣은 커다란 유리병을 놓고 반대편에는 추를 올려놓아 수평을 맞추었습니다. 그다음 유리병의 뚜껑을 열어 공기를 뺀 뒤 다시 저울에 올려놓았어요. 그랬더니 저울이 추를 올려놓은 쪽으로 기울었습니다. 이로써 갈릴레이는 공기도 물이나 얼음처럼 무게를 가지고 있으며, 무게를 잴 수 있다는 것을 확인했습니다. 공기의 무게는 다른 말로 기압이라고 합니다. 공기가 누르는 힘이라는 뜻이죠. 공기가 우리를 계속해서 누르면 우리 몸이 아플 만도 한데, 우리는 기압을 잘 느끼지 못합니다. 밖의 공기가 우리 몸을 누르는 만큼 우리 몸 안의 공기도 같은 힘으로 밀어내고 있기 때문입니다.

다 하지만 높은 산에 올라갈 때 귀가 먹먹했던 경험이 있을 겁니다. 그 이유는 (㉠)에 따라 기압이 달라지기 때문입니다. 땅 위를 누르는 공기의 양보다 산 위를 누르는 공기의 양이 더 적기 때문에 몸속의 압력이 더 높아져서 몸이 부풀어 오르는 겁니다. 풍선이 하늘 높이 올라가면 점점 커지다가 '뻥' 하고 터지는 것과 같아요.

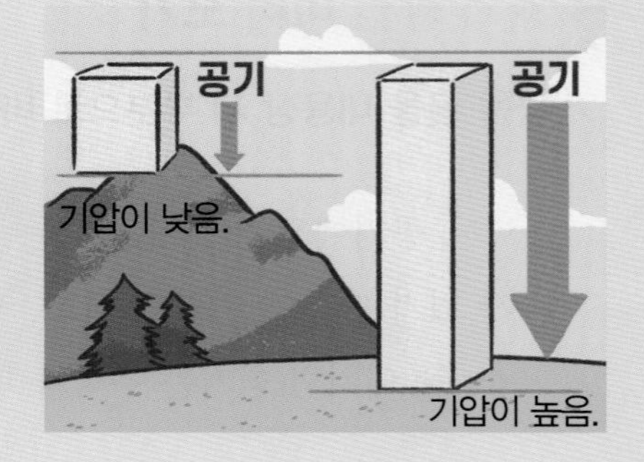

라 높이에 따라 기압이 달라지듯, (㉡)에 따라서도 기압이 달라집니다. 같은 지역이라도 공기의 양이 항상 일정한 것은 아니거든요. 공기가 한곳에 머물러 있지 않고 계속 이동하기 때문입니다. 공기는 공기가 많은 쪽에서 적은 쪽으로, 공기가 무거운 쪽에서 가벼운 쪽으로 이동하게 되는데, 이것이 바로 바람이 부는 이유입니다. 두 장소의 기압 차이가 클수록 공기의 흐름이 빨라지고, 그만큼 우리가 느끼는 바람의 세기도 세집니다. 이처럼 공기는 모양도, 냄새도, 색깔도 없지만 우리가 피부로 느낄 수 있는 소중한 친구랍니다.

정답과 해설 26쪽

중심 생각 찾기

1. 이 글의 중심 생각은 무엇인가요? (   )

① 바람이 부는 이유는 기압 때문이다.
② 풍선이 하늘 높이 올라가면 터진다.
③ 공기의 무게를 발견한 사람은 갈릴레이이다.
④ 공기의 무게인 기압은 여러 가지 특성을 지닌다.
⑤ 기압의 특성은 모양, 냄새, 색깔을 지닌다는 점이다.

세부 내용 파악하기

2. 다음 중 기압 때문에 일어나는 일로 알맞은 것을 모두 찾아 √표 하세요.

(1) 바람이 세게 분다. (   )
(2) 높은 산에 올라가면 귀가 먹먹해진다. (   )
(3) 풍선이 하늘 위로 올라가면 점점 커지다가 터진다. (   )
(4) 페트병 속의 물을 밖으로 쏟으면 페트병이 쪼그라든다. (   )

문맥 추론하기

3. ㉠과 ㉡에 들어갈 말을 알맞게 짝지은 것은 무엇인가요? (   )

	㉠	㉡
①	장소	높이
②	무게	색깔
③	높이	장소
④	바람	공기
⑤	저울	풍선

설명 방법 이해하기

4. 라에 나타난 설명 방법으로 옳은 것은 무엇인가요? (　　　)

① 바람이 부는 원인을 분석하였다.
② 바람이 부는 장소를 나열하였다.
③ 기압이 높은 장소와 낮은 장소를 비교하였다.
④ 공기와 관련하여 수집한 여러 가지 자료를 정리하였다.
⑤ 공기의 무게로 발생하는 문제점과 해결책을 제시하였다.

글의 구조 파악하기

5. 이 글의 구조를 바르게 나타낸 것은 무엇인가요? (　　　)

① 가－나－다－라
② 가－[나 / 다 / 라]
③ 가－[나 / 다]－라
④ 가－나－[다 / 라]
⑤ [가 / 나]－[다 / 라]

내용 요약하기

6. 빈칸에 〈보기〉의 단어를 넣어 이 글의 핵심 내용을 요약하세요.

보기
공기　　기압　　무게

(　　　　　)에도 가볍고 무거운 정도를 나타내는 (　　　　　)이/가 있다. 이러한 공기의 특성 때문에 높이와 장소에 따라 (　　　　　)이/가 달라진다.

어휘 익히기

정답과 해설 27쪽

1 단어 뜻 알기

빈칸에 들어갈 알맞은 단어를 〈보기〉에서 찾아 쓰세요.

보기

발견　　저울　　압축　　먹먹하다

1. 산꼭대기에서 조개 화석이 (　　　　)되었다.
   뜻 아직 찾아내지 못했거나 알려지지 않은 사실을 찾아냄.
2. 금반지의 무게가 얼마나 나가는지 (　　　　)에 달아 보자.
   뜻 물건의 무게를 재는 데 쓰는 기구.
3. 바로 머리 위에서 터지는 폭죽 소리 때문에 귀가 (　　　　).
   뜻 갑자기 귀가 막힌 듯이 소리가 잘 들리지 않는다.
4. 그는 빈 깡통을 모은 뒤 (　　　　)하여 분리수거를 하였다.
   뜻 물질 따위에 압력을 가하여 그 부피를 줄임.

2 관용 표현 알기

다음 빈칸에 공통으로 들어갈 말을 쓰세요.

"□□ 많은 나무에 바람 잘 날이 없다"

□□가 많고 무성한 나무는 살랑거리는 바람에도 잎이 흔들려서 잠시도 조용한 날이 없다는 뜻으로, 자식을 많이 둔 부모님에게는 걱정이 끊일 날이 없음을 비유적으로 이르는 말입니다.

3 한자어 익히기

다음 한자어를 소리 내어 읽고 빈칸에 따라 써 보세요.

空	氣
빌 공	기운 기

공기(空氣): 사람과 동물이 숨 쉴 때 들이마시고 내쉬는 기체.

- 공기가 맑다.
- 새벽 공기가 쌀쌀하다.
- 바람 빠진 타이어에 공기를 채웠다.

空	氣						
빌 공	기운 기						

02회 셋째 돼지가 지은 벽돌집은 정말 튼튼한가요?

☑ 핵심 개념인 '산성'과 관련된 말들을 알아 둡시다.

→ 산성 용액 / 산성비 / 강한 산성

산성은 산이 물에 녹을 때 나타나는 성질을 의미해요.

☑ 글을 읽고 이것만은 꼭 찾아냅시다.

→ 산성비가 내리는 이유는 무엇이며, 그 피해는 어느 정도일까요?

☑ 글을 읽고 이유나 근거를 정리해 봅시다.

→ 어떤 사물이나 상태의 변화를 일으키는 이유나 근거를 정리합니다.

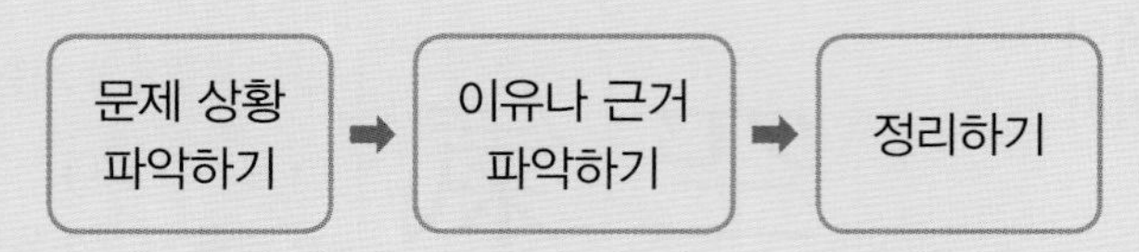

이유 또는 근거란 어떤 일의 결과에 이르게 된 까닭을 말해요.

준비 학습

1 핵심 개념 미리 보기

빈칸에 들어갈 알맞은 말을 〈보기〉에서 찾아 쓰세요.

보기

큰 강한 물질 화석 연료

- 약한 산성: 산이 적게 녹은 물의 성질
- ① ( ) 산성: 산이 많이 녹은 물의 성질

- 화석: 돌 속에 남겨진 동식물의 뼈나 흔적
- 연료: 태우면 에너지를 얻을 수 있는 물질
- ② ( ): 화석에 의해 생성된 에너지 자원

2 읽기 방법 미리 보기

다음 글에서 산성비가 내리는 이유를 모두 찾아 ✓표 하세요.

요즘은 공장의 연기나 자동차의 가스 때문에 비의 성질이 변하고 있다. 산성비에는 다른 것의 성질을 바꾸고 상하게 하는 물질이 평균보다 더 많이 들어 있다. 따라서 산성비가 많이 내리면 나무가 시들고, 물고기가 죽으며, 건물이 상한다.

(1) 공장의 연기 ( )

(2) 자동차의 가스 ( )

(3) 죽은 물고기 ( )

정답 1. ① 강한 ② 화석 연료 2. (1), (2)

ERI 지수 619 과학 | 화학

'아기 돼지 삼 형제' 이야기를 들어 보았나요? 옛날 옛적에 아기 돼지 삼 형제가 부모의 품을 떠나 각자 자기 집을 짓게 되었어요. 첫째는 초가집을, 둘째는 나무집을, 셋째는 벽돌집을 지었어요. 이야기 속에서는 누가 지은 집이 가장 튼튼했을까요? (㉠학생이 대답한다.) 네, 셋째 돼지 맞습니다. 늑대가 부수지 못한 유일한 집이 벽돌집이었죠. 그러나 이야기 밖에서는 답변이 달라집니다. 늑대가 하지 못한 일을 산성비가 해내거든요.

산성비는 '산'의 '성'질을 띤 '비'입니다. 일반적인 비는 약한 산성이지만, 산성비는 일반적인 비보다 강한 산성이기 때문에 붙여진 이름입니다. 공기 중에 있는 무언가가 비에 들어가서 빗물의 성질을 강한 산으로 바꿔 놓은 거죠. 그럼 '산'이란 무엇일까요? 산의 영어 표현인 '애시드(acid)'는 '시다'라는 뜻을 가지고 있습니다. 산은 신맛이 나는 물질로, 액체의 특성에 따라 구분한 것 중 하나예요. 산의 가장 큰 특징은 다른 물질의 성질을 바꾸고, 반대 성질을 지닌 물질과 만났을 때는 자신의 성질을 잃어버리기도 한다는 겁니다. 한마디로 변화를 좋아하는 물질입니다. 그래서 비의 성질도 바꾸어 버리는 거죠.

그런데 공기 중에 무엇이 있길래 빗물이 강한 산성으로 바뀌는 걸까요? 주된 원인은 석탄, 석유, 천연가스 등의 화석 연료를 태우는 공장에서 나오는 연기입니다. 예컨대, 연기에 포함된 노란색의 황이라는 물질이 공기와 만나거나 물에 녹으면 강한 산의 성질을 가진 황산으로 변합니다.

그렇다면 산성비는 우리에게 어떤 피해를 줄까요? 산성비는 땅속의 영양 성분을 씻어 내기 때문에 식물이 자라는 것을 방해합니다. 그리고 산성비가 숲에 내리면 나뭇잎이 황갈색으로 변하고 나무는 말라 죽게 됩니다. 이 경우에는 비가 내린 후에 오히려 땅이 더욱 단단해진다는 옛말이 맞지 않는 거죠. 또한, 산성비는 강이나 호수의 밑바닥에 있는 해로운 금속 물질들을 녹여서 물고기들이 살 수 없게 만듭니다. 이뿐만 아니라 돌이나 금속으로 만든 건물, 유적, 동상을 녹여요. 가장자리가 없어진 탑, 코가 없어진 동상, 색깔이 변한 다리를 주변에서 본 적 있을 겁니다. 셋째 돼지가 지은 벽돌집도 예외는 아니겠죠? 이 모든 것은 산이 다른 물질의 성질을 바꾸기 때문에 일어나는 일입니다.

내용 이해하기

1. **이 글의 내용과 일치하지 않는 것은 무엇인가요? (　　　)**

① 산성비는 다른 물질의 성질을 바꾼다.

② 산성비는 우리에게 많은 피해를 준다.

③ 산성비가 내리면 나무에 노란 단풍이 든다.

④ 산성비에는 황이라는 노란 물질이 들어 있다.

⑤ 약한 산성을 띠는 비는 산성비라고 부르지 않는다.

설명 방법 이해하기

2. **이 글에서 산성비가 생기는 이유를 설명한 방식은 무엇인가요? (　　　)**

① 예를 들어 설명하였다.

② 옛이야기에 적용하여 설명하였다.

③ 개념을 분명하게 풀어 설명하였다.

④ 실감 나는 비유를 들어 설명하였다.

⑤ 다른 사람이 한 말을 가져와 설명하였다.

문맥 추론하기

3. **㉠에서 학생이 했을 말로 알맞은 것은 무엇인가요? (　　　)**

① 첫째 돼지가 지은 초가집이에요.

② 둘째 돼지가 지은 벽돌집이에요.

③ 셋째 돼지가 지은 벽돌집이에요.

④ 엄마가 지어 준 셋째 돼지의 벽돌집이에요.

⑤ 아빠가 지어 준 둘째 돼지의 초가집이에요.

이유나 근거 파악하기

4. **이 글에서 산성비가 우리에게 주는 피해의 원인을 찾아 바르게 연결하세요.**

(1) 땅과 숲에서는 식물이 자라기 어렵습니다. •

(2) 강이나 호수에서는 물고기들이 죽게 됩니다. •

• ⓐ 왜냐하면 산성비가 물 밑바닥에 있는 해로운 금속 물질들을 녹이기 때문입니다.

• ⓑ 왜냐하면 강한 산성을 띠는 산성비가 땅속의 영양 성분을 씻어 내기 때문입니다.

이유나 근거 파악하기

5. **다음 현상이 일어나는 원인이 산의 어떤 특성 때문인지 이 글에서 찾아 쓰세요.**

- 가장자리가 없어진 탑
- 코가 없어진 동상
- 색깔이 변한 다리

내용 요약하기

6. **빈칸에 〈보기〉의 단어를 넣어 이 글의 핵심 내용을 요약하세요.**

보기

자연 연기 산성비

(　　　　　)는 '산의 성질을 띤 비'라는 뜻입니다. 산성비의 주된 원인은 화석 연료를 태우는 공장에서 나오는 (　　　　　)입니다. 산성비는 (　　　　　)과 인간에게 많은 피해를 줍니다.

어휘 익히기

정답과 해설 29쪽

1 단어 뜻 알기

빈칸에 들어갈 알맞은 단어를 〈보기〉에서 찾아 쓰세요.

• 보기 •

초가집　　액체　　금속　　유적

1. 우리는 문화 (　　　　)을/를 잘 보존해야 한다.
   뜻 건축물이나 싸움터 또는 역사적인 사건이 벌어졌던 장소.

2. 낡은 (　　　　)은/는 비만 오면 지붕에서 물이 샜다.
   뜻 흙으로 벽을 세우고 짚이나 갈대 등의 풀로 지붕을 얹은 집.

3. 차가운 (　　　　)이/가 식도를 타고 배 속으로 들어갔다.
   뜻 물이나 기름처럼 부피는 있지만 일정한 모양 없이 흐르는 물질.

4. 여행하면서 반지, 목걸이 등의 (　　　　)(으)로 된 액세서리를 잃어버렸다.
   뜻 금, 은, 동, 철처럼 단단하고 반짝이는 금붙이와 쇠붙이.

2 관용 표현 알기

다음 빈칸에 들어갈 알맞은 말을 쓰세요.

"□ 온 뒤에 땅이 굳어진다"

비에 젖어 질척거리던 흙도 마르면서 단단하게 굳어진다는 뜻으로, 어떤 어려운 일을 겪고 나면 더욱 강해짐을 비유적으로 이르는 말입니다.

3 한자어 익히기

다음 한자어를 소리 내어 읽고 빈칸에 따라 써 보세요.

物	質
물건 **물**	바탕 **질**

물질(物質): 물체를 이루는 재료. 예를 들어 연필, 지우개, 책상을 이루고 있는 물질은 각각 흑연, 고무, 나무임.

- 이 물질은 사람에게 좋지 않다.
- 그 공장에서 오염 물질을 처리하고 있다.

物	質
물건 물	바탕 질

03회 지구도 다이어트가 필요해

☑ 핵심 개념인 '탄소 중립'과 관련된 말들을 알아 둡시다.

→ 탄소 중립 사회 / 탄소 중립 전략 / 탄소 중립 제품

탄소 중립은 이산화탄소를 내보내는 만큼 다시 거두어들인다는 뜻의 말이에요.

☑ 글을 읽고 이것만은 꼭 찾아냅시다.

→ 지구 온난화와 탄소 중립 운동은 어떤 관련이 있을까요?

☑ 자신의 독서 목적에 맞게 글을 읽어 봅시다.

→ 같은 글을 읽더라도 독서 목적에 따라 주목해야 할 내용이나 읽는 방법이 달라질 수 있습니다.

정보를 얻기 위한 독서	사회적 소통을 위한 독서	즐거움을 얻기 위한 독서

독서 목적이란 독자가 글 읽기를 통해 얻고자 하는 것을 말해요.

준비 학습

1 핵심 개념 미리 보기

빈칸에 들어갈 알맞은 단어를 〈보기〉에서 찾아 쓰세요.

보기

기업　　세계　　온실　　탄소

- ① (　　　) 효과: 공기가 지구를 따뜻하게 해 주는 현상
- 가스: 풍선에 담긴 공기처럼 모양과 부피가 일정하지 않은 물질
- 온실가스: 온실 효과를 일으키는 가스

- 단체: 같은 목적을 지닌 사람들의 모임
- ② (　　　): 물건을 생산하고 판매하는 단체나 조직

2 읽기 방법 미리 보기

다음 학생이 밑줄 친 '이 책'을 읽는다고 할 때, 독서 목적으로 알맞은 것에 ✓표 하세요.

저는 요즘 지구가 많이 아파한다는 생각이 들어요. 길에 쓰레기도 너무 많은 것 같고요, 일회용 컵도 너무 많이 쓰고요. 이러다가는 지구가 살아남지 못할 것 같아요! 아픈 지구를 지키는 방법에는 어떤 것이 있는지 알아보고 싶어요. 그래서 오늘 서점에 가서 이 책을 샀답니다.

(1) 정보를 얻기 위한 독서 (　　)
(2) 사회적 소통을 위한 독서 (　　)
(3) 즐거움을 얻기 위한 독서 (　　)

정답 1. ① 온실 ② 기업　2. (1)

ERI 지수 646 과학 | 생물

우리가 사는 지구가 점점 뜨거워진다고 상상해 보세요. 극지방의 얼음이 녹아 바닷물이 더 많아지고, 뜨거운 여름이 아주 길어지겠죠. 이것을 지구 온난화라고 하는데, 그 원인 중 하나는 온실가스입니다. 이산화탄소, 메탄 등과 같은 온실가스는 지구에서 내뿜는 에너지가 지구 밖으로 빠져나가는 것을 막는 역할을 합니다. 온실가스가 지구에 적당히 있으면 지구의 온도를 유지해 주지만, 지나치게 많으면 지구가 점점 뜨거워지고 결국 기후 변화를 일으키게 됩니다.

오늘날 많은 나라에서는 온실가스 중 이산화탄소에 관심을 기울이고 있습니다. 자꾸 많아지는 이산화탄소가 지구 온난화의 범인이기 때문이에요. 우리가 숨을 내쉴 때, 따뜻한 물을 쓸 때, 불을 켤 때, 차를 탈 때 이산화탄소가 ㉠ 생깁니다. 반면, 나무가 숨을 쉴 때는 이산화탄소를 흡수하고 산소를 내보냅니다. 만약 우리가 이산화탄소를 만든 만큼 없앤다면 이산화탄소의 양이 일정해지고 결국 지구 온난화를 막는 데 도움이 되지 않을까요?

최근에는 많은 나라와 단체가 이산화탄소를 내보내는 만큼 ㉡ 거두어들이는 활동을 하고 있어요. 이를 탄소 중립이라고 합니다. 우리가 ㉢ 내보내는 이산화탄소의 양을 너무 많지도 너무 적지도 않게 만들겠다는 의미지요. 탄소 중립을 위한 활동을 하면 지구 온난화를 막을 수 있으므로 기후 변화로 인한 태풍, 홍수, 가뭄 등의 자연 파괴를 줄일 수 있습니다. 그만큼 살기 좋은 지구가 되는 거예요.

탄소 중립을 위한 노력은 세계 여러 나라 및 단체에서 다양한 방법으로 이루어지고 있습니다. 예컨대, 어떤 나라는 이산화탄소를 많이 발생시키는 석탄, 석유, 천연가스와 같은 화석 연료 대신 태양, 바람 등의 자연 에너지를 이용하도록 합니다. 또, 어떤 단체는 기업에서 이산화탄소를 많이 ㉣ 발생시키면 그만큼 돈을 내게 하여 기업들이 이산화탄소 발생을 줄이는 데 참여하도록 하고 있어요. 그리고 이산화탄소를 많이 ㉤ 배출하는 사업에 세금을 내도록 하는 방법도 쓰고 있고요.

[　　　　] 탄소 중립을 위해서 꼭 큰일만 해야 하는 것은 아닙니다. 샤워 시간만 줄여도 따뜻한 물을 데우는 과정에서 발생하는 이산화탄소를 줄일 수 있습니다. 또한 여름에 에어컨 온도 1도 올리기, 필요 없는 불 끄기, 대중교통이나 자전거 이용하기, 종이컵 대신 개인 컵 사용하기, 안 쓰는 전기 플러그 뽑아 놓기 등의 사소한 생활 습관으로도 충분히 이산화탄소를 줄일 수 있습니다. 지구의 이산화탄소 다이어트! 여러분도 함께 하실래요?

내용 이해하기

1. 이 글의 내용과 일치하는 것은 무엇인가요? (　　　)

① 온실가스는 지구에 피해만 준다.
② 지구 온난화는 지구가 건조해지는 현상이다.
③ 이산화탄소의 증가는 지구 온난화의 원인 중 하나이다.
④ 탄소 중립을 위한 활동은 가난한 나라에서만 실천 중이다.
⑤ 개인이 탄소 중립을 위해 노력한다고 이산화탄소가 줄어드는 것은 아니다.

문단 간의 관계 파악하기

2. 이 글의 [　　　] 안에 들어갈 말로 알맞은 것은 무엇인가요? (　　　)

① 그래서
② 하지만
③ 따라서
④ 그리고
⑤ 그러므로

사례에 적용하기

3. 이 글에 나타난 탄소 중립을 위한 활동 사례로 볼 수 없는 것은 무엇인가요? (　　　)

① 자전거를 여러 대 구매한다.
② 종이컵 대신 개인 컵을 사용한다.
③ 안 쓰는 전기 플러그를 뽑아 놓는다.
④ 화석 연료보다는 자연 에너지를 이용한다.
⑤ 이산화탄소를 많이 발생시키는 기업은 돈을 내게 한다.

독서 목적에 맞게 글 읽기

4. 이 글을 읽은 뒤 실험 관찰 보고서를 쓰기 위해 계획을 세우려고 합니다. 이때 떠올린 생각으로 가장 알맞은 것은 무엇인가요? (　　　)

• 실험 관찰 보고서: 자연 현상에 대한 조사 및 탐구 활동의 과정과 결과를 알리는 글

① 지구가 뜨거워져서 더이상 살 수 없는 곳이 되면 어떡하지?
② 우리나라에 화석 연료를 이용하는 공장은 몇 개나 있을까?
③ 이산화탄소가 발생하는 걸 직접 확인할 수 있는 방법은 무엇일까?
④ 이산화탄소를 배출하는 기업들이 내는 세금을 계산하는 방법은 무엇일까?
⑤ 이산화탄소 발생을 줄이기 위해 내일부터 가까운 거리는 자전거로 다녀 볼까?

독서 목적에 맞게 글 읽기

5. 이 글을 활용하여 탄소 중립 운동에 참여하도록 설득하는 글을 쓰려고 합니다. 근거로 알맞은 것은 무엇인가요? (　　　)

① 탄소 중립 운동을 하면 겨울이 더 따뜻해진다.
② 탄소 중립 운동을 통해 많은 돈을 벌 수 있다.
③ 탄소 중립 운동은 전 세계에서 실시하고 있다.
④ 탄소 중립 운동으로 지구 온난화를 막을 수 있다.
⑤ 탄소 중립 운동으로 지구의 모든 이산화탄소를 없앨 수 있다.

어휘 이해하기

6. ㉠~㉤ 중 의미가 다른 하나는 무엇인가요? (　　　)

① ㉠　　② ㉡　　③ ㉢
④ ㉣　　⑤ ㉤

어휘 익히기

1 단어 뜻 알기

빈칸에 들어갈 알맞은 단어를 〈보기〉에서 찾아 쓰세요.

보기

기후 범인 천연가스 배출

1. 경찰이 ( )을/를 잡았다.
   뜻 죄를 저지른 사람.

2. 이 땅에는 ( )이/가 대량으로 묻혀 있다.
   뜻 땅속에서 자연적으로 발생하는 가스.

3. 자동차에서 ( )되는 연기는 환경 오염을 일으킨다.
   뜻 안에서 밖으로 밀어 내보냄.

4. 온실가스가 증가하면서 지구의 ( )이/가 급격하게 변화하고 있다.
   뜻 기온, 비, 눈, 바람 따위의 공기 상태.

2 관용 표현 알기

다음 빈칸에 들어갈 알맞은 말을 쓰세요.

"□□을 묶은 사람이 그것을 푼다"

끈의 매듭은 묶은 사람이 풀어야 제대로 풀리듯이, 일을 벌여 놓은 사람이 그 일을 해결해야 한다는 뜻입니다. 사람으로 인해 오염된 자연을 되살리는 것 역시 결국 우리 모두가 해결해야 할 일입니다.

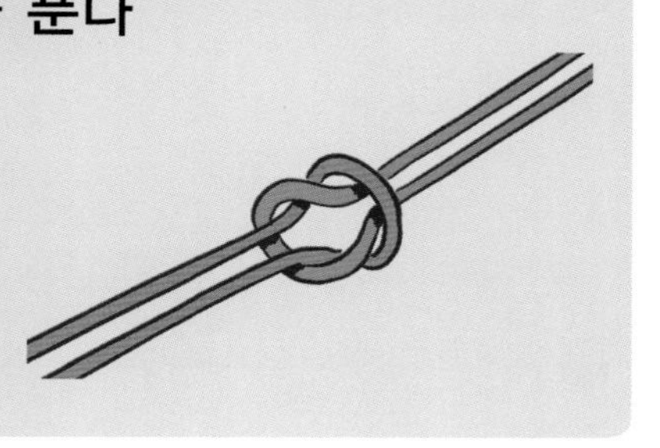

3 한자어 익히기

다음 한자어를 소리 내어 읽고 빈칸에 따라 써 보세요.

中	立
가운데 **중**	설 **립**

중립(中立): 한쪽으로 치우치지 않는 것.

- 나는 형과 동생이 싸울 때마다 중립을 지켰다.
- 토론할 때 사회자는 중립적 자세를 지녀야 한다.
- 남북통일 문제는 가치 중립적으로 살펴봐야 한다.

04회 '빠르다'와 '빨라지다'의 차이

☑ 핵심 개념인 '속도, 가속도'와 관련된 말들을 알아 둡시다.

➜ 최대 속도 / 속도를 늦추다 / 가속도가 붙다

속도는 물체의 빠르기를, 가속도는 일의 진행에 따라 점점 더해지는 속도를 의미해요.

☑ 글을 읽고 이것만은 꼭 찾아냅시다.

➜ 속도, 가속도의 뜻과 생활 속 사례들을 알아봅니다.

☑ 글을 읽을 때 배경지식을 활용하여 적극적으로 읽어 봅시다.

➜ 읽기 과정마다 자신의 배경지식을 활용하여 글을 읽으면 내용을 예측할 수 있고 정확하게 이해할 수 있습니다.

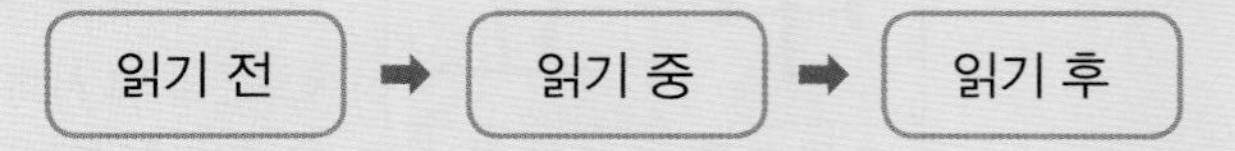

배경지식이란 글을 이해하는 데 바탕이 되는 경험과 지식을 말해요.

준비 학습

1 핵심 개념 미리 보기

빈칸에 들어갈 알맞은 단어를 〈보기〉에서 찾아 쓰세요.

보기

기록 속도 빨라지다 작아지다

- 가열: 열을 더하다.
- 가압: 압력을 더하다.
- 가속도: ① ( )이/가 더해지다.

- 느려지다: 어떤 동작을 하는 데 걸리는 시간이 길어지다.
- ② ( ): 어떤 동작을 하는 데 걸리는 시간이 짧아지다.

2 읽기 방법 미리 보기

다음 중 자신의 배경지식을 활용하여 글을 읽은 사람을 찾아 √표 하세요.

(1) 진수: 이 글은 정말 재미있어. ( )

(2) 형우: 이 글에서 다룬 내용은 작년에 내가 겪었던 일과 비슷해. ( )

(3) 미나: 이 글에서 활용한 자료가 어디에서 나왔는지 찾아봐야겠어. ( )

정답 1. ① 속도 ② 빨라지다 2. (2)

ERI 지수 599 과학 | 물리

여러분, '빠르다'와 '빨라지다'의 차이를 아시나요? 사전을 찾아보면, '빠르다'는 '어떤 동작을 하는 데 걸리는 시간이 짧다.', ㉠'빨라지다'는 '빠르게 되다.'라고 풀이하고 있습니다. 즉 '빨라지다'는 대상의 속도가 더해진다는 것을 표현한 단어죠. '빠르다'의 한자어가 '속도'라면, '빨라지다'에 대응하는 한자어는 더할 가(加)를 추가한 '가속도'가 됩니다.

이것을 과학적으로 적용해 볼까요? 속도는 '일정한 ㉡시간 동안 이동한 ㉢거리'를 뜻합니다. 반면, 가속도는 '일정한 시간 동안에 나타난 속도의 변화 정도'를 뜻하는 개념입니다. 즉 속도는 걸린 시간과 움직인 거리를 알아야 구할 수 있고, 가속도는 시간, 처음 속도, 나중 속도를 알아야 구할 수 있습니다. 빗물이 땅으로 떨어질 때, 긴 미끄럼틀을 타고 내려올 때, 공을 던질 때, 힘차게 달릴 때 처음 속도보다 나중 속도가 더 빨라지죠? 가속도가 붙기 때문입니다.

지금까지 100미터 달리기 선수 중 가장 빠른 사람은 누구일까요? 바로 우사인 볼트입니다. 그는 2009년 세계 육상 선수권 대회의 100미터 달리기에서 9초 58로 세계 신기록을 달성했습니다. 흥미로운 사실은 볼트의 대회 기록 중 2008년 베이징 올림픽에서는 100미터보다 200미터를 달릴 때 속도가 더 빨랐다는 점입니다. 100미터 달리기 대회에서 9초 69를 기록했던 볼트가 200미터에서는 19초 30으로 달렸습니다. 볼트의 100미터 기록을 두 번 더하면 19초 38인데, 200미터의 실제 기록은 그보다 0.08초 빠른 거죠.

전문가들은 그 비결이 가속도에 있다고 합니다. 한 전문가는 "200미터는 가속도가 붙은 상태에서 달릴 수 있는 거리가 100미터를 달릴 때보다 더 길다. 따라서 100미터 기록을 두 번 더한 것보다 기록이 더 짧아진다. 대부분의 뛰어난 선수들은 100미터를 달릴 때의 속도보다 200미터를 달릴 때의 속도가 빠르다."라고 말합니다. 이처럼 누가 더 '빠른가'를 비교할 때에는 속도를 알아보면 되고, 누가 더 '빨라지는가'를 비교할 때에는 가속도를 알아보면 된답니다.

대부분의 육상 대회처럼 달리는 거리가 100미터로 일정할 때에는, 달리는 시간이 가장 짧은 사람을 달리기 대회 우승자로 꼽습니다. 여기서 재미있는 상상을 한번 해 볼까요? 달리는 시간이 10초로 정해져 있고, 그 시간 동안 가장 빨리 뛴 사람이 우승하는 대회가 있다고 상상해 봅시다. 이 대회에서는 ㉮어떤 사람이 우승자가 될까요?

중심 화제 찾기

1. **이 글의 중심 화제는 무엇인가요? (   )**

① 속도와 가속도의 공통점
② 속도 측정의 대표적 방법
③ 속도와 가속도의 장단점
④ 속도와 가속도의 개념 및 사례
⑤ 속도와 가속도가 우리 생활에 미치는 영향

글의 전개 방식 이해하기

2. **이 글의 내용 전개 방식으로 알맞지 않은 것은 무엇인가요? (   )**

① 단어의 뜻을 풀어 쓰고 있다.
② 두 대상의 차이점을 대조하고 있다.
③ 구체적인 사례를 들어 설명하고 있다.
④ 질문을 던지며 화제를 제시하고 있다.
⑤ 문제와 그 해결 방안을 제시하고 있다.

문맥 추론하기

3. **㉠~㉢을 이해한 내용으로 알맞지 않은 것은 무엇인가요? (   )**

① ㉠: '빨라지다'는 '빠르게 되다', '가속도'와 같은 말이다.
② ㉡: '시간'은 속도와 가속도를 계산할 때 꼭 필요한 개념이다.
③ ㉡: '시간'이 일정할 때 속도가 빠를수록 이동한 거리가 멀다.
④ ㉢: '거리'는 나중 위치와 처음 위치의 차이를 의미한다.
⑤ ㉢: '거리'는 가속도를 계산할 때 필요하지 않은 개념이다.

이어질 내용 추론하기

4. **㉮의 질문에 대한 답으로 알맞은 것은 무엇인가요? (　　　)**

① 키가 가장 큰 사람
② 보폭이 가장 넓은 사람
③ 이동 거리가 가장 긴 사람
④ 위치 변화가 가장 적은 사람
⑤ 다리 근육이 가장 많은 사람

배경지식 활용하여 읽기

5. **이 글을 읽은 독자의 질문 중 자신의 배경지식을 활용하여 질문한 것을 찾아 √표 하세요.**

(1) '느리다'와 '느려지다'도 '빠르다'와 '빨라지다'의 관계처럼 설명할 수 있을까? (　　　)

(2) 글쓴이는 지금까지 100미터를 가장 빨리 달린 선수를 누구라고 생각한 것일까? (　　　)

(3) 빗방울이 떨어질 때 가속도가 생기면 땅에 닿을 때쯤이면 엄청난 속도가 될 텐데, 우리가 비를 맞아도 아프지 않은 이유는 무엇일까? (　　　)

내용 요약하기

6. **빈칸에 〈보기〉의 단어를 넣어 이 글의 핵심 내용을 요약하세요.**

보기

속도　　가속도　　위치

(　　　　)는 '빠르다'와 관련되는 말로서, 시간과 (　　　　) 변화가 중요하다. (　　　　)는 '빨라지다'와 관련되는 말로서, 시간과 속도 변화가 중요한 개념이다.

어휘 익히기

정답과 해설 33쪽

1 단어 뜻 알기

빈칸에 들어갈 알맞은 단어를 〈보기〉에서 찾아 쓰세요.

보기

동작　　과학적　　기록　　우승자

1. (　　　　)에게 상장과 트로피를 주었다.
   뜻 경기, 대회 등에서 이긴 사람.

2. 체육 시간에 태권도의 기본 (　　　　)을/를 배웠다.
   뜻 몸을 움직이는 것. 또는 그 몸놀림.

3. 오늘날에도 수많은 새로운 (　　　　) 사실이 발견되고 있다.
   뜻 과학처럼 정확한 이치와 짜임새를 갖춘.

4. 그는 수영 선수로서 3년 연속 우승하는 (　　　　)을/를 세웠다.
   뜻 운동 경기 따위에서 세운 성적이나 결과를 수치로 나타냄.

2 관용 표현 알기

다음 빈칸에 들어갈 알맞은 말을 쓰세요.

"달리는 말에 □□□"

달리고 있는 말에게 더 빨리 달리라고 채찍질한다는 것으로, 열심히 하고 있는 사람에게 힘을 내어 더 잘하라고 격려하고 권장할 때 사용하는 속담입니다.

3 한자어 익히기

다음 한자어를 소리 내어 읽고 빈칸에 따라 써 보세요.

速	度
빠를 속	정도 도

속도(速度): 물체가 빠른 정도.

- 기차는 서서히 속도를 늦추기 시작했다.
- 속도를 내기 위해 자동차 페달을 밟았다.
- 신호를 무시하고 속도를 내던 자동차가 사고를 냈다.

速	度
빠를 속	정도 도

05회 읽기 방법 익히기

1 글의 구조 파악하기

글을 제대로 이해하기 위해서는 글의 구조를 파악하며 글을 읽어야 합니다. '글의 구조'란 글 전체를 이루는 부분이나 요소의 짜임을 말합니다. 글의 구조는 이어 주는 말, 대신하는 말, 지시하는 말 등의 어휘에 의해 표시됩니다. 이 내용들 간의 관계는 나열, 문제–해결, 비교, 대조, 원인–결과와 같은 글의 전개 방식으로 나타납니다. 글의 구조를 파악하면, 글의 중심 생각을 찾거나 재구성하는 데 도움이 되고 내용을 쉽게 요약할 수 있습니다.

★ **글의 구조를 파악하며 읽으려면,**

(1) 문단 간에 이어 주는 말, 대신하는 말, 지시하는 말을 찾습니다.

(2) (1)의 활동을 바탕으로 문단 간의 관계를 확인합니다.

(3) 글을 '처음 – 중간 – 끝'으로 구분해 봅니다.

1 다음 글을 읽고, 빈칸에 들어갈 알맞은 말이나 기호를 차례대로 쓰세요.

① 우리가 사는 지구가 점점 뜨거워진다는 이야기를 들어 보셨나요? 바로 지구 온난화 현상 말입니다. ② 요즘, 지구 온난화로 인해 지구가 점점 더워지고 기후가 급격하게 변하고 있습니다. ③ 지구 온난화의 주된 원인은 이산화탄소입니다. ④ 우리가 에어컨을 틀 때, 불을 켤 때, 차를 탈 때 이산화탄소가 생깁니다. ⑤ 이를 해결하려면 여름에 에어컨 온도 1도 올리기, 필요 없는 불 끄기, 대중교통이나 자전거 이용하기 등의 이산화탄소 줄이기를 위한 작은 습관이 필요합니다. ⑥ 우리 모두 생활 속 실천으로 지구를 살리는 데 앞장섭시다.

①에서는 질문과 답변을 통해 화제를 제시함으로써 독자들의 관심을 불러일으키고, ②에서는 (　　　　)이/가 되는 자연 현상을 구체적으로 제시하고 있다. ③과 ④에서는 ②에서 일어나는 현상의 원인을 분석하고, ⑤에서는 문제 (　　　　) 방법을 제안하고 있다. 마지막으로 ⑥에서는 실천으로 옮길 것을 강조하고 있다.

➡ 이 글의 구조는 처음(①), 중간(　　　), 끝(　　　)으로 이루어져 있다.

2 ㉠~㉤ 중 글의 내용상 구조를 알 수 있는 말이 아닌 것은 무엇인가요? (   )

여러분이 살아가는 삶의 터전을 생태계라고 합니다. 생태계는 빛, 온도, 물, 사람, 동물, 식물 모두를 가리킵니다. 생태계 보전이란 생물이나 생물이 살아가는 곳을 보호하고 유지하는 것을 말합니다. ㉠한번 파괴된 생태계를 되살리는 데는 매우 오랜 시간이 걸릴 뿐 아니라 파괴되기 이전의 상태로 완전히 돌리기가 어렵습니다. ㉡따라서 생태계가 파괴되기 전에 그것을 지키고 보호하려는 노력이 필요합니다. ㉢그 노력은 다음과 같습니다. 첫째, 나무 뿌리에 흙을 덮어 줍니다. 그렇게 하면 나무들의 뿌리가 땅 밖으로 드러나지 않기 때문에 나무가 서서히 죽어 가는 것을 막을 수 있습니다. ㉣둘째, 하천 주변에 있는 쓰레기를 치우고 물을 깨끗하게 하는 식물을 심습니다. 그러면 쓰레기로 인한 고약한 냄새도 나지 않고 물이 썩는 것을 막을 수 있습니다. 물고기와 식물들이 살기 좋은 환경이 되는 거지요. ㉤이러한 우리의 작은 노력이 생태계를 살릴 수 있습니다.

① ㉠　② ㉡　③ ㉢　④ ㉣　⑤ ㉤

3 다음 글의 구조를 바르게 이해한 것은 무엇인가요? (   )

우리나라는 사계절이 뚜렷한 나라다. 봄은 3월부터 5월까지 이어지고, 봄이 되면 아침저녁은 서늘하지만 낮은 따뜻하다. 겨울에 움츠렸던 각종 생명체가 봄에 살아난다. 여름은 6월부터 8월까지 이어지고, 하루 종일 더운 날씨가 계속된다. 비가 많이 내리는 장마철이 있으나 여름 내내 비가 오는 것은 아니다. 태풍도 몇 차례 지나간다. 가을은 9월부터 11월까지 이어진다. 가을이 찾아오면 나무에 단풍이 지고 열매가 익는다. 겨울은 12월부터 다음해 2월까지 이어지고, 추운 날씨가 계속된다. 3일은 춥고 4일은 덜 추운 날이 계속된다고 보면 된다. 함박눈이 오기도 한다. 2월 말이 되면 날이 조금씩 따뜻해진다.

① 사계절에 대한 정보나 특성을 나열하는 구조이다.
② 계절이 생기게 된 원인과 결과를 나타내는 구조이다.
③ 봄과 가을, 여름과 겨울의 공통점과 차이점을 비교하는 구조이다.
④ 사계절 중 하나의 계절을 중심으로 자세한 정보를 제공하는 구조이다.
⑤ 사계절로 인해 생기는 문제점과 그에 대한 해결 방안을 제시하는 구조이다.

2 배경지식 활용하여 읽기

독자는 글을 읽는 전 과정에서 글의 내용과 관련된 자신의 경험이나 지식을 활용할 수 있어야 합니다. '배경지식'이란 글을 이해하는 데 바탕이 되는 경험과 지식을 의미합니다. 배경지식은 글과 관련하여 독자가 이미 가지고 있는 지식일 수도 있고, 독자가 직접 경험한 것일 수도 있습니다. 배경지식을 활용하여 글을 읽으면 글에 드러나지 않은 내용을 예측하거나 추론할 수 있고, 중요한 정보를 더 잘 기억할 수 있습니다. 또한, 자기만의 방식으로 글을 재구성할 수도 있습니다.

★ **배경지식을 활용하여 글을 적극적으로 읽으려면,**

(1) 글을 읽기 전에 글의 내용과 관련된 경험이나 지식을 떠올려 봅니다.
(2) 글을 읽는 중에는 글의 형식과 구조에 관해 알고 있는 지식을 활용하여 이해합니다.
(3) 글을 읽는 중에는 자신의 지식이나 경험을 활용하여 글에 숨겨진 의미를 추론하거나 앞으로 나올 내용을 예측합니다.
(4) 글을 읽은 후에는 글의 내용과 자신의 배경지식을 종합하여 글을 재구성합니다.

1 다음 글을 읽으며 배경지식을 활용한 학생을 모두 찾아 √표 하세요.

'아기 돼지 삼 형제' 이야기를 들어 보았나요? 옛날 옛적에 아기 돼지 삼 형제가 부모의 품을 떠나 각자 자기 집을 짓게 되었어요. 첫째는 초가집을, 둘째는 나무집을, 셋째는 벽돌집을 지었어요. 이야기 속에서는 누가 지은 집이 가장 튼튼했을까요? (학생이 대답한다.) 네, 셋째 돼지 맞습니다. 늑대가 부수지 못한 유일한 집이 벽돌집이었죠. 그러나 이야기 밖에서는 답변이 달라집니다. 늑대가 하지 못한 일을 산성비가 해내거든요.

어렸을 때 재미있게 읽은 '아기 돼지 삼 형제' 이야기가 떠오르는군.

민수 (　　　)

초가집은 짚으로 지은 집이니까, 첫째 돼지가 지은 집은 튼튼하지 않겠구나.

강희 (　　　)

아, 돼지 세 마리가 지은 집들 중에 늑대가 부수지 못한 집은 벽돌집뿐이구나.

예현 (　　　)

산성비는 우리 몸에 해롭다고 알고 있는데, 벽돌집에도 안 좋은 영향을 주는군.

지혜 (　　　)

2 다음 글을 읽고, 빈칸에 들어갈 알맞은 말을 쓰세요.

나는 어렸을 때 하늘에서 내리는 비를 보며 생각했다. '하늘에서 누가 비를 뿌려 주는 걸까?', '하늘에도 화장실이 필요한 걸까?'. 그러나 누구에게도 질문하지 않았다. 부끄러웠기 때문이다. 궁금증을 간직한 채 5학년이 되었다. 어느 날 과학책을 읽다가 비의 비밀을 알게 되었다. 비가 내리는 이유는 내가 매일 볼 수 있는 땅 위의 물 때문이라는 것이다! 우와, 비가 땅 위의 물이 하늘로 올라간 후에 다시 땅으로 떨어진 거라니. 그동안 내가 갖고 있던 궁금증이 완전히 해결된 기분이었다. 그러다 갑자기 작년 겨울에 함박눈이 내렸을 때가 떠올랐다. 눈은 왜 오는 걸까? 또 궁금해졌다. 다른 책을 찾아 읽어 봐야겠다.

➡ '나'는 '과학책'을 읽으며 자신이 이전에 겪은 (   )을 적극적으로 활용하고 있다.

3 다음 글을 배경지식을 활용하여 읽었다고 볼 수 없는 것은 무엇인가요? (   )

㉠ 달리기, 야구공 던지기, 바람처럼 지구에서 일어나는 대부분의 인간 및 자연 활동은 속도를 가지고 있습니다. ㉡ 속도를 낼 수 있기 때문에 빠르고 다양한 운동도 할 수 있습니다. 그러나 속도가 빠르다고 꼭 좋은 것만은 아닙니다. ㉢ 자동차, 기차, 태풍처럼 빠른 속도로 지나가는 것들은 우리에게 큰 피해를 주기도 하죠. ㉣ 자동차가 빠르게 지나갈 경우 교통사고가 날 수도 있고, ㉤ 태풍은 가정과 사회에 씻을 수 없는 상처를 남기기도 합니다.

① ㉠: 야구공을 빠르게 던지는 방법이 있다고 배웠어. 그런 걸 보면 야구공을 던질 때 속도가 생기는 것이 분명해.
② ㉡: '속도'의 '속' 자가 '빠를 속' 자라는 것을 고려하면, 속도는 빠르기와 관련된 개념임을 알 수 있어.
③ ㉢: 지난해 여름 태풍이 시속 169km였던 걸로 기억해. 자동차의 시속과 비교하면 엄청난 속도임을 알 수 있어.
④ ㉣: 자동차 때문에 교통사고가 날 수도 있다고? 오늘부터는 길을 걸어갈 때 차가 오는지 살펴보며 조심히 다녀야겠어.
⑤ ㉤: 과학 시간에 태풍으로 인한 피해로 농작물과 숲 훼손, 건물 파괴, 물난리가 가장 심각하다고 배웠어.

지문 하나로 여러 과목을 동시에!

STEAM 독해

이슬람의 리듬, 아라베스크

이 글의 중심 화제는 아라베스크입니다. 아라베스크를 통해 역사, 미술, 체육을 공부할 수 있습니다.
아라베스크가 만들어진 배경을 이해하고 주요 특징을 알아보세요.

이슬람교는 전 세계 인구(2021년 기준, 약 78억 명)의 25% 이상이 믿고 있는 종교입니다. 하지만 우리나라에는 이슬람교 신자가 많지 않다 보니 이 종교에 대해 오해하거나 잘 알지 못하는 사람들이 많습니다. 이슬람교는 7세기경 사우디아라비아 메카*에서 마호메트에 의해 창시된 종교입니다. 크리스트교, 불교보다 늦게 발생한 종교이지만 짧은 시간 동안 전 세계로 퍼져 나가 지금도 신자 수가 빠르게 증가하고 있는 종교입니다.

이슬람교는 오로지 '알라'만을 믿고 그 외에 아무도 숭배하지 않는 유일신(唯一神)교입니다. 이런 점은 유대교, 크리스트교와 유사하지만, 신과 성인*들을 다양한 방식과 재료로 표현한 모습을 볼 수 있는 크리스트교와 달리 이슬람교에서는 신이나 이슬람 성인들에 관한 조형물이나 장식물을 거의 찾아볼 수 없습니다. 인물의 이미지는 자칫 숭배의 대상이 될 수 있으므로 인물을 그리거나 만드는 일을 금지했기 때문입니다. 사람을 만드는 일은 신의 특권이므로, 사람이 사람을 그림이나 조각으로 표현하는 것은 옳지 않다고 믿는 것이죠. 그래서 이슬람교에서는 사람과 동물 이미지 대신, 우상 숭배에 어긋나지 않는 식물과 도형, 아라비아 문자 등의 무늬가 중심을 이루는 추상적이고 조형적인 예술을 선택했습니다. 그것이 바로 '아랍 스타일'을 의미하는 '아라베스크'입니다.

▲ 아라베스크 무늬로 장식된 예루살렘의 황금돔 사원

주로 꽃과 잎사귀, 식물 덩굴이 무한 반복되어 그려져 있는 아라베스크 무늬는 이슬람의 뛰어난 수학과 기하학* 지식이 결합되어 독특한 무늬를 만들어 냈습니다. 이후 많은 이슬람 건축물과 공예품에 활용되어 이슬람 문화를 대표하는 요소가 되었죠. 하나의 무늬가 반복적으로 펼쳐지고 있어 조화로운 리듬의 아라베스크를 가만히 들여다보고 있으면 평화롭고 신비로운 느낌이 듭니다.

▲ 아라베스크 무늬

그럼 왜 아라베스크는 비슷한 무늬를 반복해서 끝없이 표현할까요? 그것은 시작도 끝도 없는 영원한 세계, 즉 수학에서의 '무한함'으로 설명할 수 있습니다. 글씨와 도형, 그리고 아라베스크 모양들을 위와 아래, 그리고 양옆으로 퍼져 나가게 함으로써 영원한 진리의 세계에 도달하기 위한 염원*을 담고 있다고 합니다. 한편, 이슬람 사원에 기도하러 오는 모슬렘* 들은 끊임없이 규칙적으로 이어지는 무늬를 보면서 기도 동작을 되풀이한다고 합니다. 그들은 무늬의 흐름을 따라가면서 리듬을 느끼고, 그러다 보면 오히려 정신을 집중하는 힘이 커진다고 말합니다.

* **메카**: 사우디아라비아 서남부에 있는, 홍해 연안의 도시. 이슬람교의 창시자인 마호메트가 태어난 곳으로 이슬람교 최고의 성지임.
* **성인**: 덕과 지혜가 뛰어나게 높아 세상 사람들이 우러러보는 사람.
* **기하학**: 도형 및 공간의 성질에 대하여 연구하는 학문.
* **염원**: 마음에 간절히 생각하고 기원함.
* **모슬렘**: 이슬람교를 믿는 신자들(이슬람교도).

1 **이 글에서 이슬람교 신자를 의미하는 단어를 찾아 쓰세요.**

( )

2 **이 글의 내용으로 알맞지 않은 것은 무엇인가요? ( )**

① 아라베스크는 '아랍 스타일'을 의미한다.
② 이슬람교는 크리스트교, 불교보다 늦게 창시되었다.
③ 오늘날에도 이슬람교 신자 수는 계속 증가하고 있다.
④ 이슬람교는 마호메트를 조각상으로 제작하여 기도한다.
⑤ 아라베스크 무늬에는 식물과 도형, 아라비아 문자가 사용된다.

3 〈보기〉를 참고하여 나만의 '아라베스크' 무늬를 넣은 양탄자를 디자인해 보세요.

보기

이슬람 문학을 말할 때 제일 먼저 언급되는 것이 『아라비안나이트(Arabian Nights)』입니다. 셰에라자드가 1,000일 동안, 그리고 그다음 날까지 끝날 기미 없이 페르시아 왕에게 들려준 이 작품 속 이야기들은 끊임없이 이어지는 아라베스크 무늬를 닮았습니다. 셰에라자드가 들려준 여러 이야기 중에서 가장 인기 있는 이야기 속 주인공 알라딘은 양탄자를 타고 다닙니다. 양탄자는 건조 기후 지역 사람들이 모래 먼지가 많이 발생하고 일교차가 큰 환경에 적응하는 과정에서 만들어졌습니다. 그리고 건조 문화 지역을 중심으로 이슬람교 비중도 높다 보니 양탄자에는 자연스럽게 이슬람교의 상징인 아라베스크 무늬가 많이 표현되어 있습니다. 투르크메니스탄*이라는 이슬람 국가에서는 국기에 양탄자가 표현되어 있기도 합니다.

▲ 세계의 문화 지역

* **투르크메니스탄**: 중앙아시아 서남부, 카스피해에 면하여 있는 나라.

〈나만의 양탄자 디자인〉

4 〈보기〉를 참고하여 나만의 '아라베스크' 동작을 만들어 그림으로 그려 보세요.

보기

아라베스크 디자인 양식은 유럽에서 크게 유행했는데요, 1800년대에는 발레나 음악 분야에서도 아라베스크라는 용어가 쓰이기 시작했습니다. 발레에서는 한쪽 발끝으로 서서 다른 쪽 다리는 뒤로 높이 들어 올리는 동작을 아라베스크라고 부릅니다. 아라베스크 문양이 특유의 곡선 문양으로 아름다움을 드러내듯이, 무용수가 이 동작을 했을 때 발끝에서부터 다리, 등, 머리, 팔로 이어지는 곡선이 매우 아름답게 표현되었으므로 '아라베스크'라는 이름이 붙었다고 합니다.

아라베스크 동작을 할 때 주의할 점은 양쪽 다리 모두 무릎이 펴져 있어야 한다는 것입니다. 그리고 뒤로 들어 올린 다리의 각도는 보통 45~90도 사이인데, 자신의 머리보다 더 높게 다리를 들어 올리는 무용수들도 있답니다.

▲ 아라베스크 동작들

〈내가 만든 아라베스크 동작〉

4주차

무엇을 배울까요?

회차	글의 내용	핵심 개념	읽기 방법	학습 계획일
01회	**박수는 언제 쳐야 하나요?** 클래식 공연을 갔을 때 궁금했음 직한 질문에 답하는 형식으로 구성된 라디오 대본입니다.	[음악] 공연 관람	맥락을 활용하여 내용 예측하기	월 일 (요일)
02회	**비어 있지만 꽉 찬 공간, 여백** 동양 그림에서 많이 볼 수 있는 여백의 미에 대해 김홍도의 그림을 예로 들어 설명한 글입니다.	[미술] 여백	글의 구조를 활용하여 요약하기	월 일 (요일)
03회	**나는 공입니다** 공을 말하는 이로 설정하여 체육 시간에 있었던 발야구 경기를 일기 형식으로 서술한 글입니다.	[체육] 책임, 협력	말하는 이의 특성과 효과 이해하기	월 일 (요일)
04회	**'먹방'을 지혜롭게 시청하는 방법** 세계적으로 유행하는 방송 콘텐츠인 '먹방'의 양면성을 보여 주고, 지혜롭게 시청하는 태도의 중요성을 강조한 글입니다.	[실과] 식생활	문장 종결 표현의 효과 이해하기	월 일 (요일)
05회	**읽기 방법 익히기** 이 주에 공부한 중요 [읽기 방법]을 한눈에 정리하고 문제로 확인합니다. 1 맥락을 활용하여 내용 예측하기 2 글의 구조를 활용하여 요약하기			월 일 (요일)

어느 수준일까요?

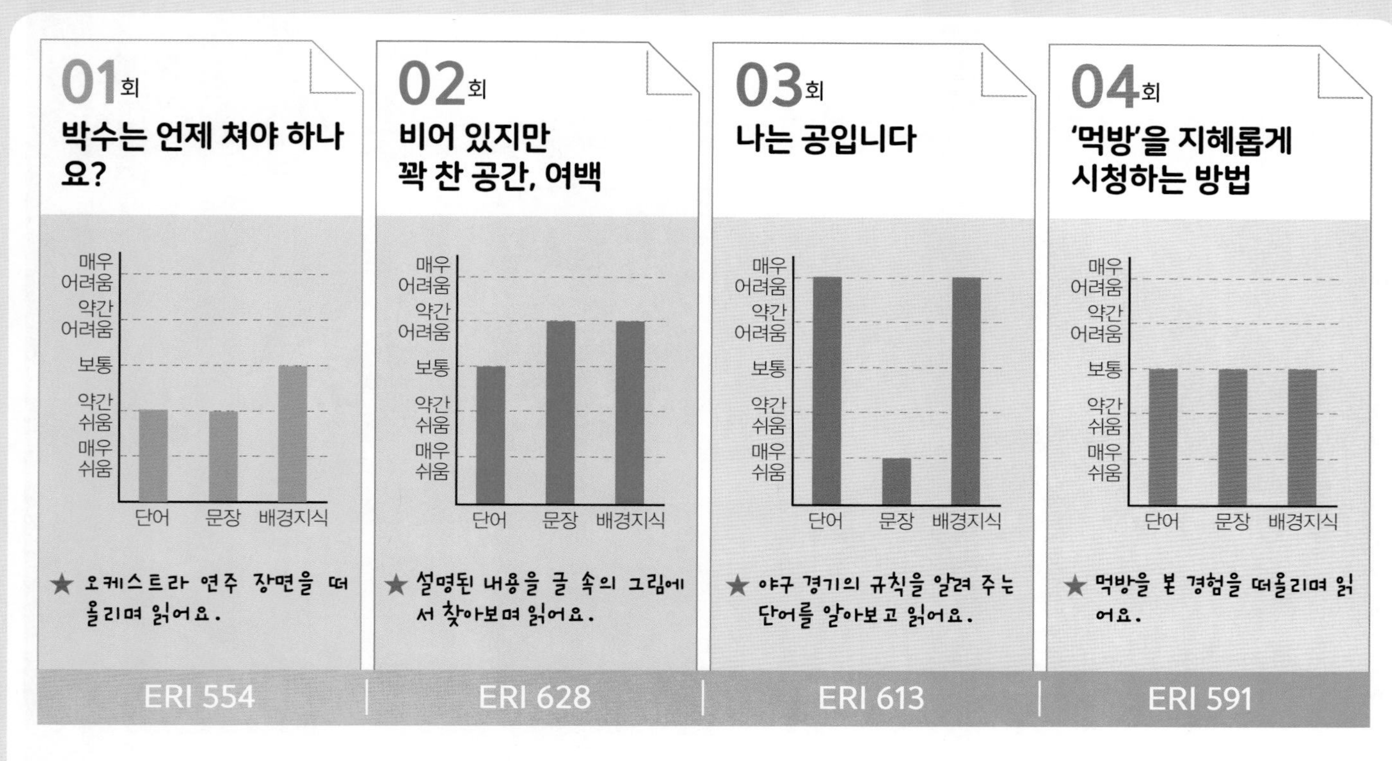

이 주의 ERI 지수

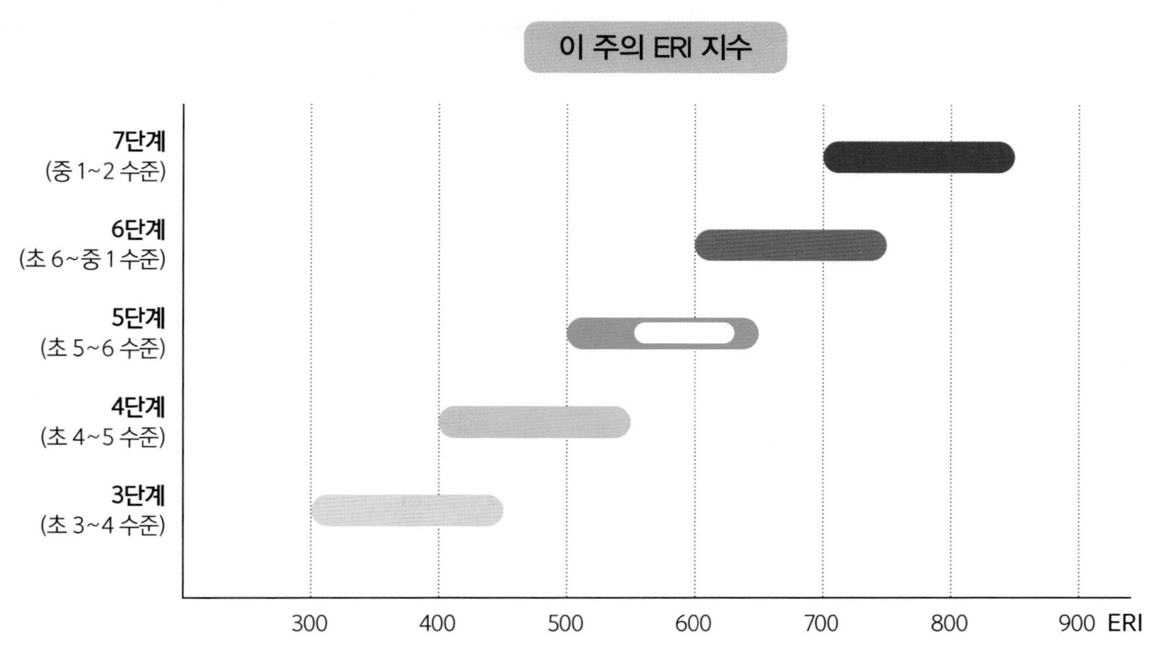

01회 박수는 언제 쳐야 하나요?

☑ 핵심 개념인 '공연 관람'과 관련된 말들을 알아 둡시다.

→ 공연을 관람하다 / 관람객 / 보다 / 구경하다

클래식 공연이란 서양 전통 음악을 많은 사람 앞에서 보이는 일을 말해요.

☑ 글을 읽고 이것만은 꼭 찾아냅시다.

→ 공연을 관람할 때 필요한 자세는 무엇인가요?

☑ 글을 읽으며 맥락을 활용하여 전개될 내용을 예측해 봅시다.

→ 글의 제목이나 차례, 삽화, 이어질 내용을 안내하는 표현이나 문장 등을 찾아 전개될 내용을 예측합니다.

제목, 차례, 삽화 + 표현이나 문장

예측이란 이어질 내용에 대해 미리 짐작하는 것을 말해요.

준비 학습

1 핵심 개념 미리 보기

빈칸에 들어갈 알맞은 단어를 〈보기〉에서 찾아 쓰세요.

보기

피아니스트　　첼리스트　　바이올리니스트

① (　　　　　): 피아노 연주자　　② (　　　　　): 바이올린 연주자

2 읽기 방법 미리 보기

두 번째 문장 뒤에 이어질 내용이 무엇일지 예측해 보고, 빈칸에 알맞은 말을 쓰세요.

서양과 동양에서 악기를 분류하는 방법은 서로 다릅니다. 서양에서는 보통 연주하는 형태에 따라서 악기를 현악기, 관악기, 타악기 등으로 분류합니다.

첫 문장 내용을 보니 두 번째 문장 뒤에는 (　　　　　　　　　　)에 대한 내용이 이어질 것 같아.

정답 1. ① 피아니스트 ② 바이올리니스트　2. 동양에서 악기를 분류하는 방법

ERI 지수 554 예술 | 음악

㉠ 안녕하세요, 어린이 여러분. 오늘은 클래식 공연에 관한 여러분의 궁금증에 답해 드리는 시간을 갖기로 했었지요? 지금 바로 시작해 보겠습니다.
먼저, ○○ 초등학교 어린이의 질문입니다.

"저는 악보도 볼 줄 모르고, 클래식 음악을 들어본 적도 별로 없습니다. 그런데 공연장에 가도 될까요?"

이런 질문을 하는 경우가 참 많습니다만, 클래식 음악을 많이 듣지 않았거나 악보를 읽을 줄 모른다고 해서 음악의 아름다움과 즐거움을 느끼지 못하는 것은 아닙니다. 유명한 테너 파바로티도 악보를 능숙하게 읽지는 못했지만, 그는 누구보다 더 아름다운 노래를 불렀잖아요. 관객도 마찬가지입니다.

다음, □□ 초등학교 친구의 질문입니다.

"공연 중에 바이올린 줄이 끊어지면 어떻게 하나요?"

하하, 짓궂은 질문이네요. 바이올리니스트인 제게는 상상도 하기 싫은 일이지만, 아주 가끔 이런 일이 일어나기도 합니다. 다행히 제게는 일어나지 않았고요. 공연 중에 바이올린 줄이 끊어지면 어쩔 수 없이 연주를 중단하고 새 줄로 교체해야 합니다. 그런데 한 번은 ㉡유명한 바이올리니스트가 연주 중에 줄이 끊어졌다고 해요. 순간 눈앞이 캄캄해졌는데, 갑자기 자기 옷 주머니에 여분의 줄이 들어 있던 것이 생각나더랍니다. 마침 피아노 독주 부분이라 바이올린이 쉬는 동안이라서 덜덜 떨리는 손을 진정시키면서 재빨리 줄을 갈아 끼우고는 아무 일도 없었다는 듯 자기 차례에 맞춰 연주했다고 합니다. 이를 지켜본 관객들은 연주가 끝나고 그 바이올리니스트를 향해 기립 박수를 보냈다고 해요. 범에게 물려가도 정신만 차리면 산다고 했던가요? 참 훌륭한 대처였지요?

마지막으로, △△초등학교 어린이의 질문입니다.

"지난번에 연주가 끝난 줄 알고 박수를 쳤다가 연주가 계속되는 바람에 창피해 혼났습니다. 박수는 언제 쳐야 하나요?"

저런! 연주자나 곡에 따라서 곡 중간에 박수를 쳐도 되는 경우가 있고 그렇지 않은 경우가 있어서, 애석하게도 일반적인 답을 분명하게 드릴 수는 없습니다. 유명한 피아니스트 루빈스타인은 연주하는 데 어떤 박수 소리도 전혀 방해되지 않았다고 말합니다. 저도 연주를 할 때 관객의 박수 소리에 별로 방해를 받지는 않습니다. 그러나 연주 중간에 박수를 치면 방해가 된다고 생각하는 연주자도 있어요. 그러니 '박수는 진심으로 열렬하게 치되 ㉢시작은 다른 사람보다 조금 늦게', 이렇게 생각하면 될 것 같아요.

정답과 해설 38쪽

아쉽지만 마칠 시간이 되었네요. 클래식 공연에 대한 궁금증이 풀리셨나요? 앞으로도 클래식 공연을 비롯해 다양한 음악 공연을 즐기면서 음악의 아름다움을 느끼고 자신과 삶에 대한 사랑이 가득한 어린이로 자라길 바랍니다.

내용 파악하기

1. 이 글의 내용과 일치하지 않는 것은 무엇인가요? (　　　)

① 유명한 테너 파바로티는 악보를 능숙하게 볼 줄 몰랐다.
② 공연 중에 바이올린 줄이 끊어지면 연주를 중단하기도 한다.
③ 공연 중에 바이올린 줄이 끊어지는 일은 아주 가끔 일어난다.
④ 클래식 음악을 많이 듣지 않았어도 클래식 공연을 즐길 수 있다.
⑤ 루빈스타인은 연주 중간에 박수 소리가 나면 연주에 방해를 받았다.

내용 파악하기

2. 이 글에서 말하는 이는 자신의 직업을 무엇이라고 했는지 쓰세요.

(　　　　　　　　)

제목 단서 추론하기

3. 제목 '박수는 언제 쳐야 하나요?'에 관한 설명으로 알맞으면 ○표, 알맞지 않으면 ×표 하세요.

(1) 말하듯 표현하여 친근한 느낌이 들도록 하였다. (　　)
(2) 무엇에 관한 이야기인지 궁금해하도록 만들었다. (　　)
(3) 질문하는 형식으로 써서 답이 무엇인지 찾아보고 싶게 만들었다. (　　)
(4) 글 전체와 관련되어 가장 핵심적인 내용을 알 수 있게 만들었다. (　　)

맥락을 활용하여 내용 예측하기

4. **㉠을 바탕으로 이 글의 내용 구성에 관해 예측한 내용입니다. 알맞으면 ○표, 알맞지 않으면 ×표 하세요.**

(1) '클래식 공연에 관한 여러분의 궁금증에 답해 드리는 시간'이라는 표현에서 알 수 있듯, 클래식 공연에 대해 어린이들이 궁금해하는 내용에 대한 답이 제시되겠군. (　　)

(2) '지금 바로 시작해 보겠습니다.'라는 표현을 통해, 어린이들의 전화 질문을 최대한 많이 소개하는 내용으로 구성되리라고 생각할 수 있겠어. (　　)

(3) '먼저'라는 표현을 보니, 어린이들의 또 다른 질문이 뒤에 이어서 나올 것 같아. (　　)

설명 방식 이해하기

5. **이 글의 말하는 이가 ㉡의 이야기를 꺼낸 까닭은 무엇인가요? (　　)**

① 말하고자 하는 내용과 반대되는 내용을 전달하기 위해
② 말하고자 하는 내용과 무관하게 읽는 이의 관심을 끌기 위해
③ 단어의 뜻을 풀어서 말하고자 하는 내용을 정확히 전달하기 위해
④ 구성 요소로 나누어서 말하고자 하는 내용을 상세히 설명하기 위해
⑤ 구체적인 예를 통해 말하고자 하는 내용을 생생하게 전달하기 위해

내용 파악하기

6. **이 글의 말하는 이가 ㉢과 같이 말한 까닭은 무엇인가요? (　　)**

① 공연 중간에 박수를 쳐도 되는 연주곡이 있으므로
② 모든 연주자가 공연 중간에 박수를 쳐도 신경쓰지 않으므로
③ 잘 알지 못하는 상황에서 박수를 치면 공연에 방해가 될 수 있으므로
④ 클래식 공연에서는 박수를 쳐도 되는 시간이 엄격하게 정해져 있으므로
⑤ 공연을 들으며 받은 감동을 적극적으로 표현하고 연주자를 격려해야 하므로

어휘 익히기

정답과 해설 39쪽

1 단어 뜻 알기

빈칸에 들어갈 알맞은 단어를 〈보기〉에서 찾아 쓰세요.

보기

능숙하게　　여분　　독주　　열렬하게

1. 이제는 내 방 정리를 (　　　　) 할 수 있게 되었어.
   뜻 어떤 일을 여러 번 하여 서툴지 않고 뛰어나게.
2. 나는 체육 대회에서 우리 반 선수들을 (　　　　) 응원했다.
   뜻 아끼는 마음이나 태도가 뜨겁고 크게.
3. 이번 공연에서는 특히 피아노 (　　　　) 부분이 제일 인상 깊었어.
   뜻 한 사람이 악기를 연주하는 것.
4. 갑자기 볼펜이 안 나와서 당황했지만, 가방에 (　　　　)의 볼펜이 있어서 다행이었다.
   뜻 쓰고 남은 양. 또는 넉넉하게 더 마련해 두는 양.

2 관용 표현 알기

다음 빈칸에 공통으로 들어갈 말을 쓰세요.

유난히 추운 날이었다. 발을 동동 구르며 10분 넘게 기다린 끝에 버스에 탈 수 있었다. 교통카드를 찍고 자리에 앉으려는데, 아뿔싸, "잔액이 부족합니다!". 순간 □□이 캄캄해졌다. 아, 어제 충전한다는 걸 깜빡했다. 타지도 내리지도 못하고 정말 큰일이었다.

"□□이 캄캄하다"

갑자기 어려운 일을 당해 어찌할 바를 모르고 정신이 흐려지는 것 같은 상태를 표현하는 말입니다.

3 한자어 익히기

다음 한자어를 소리 내어 읽고 빈칸에 따라 써 보세요.

音	樂
소리 음	풍류 악

음악(音樂): 박자, 가락 등을 갖가지 형식으로 결합하여 목소리나 악기를 통해 나타내는 예술.

- 라디오에서 신나는 음악이 흘러나온다.
- 노래를 부를 수 있는 음악 수업 시간이 참 좋습니다.

音	樂						
소리 음	풍류 악						

02회 비어 있지만 꽉 찬 공간, 여백

▲ 김정희, 「세한도(歲寒圖)」의 일부분

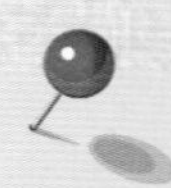

☑ 핵심 개념인 '여백'의 뜻과 관련된 말들을 알아 둡시다.

→ 여백의 미 / 여백이 생기다 / 여백을 남기다

여백은 종이에 글씨를 쓰거나 그림을 그리고 남은 빈 자리를 말해요.

☑ 글을 읽고 이것만은 꼭 찾아냅시다.

→ 동양 그림의 주요 표현 기법 중 하나인 여백이란 무엇인가요?

☑ 글의 구조를 활용하여 글을 요약해 봅시다.

→ 비교와 대조, 나열, 문제와 해결, 순서 등과 같은 글의 구조를 파악하여 글을 요약해 봅니다.

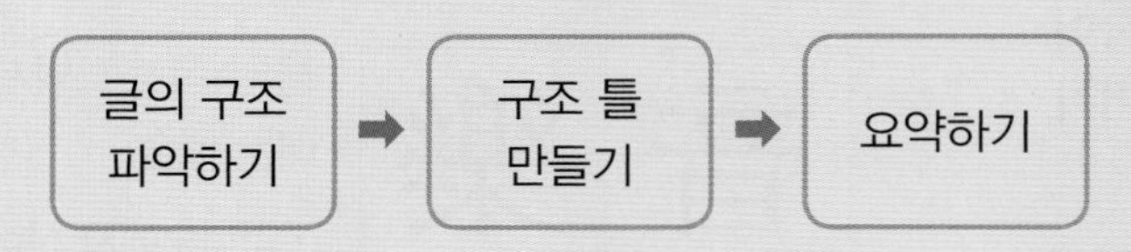

글을 요약할 때는 글의 구조를 고려해야 해요.

준비 학습

1 핵심 개념 미리 보기

[가]를 참고하여 [나]의 빈칸에 들어갈 단어를 〈보기〉에서 찾아 쓰세요.

보기

시인 화가 감상자 청취자

[가]	[나]
소설가 - 소설 - 독자	① ( ) - 그림 - ② ( )

2 읽기 방법 미리 보기

빈칸에 알맞은 말을 넣어 다음 글의 내용을 요약하세요.

야구와 축구는 공을 가지고 하는 운동 경기이다. 두 종목 모두 골프나 볼링과 달리 여럿이 한 팀을 구성하여 경기를 치른다. 그러나 야구는 일정한 횟수가 차면 경기가 종료되는 데 비해, 축구는 일정 시간이 되면 경기가 종료된다. 또 야구에서는 공격하는 사람이 순서대로 정해지지만, 축구에서는 상황에 따라 공격하는 사람을 자유롭게 정할 수 있다. 그리고 야구에서는 공 이외의 도구로 야구 장갑, 방망이, 모자, 보호 마스크 등을 사용하지만, 축구에서는 축구화, 골대, 골키퍼 장갑 등을 사용한다는 점에서 다르다.

야구와 축구는 모두 공을 가지고 ① ( ) 치르는 운동 경기이다. 그러나 경기 종료 기준, 공격하는 사람을 정하는 방법, ② ( ) 등이 다르다.

정답 **1.** ① 화가 ② 감상자 **2.** ① 팀을 구성하여 ② 공 이외에 사용하는 도구

ERI 지수 628 예술 | 미술

여백은 동양 그림의 특징 중 하나로 꼽힌다. 서양 그림에서는 여백이 잘 나타나지 않는다. 여백이란 빈자리를 뜻하는 말이다. 그러나 비었다고 해서 다 여백이 되는 것은 아니다. 채운 부분이 있는 상태에서 일부러 남겨 둔 부분이 여백이다.

예를 들어, 김홍도의 「주상관매도(舟上觀梅圖: 배 위에서 매화를 보는 그림)」를 살펴보자. 화면 아래 땅 옆으로 조각배가 있고, 조각배 위에는 소박한 음식이 차려진 상을 가운데로 하여 두 사람이 앉아 있다. 왼쪽 사람은 웅크리고 앉아 있는 자세로 보아 하인이나 뱃사공인 것 같다. 오른쪽 사람은 편안하게 앉아 경치를 감상하고 있다. 그리고 그의 시선을 따라 화면 위로 눈을 옮기면 거기에는 낭떠러지에 매화나무가 몇 그루 서 있다.

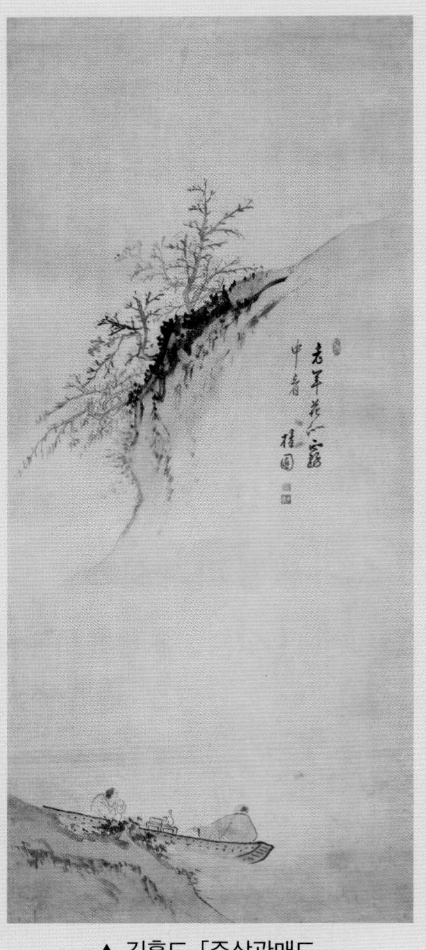
▲ 김홍도, 「주상관매도」

작게 드러난 땅과 배에 탄 사람들, 매화나무 사이사이에는 아무것도 그려져 있지 않다. 그래서 어디까지가 하늘이고 어디까지가 물인지 알기 어렵다. 실제 장면이라면 우리는 매화나무를 둘러싼 쪽빛 하늘, 하늘을 나는 새, 매화나무가 선 땅 위의 풀 · 바위 · 흙, 배가 떠 있는 강물, 강물 위로 피어오르는 물안개 등의 모양을 세세하게 볼 수 있을 것이다. 그러나 김홍도는 배경을 채우지 않고 여백으로 남겨 두었다.

이처럼 여백은 화면에 여유를 주어 편안한 느낌을 준다. 「주상관매도」는 여백 덕분에 화면이 여유롭고 편안하게 보인다. 배경을 비워 표현된 사물들 사이에 여유 공간이 많기 때문이다.

또 여백은 표현한 사물을 더 강조하여 나타낼 수 있다. 여백의 빈 화면이 표현한 사물을 더 잘 보이게 만들기 때문이다. 「주상관매도」의 화면에서는 ㉠ <u>매화나무와 배에 앉은 사람의 모습이 두드러진다.</u>

그뿐만 아니라 여백은 감상자가 자신의 상상으로 그림을 채워 넣을 수 있게 한다. 감상자는 표현된 사물을 통해 그림 전체의 풍경과 느낌을 구성할 수 있으며, 여백에 어떤 장면이 생략되어 있는지 상상할 수 있다. 「주상관매도」의 감상자는 매화나무가 있는 강가의 풍경과 배에 올라 매화나무를 구경하는 사람의 모습을 실제에 가깝게 상상할 수도 있고, 산신령이나 신선이 살고 있을 것 같은 신비로운 공간으로 상상할 수도 있는 것이다.

이처럼 편안한 느낌을 주는 동시에 화가의 의도와 감상자의 상상력이 만나 다양한 장면과 느낌으로 채워지는 것, 그것이 바로 여백의 기능이다. 따라서 여백은 ㉡'비어 있지만 꽉 찬 공간'이라고 말할 수 있다. 자세하고 아름답게 화면을 가득 채우는 그림도 멋지지만, 감상자의 상상을 기다리는 공간을 남겨 두는 그림도 매력적이다. 앞으로 동양 그림의 여백을 만난다면, 잠시 멈춰 자신의 상상력으로 빈 곳을 가득 채워 보는 것은 어떨까?

내용 파악하기

1. 이 글의 내용과 일치하는 것은 무엇인가요? (　　　)

① 여백은 서양 그림의 특징 중 하나이다.
② 여백은 작가의 의도와 무관하게 만들어진다.
③ 「주상관매도」는 배경이 없는 미완성 작품이다.
④ 「주상관매도」는 여백을 통해 여유로운 느낌을 준다.
⑤ 「주상관매도」는 신선이 사는 세계를 그린 그림이다.

전개 방식 이해하기

2. 이 글에서 대상을 설명하기 위해 사용한 방법을 모두 고르세요. (　　　,　　　)

① 단어의 뜻을 풀어 대상의 특징을 설명하였다.
② 구체적인 예를 들어 대상의 특징을 설명하였다.
③ 시간의 흐름에 따라 대상의 특징을 설명하였다.
④ 다른 대상과의 차이점을 들어 대상의 특징을 설명하였다.
⑤ 대상을 일정한 기준으로 나누어 대상의 특징을 설명하였다.

맥락을 활용하여 추론하기

3. ㉠처럼 말할 수 있는 까닭이 무엇인지 쓰세요.

구절의 의미 파악하기

4. 다음은 ㉡의 뜻을 설명한 문장입니다. 빈칸에 알맞은 말을 써서 문장을 완성하세요.

여백은 비어 있는 공간이지만 ( )(으)로 채울 수 있기 때문에 '비어 있지만 꽉 찬 공간'이라고 말할 수 있다.

글의 내용 적용하기

5. 이 글을 읽고 그림을 감상하는 방법에 관해 말한 내용 중 알맞지 않은 것은 무엇인가요? ( )

① 서양 그림과 동양 그림의 특징을 생각하면서 감상해 봐야겠어.
② 동양 그림을 볼 때는 비어 있는 곳을 무심히 넘기면 안 되겠어.
③ 여백이 많은 그림과 그렇지 않은 그림의 차이를 비교하면 재미있겠어.
④ 여백이 그림 전체의 분위기를 어떻게 만드는지 생각하면서 감상해야겠어.
⑤ 여백이 있는 그림이 더 뛰어난 그림이니까 동양 그림을 더 많이 찾아봐야겠어.

글의 구조를 활용하여 요약하기

6. 다음은 이 글을 요약하기 위하여 만든 글의 구조 틀입니다. 빈칸에 알맞은 내용을 채워 넣으세요.

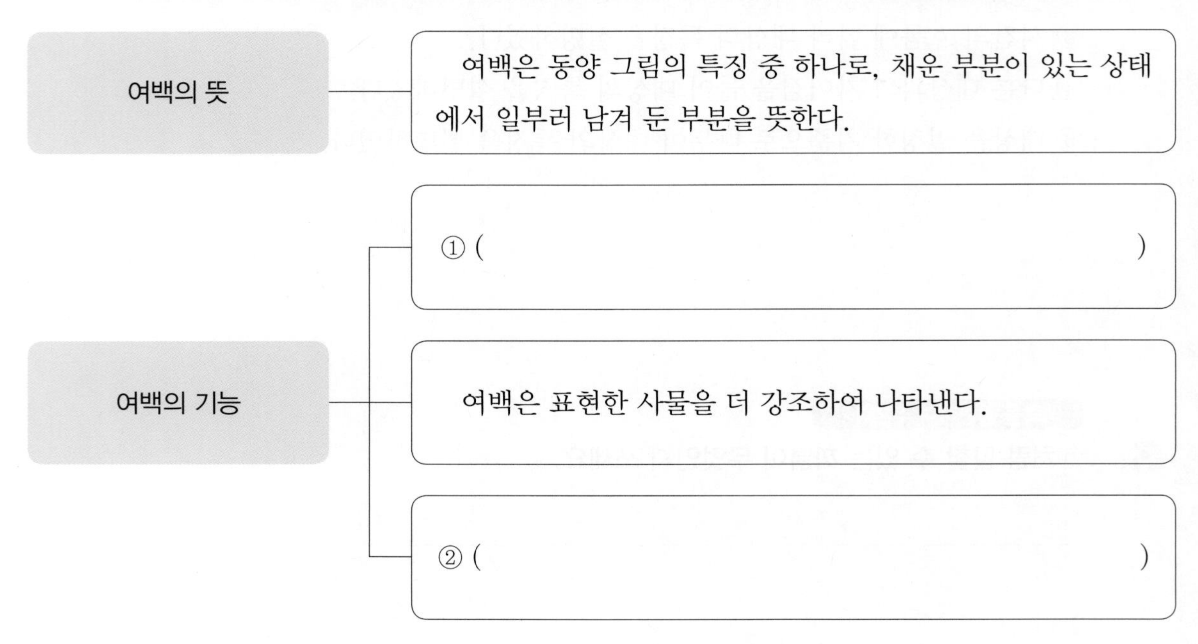

여백의 뜻	여백은 동양 그림의 특징 중 하나로, 채운 부분이 있는 상태에서 일부러 남겨 둔 부분을 뜻한다.
여백의 기능	① ( )
	여백은 표현한 사물을 더 강조하여 나타낸다.
	② ( )

어휘 익히기

정답과 해설 41쪽

1 단어 뜻 알기

빈칸에 들어갈 알맞은 단어를 〈보기〉에서 찾아 쓰세요.

보기

웅크리고 쪽빛 세세하게 매력적

1. 호랑이가 나무 뒤에 (　　　　　) 사냥감을 노리고 있었지.
   뜻 몸이나 몸의 일부를 작아지게 만들고.
2. 저기 남쪽 멀리에는 (　　　　　) 바다가 아름답게 펼쳐져 있다.
   뜻 짙은 푸른빛.
3. 그 아이가 웃을 때 생기는 보조개는 무척 (　　　　　)(으)로 보인다.
   뜻 사람의 마음을 사로잡아 끄는 힘이 있는 것.
4. 선생님께서 잘 모르는 내용을 (　　　　　) 설명해 주셔서 잘 알게 되었어.
   뜻 매우 자세하게.

2 관용 표현 알기

다음 밑줄 친 말의 뜻풀이를 완성하세요.

그날 아침 밥상에서 본 아빠의 얼굴은 참 지쳐 보였다. 할아버지께서는 "아범아, 오월 농부 팔월 신선이라잖니? 힘들겠지만 조금 더 참자."라고 말씀하셨다.

"오월 농부 팔월 신선"

여름내 농사를 열심히 지으면 가을에 편한 신세가 된다는 뜻으로, 주어진 일을 성실히 하면 이후에 (　　　　　　　　) 된다는 말입니다.

3 한자어 익히기

다음 한자어를 소리 내어 읽고 빈칸에 따라 써 보세요.

表	現
겉 **표**	나타날 **현**

표현(表現): 생각이나 느낌을 말, 글, 그림, 몸짓 등으로 나타내는 것.

- 아주 근사한 표현 방법을 찾아내었다.
- 오늘 있었던 일에 대한 생각을 글로 표현하였다.
- 감사의 표현으로 친구에게 지우개를 하나 사 주었다.

表	現						
겉 표	나타날 현						

03회 나는 공입니다

☑ 핵심 개념인 '책임, 협력'과 관련된 말들을 알아 둡시다.

→ 책임을 지다 / 책임을 다하다
협력하다 / 힘을 모으다

책임은 맡아서 해야 할 임무나 의무를, 협력은 서로 힘을 합해 돕는 것을 말해요.

☑ 글을 읽고 이것만은 꼭 찾아냅시다.

→ 경기할 때 필요한 자세는 무엇인가요?

☑ 말하는 이를 파악하며 글을 읽어 봅시다.

→ 글에서 말하는 이를 찾고, 말하는 이를 그렇게 정한 까닭을 생각해 봅니다.

말하는 이 찾기 → 효과 이해하기

글에서 말하는 이는 독자에게 이야기를 전달해 주는 존재를 말해요.

준비 학습

1 핵심 개념 미리 보기

빈칸에 들어갈 알맞은 단어를 <보기>에서 찾아 쓰세요.

보기

포수 1루수 우익수 유격수

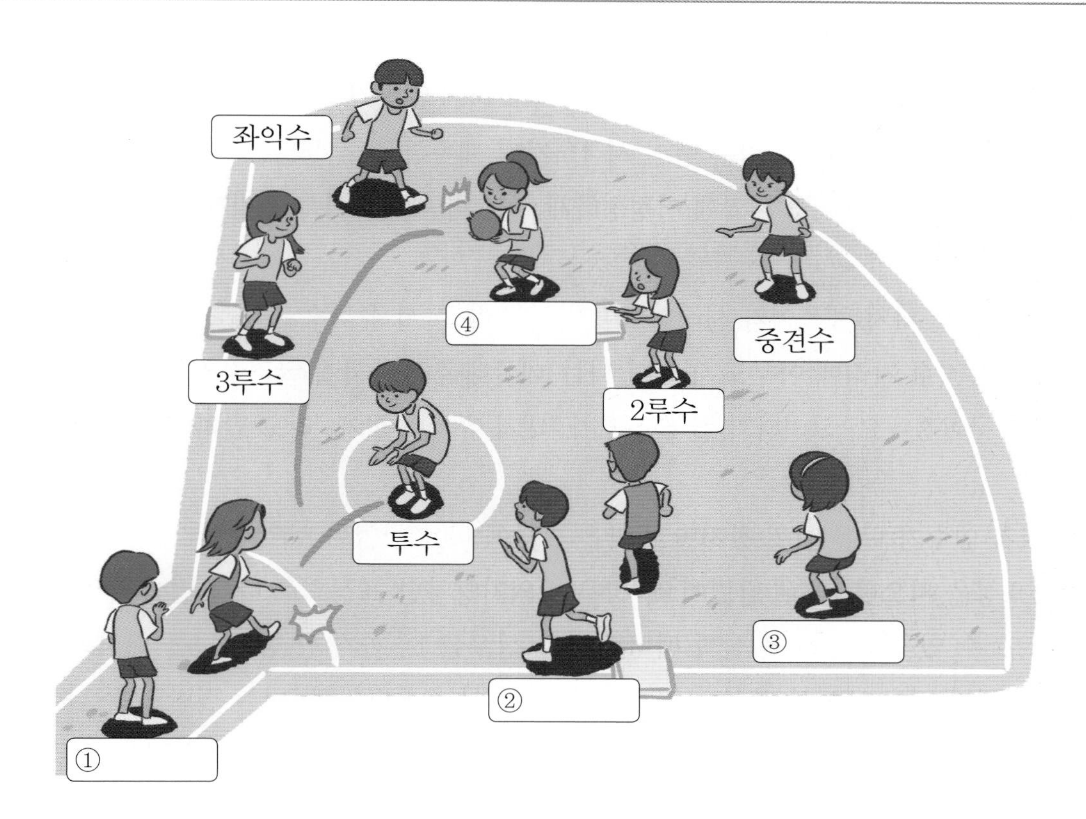

2 읽기 방법 미리 보기

다음 글에서 말하는 이가 누구인지 쓰세요.

체육 시간이 되었습니다. 오랜만에 운동장에 나왔습니다. 오늘은 하늘이 참 맑아서 기분이 좋습니다. 오늘 수업에서도 우리 반 학생들에게 즐거운 시간을 만들어 주고 싶습니다.

( )

정답 1. ① 포수 ② 1루수 ③ 우익수 ④ 유격수 2. 선생님

ERI 지수 613 예술 | 체육

나는 학교 체육관 창고에 살고 있습니다. 선생님은 나를 배구공이라고 부르지만, 5학년 친구들은 발야구공이라고 부릅니다. 나이는 세 살이지만 5학년 학생들을 친구들이라고 부르는 것이 전혀 이상할 것은 없습니다. 공의 전체 수명은 사람보다 훨씬 짧으니까요.

오늘도 체육 시간에 나가서 친구들과 신나게 발야구를 했습니다. 전력이 비슷한 김밥 팀과 라면 팀의 경기. 그런데 문제는 경기를 시작하기 직전에 일어났습니다. 김밥 팀의 상우가 자기는 꼭 3루수를 맡아야 한다고 고집을 피웠습니다. 그래서 김밥 팀은 수비 대형을 갖추지 못했습니다. 3루수를 맡기로 한 동호 역시 양보할 생각 없이 ㉠꼼짝도 하지 않았거든요. 현지가 상우를 설득해 보려고 했지만 어림없었습니다. 공격팀은 빨리 시작하자며 재촉하고, 선생님은 아무 말 없이 지켜보고 계셨지요. 상우와 동호 둘이 3루 옆에 어정쩡하게 서는 바람에 유격수 자리가 빈 채 경기가 시작되었습니다.

라면 팀의 1번 타자 채은이가 시작하자마자 나를 툭 차서 유격수 자리로 굴리고는 재빨리 1루로 뛰었어요. 유격수 자리에 아무도 없으니 나는 데굴데굴 멀리까지 굴러갔지요. 안타! 상우와 동호의 얼굴이 굳어졌어요. 그러다가 결국 동호가 “내가 유격수 할게.”라고 말하면서 유격수 자리로 갔습니다.

2번 타자 연수가 나를 힘껏 찼지만 빗맞은 까닭에 나는 힘없이 3루 쪽으로 굴러갔고, 연수는 실망하는 표정을 지으며 1루로 달렸어요. 상우는 의기양양한 표정으로 나를 덥석 안았습니다. 하지만 나만 알 수 있을 만큼 손을 살짝 떨더라고요. 상우는 1루까지 한 번에 나를 던지려 했지만, 1루까지의 거리가 멀어 보여서 자신이 없어졌나 봐요. 아니나 다를까, 나는 절반도 못 날아가서 느릿느릿 굴러갔고, 연수는 나보다 먼저 1루에 도착했어요. 고집을 피워 양보를 받은 상우 마음이 좋지 않을 것 같았어요. 이후 김밥 팀은 2점을 더 내주고 수비를 마무리하였습니다.

공격 기회에서 내준 점수만큼 2점을 따라간 김밥 팀이 다시 수비. 시무룩해 보이는 상우가 마음에 걸려서, 나는 상우의 머릿속에 살짝 주문을 걸었습니다. 라면 팀의 민수가 나를 힘껏 찼고, 나는 신나게 상우에게로 굴러갔습니다. 그리고 상우는 나를 안아 올려 살짝 웃으며 동호에게 패스했고요. 나를 이어받은 동호가 재빠르게 1루로 던져서 민수를 아웃시켰습니다. 나의 주문이 제대로 작동했습니다, 하하하! 내가 상우에게 건 주문의 이름이 (㉡)이라는 걸 눈치챘나요? 그제야 상우와 동호가 미소를 지었습니다. 김밥 팀의 다른 친구들도 함께 미소를 지었고요.

경기는 라면 팀이 8대 7로 이겼어요. 비록 경기에서는 졌지만, 상우는 많은 걸 배우면서 즐긴 경기였을 겁니다. 친구들이 워낙 열심히 한 덕에 옆구리가 조금 아프긴 하지만 나에게도 참 즐겁고 뿌듯한 경기였습니다.

내용 파악하기

1. **다음은 이 글에서 사건이 일어난 과정입니다. 글의 내용과 일치하지 않는 것은 무엇인가요? (　　　)**

①	'나'는 학교 체육관 창고에 있다가 오늘 불려 나왔다.

⇩

②	김밥 팀과 라면 팀으로 나뉘어 발야구 경기가 진행되었다.

⇩

③	상우가 경기 전에 고집을 피우자 친구들이 상우를 나무랐다.

⇩

④	동호는 결국 유격수를 맡게 되었다.

⇩

⑤	발야구 경기에서 라면 팀이 승리하였다.

말하는 이의 특성 이해하기

2. **이 글의 말하는 이를 다음과 같이 바꿀 때, 나오기 힘든 내용은 무엇인가요? (　　　)**

공 → 선생님

① 발야구 경기의 결과
② 발야구 경기를 한 양 팀의 이름
③ 상우가 3루수를 맡겠다고 고집을 피운 장면
④ 동호가 상우에게 3루수 자리를 양보한 장면
⑤ 1루까지 한 번에 공을 던지려던 상우의 떨림

말하는 이의 효과 이해하기

3. **이 글에서 말하는 이를 '공'으로 하여 얻은 효과로 알맞지 않은 것에 ∨표 하세요.**

(1) 일상의 장면을 낯설게 느끼도록 하여 새롭게 볼 수 있게 한다. (　　　)
(2) 사람이 아닌 대상만 알 수 있는 내용을 독자에게 보여 줄 수 있다. (　　　)
(3) 사람이 아닌 대상을 등장시켜 사건의 진행 과정을 보여 줄 수 있다. (　　　)
(4) 사람이 아닌 대상이 말하는 장면을 흥미롭게 상상할 수 있도록 한다. (　　　)

개념 적용하기

4. 운동 경기에서 이기기 위해 세우는 계획을 '전략'이라고 합니다. 이 글에 등장하는 타자 중에서 가장 전략적으로 공격한 사람을 찾아 ✓표 하고, 그렇게 생각한 까닭을 쓰세요.

가장 전략적으로 공격한 사람	채은 ( ) 연수 ( ) 민수 ( )
그렇게 생각한 까닭	

구절의 의미 이해하기

5. ㉠에 어울리는 사자성어는 무엇인가요? (   )

① 경거망동(輕擧妄動)
② 감지덕지(感之德之)
③ 기사회생(起死回生)
④ 요지부동(搖之不動)
⑤ 노심초사(勞心焦思)

문맥 활용하여 어휘 추론하기

6. ㉡에 들어가기에 가장 알맞은 단어를 찾아 ✓표 하세요.

분석	협력	자신감	의존	규칙
( )	( )	( )	( )	( )

어휘 익히기

정답과 해설 43쪽

1 단어 뜻 알기

빈칸에 들어갈 알맞은 단어를 〈보기〉에서 찾아 쓰세요.

보기

전력 대형 어정쩡 주문

1. 나는 잘할 수 있다고 스스로에게 (   )을/를 걸었다.
   뜻 요술을 부리거나 점을 칠 때 외는 말.

2. 기러기들이 기역 자 모양의 (   )을/를 이루고 날아간다.
   뜻 여럿이 가지런히 줄지어 늘어선 모양.

3. 나는 회의에서 찬성도 반대도 아닌 (   )한 입장으로 앉아 있었다.
   뜻 머뭇거리고 분명하지 않은 태도.

4. 각 팀의 (   )이/가 비슷해서 어느 팀이 우승할지 예측하기 어렵다.
   뜻 전투나 경기 따위를 할 수 있는 능력.

2 관용 표현 알기

다음 밑줄 친 사자성어의 뜻풀이를 완성하세요.

"의기양양(意氣揚揚)"

"윤호는 이번 교내 달리기 대회에서 우승해 학교 대표로 뽑혔다. 달리기 대회를 마치고 윤호는 의기양양 교실로 돌아왔다."

이처럼 이 말은 뜻한 바를 이루어 (   )한 마음이 얼굴에 나타난 모양을 말합니다.

한자	뜻	음
意	생각	의
氣	기운	기
揚	날리다	양
揚	날리다	양

3 한자어 익히기

다음 한자어를 소리 내어 읽고 빈칸에 따라 써 보세요.

協	力
도울 **협**	힘 **력**

협력(協力): 힘을 합하여 서로 도움.

- 혼자 하기 어려워 협력을 요청하였습니다.
- 양국 정상은 경제 교류 협력 방안을 논의했습니다.
- 이번 일이 잘 마무리되도록 협력을 아끼지 않겠습니다.

協	力						
도울 협	힘 력						

04회 '먹방'을 지혜롭게 시청하는 방법

☑ 핵심 개념인 '식생활'과 관련된 말들을 알아 둡시다.

➜ 올바른 식생활 / 식생활 습관 / 식생활 개선

식생활이란 음식이나 음식을 먹는 것과 관련된 습관이나 활동을 말해요.

☑ 글을 읽고 이것만은 꼭 찾아냅시다.

➜ 먹방을 지혜롭게 시청하려면 어떻게 해야 할까요?

☑ 문장 종결 표현의 효과를 이해하며 글을 읽어 봅시다.

➜ 같은 내용을 담은 문장이라도 어떤 표현을 써서 문장을 마무리하느냐에 따라 의미 전달의 효과가 달라집니다.

문장 종결 표현 살펴보기 ➜ 문장의 전달 효과 이해하기

문장 종결이란 문장이 끝났음을 표시하는 것으로 문장의 끝부분을 말해요.

준비 학습

1 핵심 개념 미리 보기

빈칸에 들어갈 알맞은 단어를 〈보기〉에서 찾아 쓰세요.

보기

과식　　소식　　포식　　폭식

① (　　　　): 지나치게 많이 먹음.
② (　　　　): 배부를 정도로 충분히 먹음.
③ (　　　　): 가리지 않고 아무것이나 마구 먹음.
④ (　　　　): 음식을 적게 먹음.

2 읽기 방법 미리 보기

다음 글의 밑줄 친 문장을 아래와 같이 바꾸었을 때, 문장의 느낌이 어떻게 달라지는지 쓰세요.

<u>나는 스마트폰이 사람 사이의 관계를 더 가깝게 만들어 준다고 생각한다.</u> 왜냐하면 스마트폰은 전화는 물론 온라인 메신저나 에스엔에스(SNS) 등과 같은 다양한 네트워크를 활용할 수 있게 해 주기 때문이다. 사람들은 스마트폰이 제공하는 다양한 네트워크를 통해 더 편리하게 연락을 주고 받을 수 있다.

⬇

스마트폰은 사람 사이의 관계를 더 가깝게 만든다.

정답 1. ① 과식 ② 포식 ③ 폭식 ④ 소식　2. 자기 생각이 아니라 마치 사실을 전달하는 것 같은 느낌을 준다.

ERI 지수 591 예술 | 실과

'먹는 방송'을 뜻하는 ㉠'먹방'은 어느새 우리나라는 물론 전 세계적으로 유행하는 방송 콘텐츠가 되었다. 먹는 장면을 보여 주는 방송은 오래전부터 있었다. 그러나 '먹는 것'에 집중한 방송이 유행하고 이를 가리키는 말이 등장한 것은 2000년대 말의 일이다.

현재 많은 사람이 먹방에 열광하는 이유는 무엇일까? 어떤 전문가들은 먹방이 사람들의 외로움과 허전함을 달래 주는 역할을 한다고 말한다. 최근 1인 가구가 증가하면서 혼자 밥을 먹는 경우가 예전보다 늘어났다. 혼자 밥을 먹으면 언제, 어디에서, 무엇을, 어떻게 먹을지 자유롭게 정할 수 있어 편리하다. 그러나 계속 혼자 먹다 보면 외로움이나 허전함을 느끼게 된다. 이럴 때 밥상머리에 먹방을 틀어 놓으면 영상에 등장하는 사람과 함께 밥을 먹는 기분을 느낄 수 있다는 것이다.

밥을 함께 먹으면 함께 먹는 사람과 가까워지는 느낌이 든다. 또 함께 밥을 먹은 기억을 통해 그날의 분위기나 함께한 사람들을 따뜻하게 추억하기도 한다. 이처럼 ㉡먹방은 방송이라는 형식과 음식을 통해 '혼자'이면서도 '함께'라는 느낌을 줄 수 있다. 많은 사람이 먹방에 열광하는 이유 중 하나는 이러한 느낌 때문이다. 그리고 사람들의 마음을 위로한다는 점에서 이는 먹방의 좋은 기능이라고 할 수 있다.

그러나 일부에서는 먹방이 사람들의 몸과 마음을 상하게 하고, 음식과 돈을 낭비하게 만든다고 지적한다. 이러한 주장을 하는 사람들은 먹방이 사람들의 마음을 위로하는 것은 일시적인 것일 뿐이라고 말한다. 또 먹방이 잦은 야식과 폭식으로 이어져 사람들이 제때, 골고루, 적당히 먹기 어렵게 만들고 음식물 쓰레기를 늘린다고 주장하기도 한다. 이에 중국에서는 최근 먹방을 금지하기에 이르렀다. 우리나라에서도 먹방을 규제해야 한다는 주장과 이를 반대하는 주장이 팽팽하게 맞서고 있다.

먹방이 사람의 몸과 마음에 어떤 영향을 미치는가에 대해서는 명확한 결론을 내리기 어렵다. 전문가들의 의견도 다르게 나타난다. 어떤 전문가는 먹방이 보는 사람의 식욕을 자극하여 과식을 하게 만든다고 주장한다. 반면 ㉢식욕 증가보다는 대리 만족*의 효과가 크다고 주장하는 전문가도 있다.

중요한 것은 먹방을 지혜롭게 시청하는 것이다. 먹방이 사람들의 몸과 마음에 미치는 영향의 좋은 점과 나쁜 점을 잘 알아야 한다. 그리고 먹방의 좋은 점은 살리고 나쁜 점은 줄이면서, 먹방을 즐겁고 맛있고 건강하게 먹기 위한 수단으로 활용해야 한다. 이를 위해서는 무엇을, 언제, 얼마나 먹을지를 잘 따져 충동적으로 먹지 않도록 하고, 자신의 식습관을 건강하게 유지하도록 노력해야 한다.

* **대리 만족**: 내가 아닌 다른 사람의 행동이나 성공을 통해 만족스러움을 느끼는 것.

내용 파악하기

1. 이 글의 내용과 일치하는 것은 무엇인가요? (   )

① 우리나라에서는 최근 먹방을 금지하였다.
② 먹방은 사람들의 외로움을 달래 주는 역할을 하기도 한다.
③ 전 세계적인 방송 콘텐츠였던 먹방은 2000년대 들어 유행이 시들해졌다.
④ '먹방'이라는 말을 사용하기 전까지는 방송에서 먹는 장면을 다루지 않았다.
⑤ 사람들 간의 소통이 활성화되면서 최근에는 혼자 밥을 먹는 사람들이 적어졌다.

전개 방식 이해하기

2. 글쓴이가 말하고자 하는 내용을 전달하기 위해 사용한 방법이 아닌 것은 무엇인가요? (   )

① 묻고 답하는 형식을 활용하였다.
② 전문가들의 의견을 소개하였다.
③ 단어가 등장하게 된 배경을 설명하였다.
④ 소재가 되는 현상의 현재 상황을 언급하였다.
⑤ 한 가지 관점을 골라 자신의 의견으로 제시하였다.

문장 부호의 기능 이해하기

3. 다음 중 ㉠의 작은따옴표(' ')와 같은 기능을 하는 것에 √표 하세요.

(1) 지혜롭게 거절하는 데에도 '용기'가 필요하다. (   )
(2) 그는 마음속으로 '용기를 내자.' 하고 다짐하였다. (   )
(3) "여러분, '하늘이 무너져도 솟아날 구멍이 있다.'고 합니다." (   )

문장 종결 표현의 효과 이해하기

4. ㉡의 밑줄 친 부분을 아래와 같이 바꾸었을 때 문장이 주는 효과가 어떻게 달라지는지 쓰세요.

㉡ 먹방은 방송이라는 형식과 음식을 통해 '혼자'이면서도 '함께'라는 느낌을 줄 수 있다.

⇩

먹방은 방송이라는 형식과 음식을 통해 '혼자'이면서도 '함께'라는 느낌을 준다.

맥락을 활용하여 추론하기

5. 다음은 ㉢에 담긴 뜻을 설명한 글입니다. 빈칸에 알맞은 말을 넣어 문장을 완성하세요.

㉢은 '먹방이 보는 사람의 식욕을 자극하여 과식을 하게 만든다.'라는 주장과 대립하는 주장이다. 대리 만족이란 다른 사람의 성공이나 행동으로부터 얻는 만족을 뜻한다. 그러므로 ㉢은 시청자가 먹방에 등장하는 사람이 먹는 모습을 보면서 (   )을/를 느낄 뿐 더 많이 먹게 되는 것은 아니라는 뜻이다.

글에 대한 반응 추론하기

6. 이 글을 읽고 난 학생들의 반응으로 알맞지 않은 것은 무엇인가요? (   )

① 더 즐겁고 맛있게 먹는 도구로 먹방을 활용해야지.
② 혼자 밥을 먹을 때 먹방을 보면서 쓸쓸함을 달랠 수도 있겠어.
③ 밤에 간식이 먹고 싶을 때는 먹방을 보는 것으로 먹는 것을 대신해야겠어.
④ 먹방의 단점을 생각하면서 과식이나 폭식으로 이어지지 않도록 주의할 거야.
⑤ 먹방에는 좋은 점이 없는 것 같으니 나는 앞으로 먹방을 아예 보지 않을 거야.

어휘 익히기

정답과 해설 45쪽

1 단어 뜻 알기

빈칸에 들어갈 알맞은 단어를 〈보기〉에서 찾아 쓰세요.

보기: 열광 추억 일시적 규제

1. 유럽의 많은 사람이 축구 경기에 (   )한다.
   뜻 너무 기쁘거나 흥분하여 날뜀.
2. 친구와 함께 즐겁게 지내던 시절을 (   )하였다.
   뜻 지나간 일을 돌이켜 생각하는 것. 또는 그런 생각.
3. 환경부에서는 초등학교 주변의 소음을 (   )하기로 했다.
   뜻 일정한 한도를 넘지 못하게 막음.
4. 할아버지는 (   ) 감정에 흔들리지 않는 큰 나무 같은 분이다.
   뜻 짧은 한때의.

2 관용 표현 알기

다음 빈칸에 들어갈 알맞은 말을 쓰세요.

감기에 걸리니 몸에 힘도 없고 입맛도 없었다. 그래서 밥을 먹으라는 엄마의 부름에도 꼼짝하지 못했다. 그랬더니 엄마는 "감기는 밥상머리에서 물러간단다. 한술이라도 떠 봐."라고 하셨다.

"감기는 ☐☐머리에서 물러간다"

밥을 먹어야 약도 잘 듣고 힘도 나겠지요? 이 속담은 밥만 잘 먹어도 웬만한 병은 저절로 물러감을 뜻하는 말입니다.

3 한자어 익히기

다음 한자어를 소리 내어 읽고 빈칸에 따라 써 보세요.

飮	食
마실 음	밥 식

음식(飮食): 사람이 먹거나 마실 수 있는 것.

- 음식이 입에 잘 맞습니다.
- 우리는 음식을 남기지 않고 다 먹었다.
- 그는 손님에게 음식을 정성껏 대접하였습니다.

飮	食						
마실 음	밥 식						

05회 읽기 방법 익히기

1 맥락을 활용하여 내용 예측하기

이어질 내용을 미리 짐작하는 것을 예측이라고 합니다. 예측하며 글을 읽으면 이어질 내용을 이해하는 데 도움이 됩니다. 예측은 미리 생각해 보는 것이기 때문에 맞을 때도 있지만 틀릴 수도 있습니다. 예측이 맞으면 맞는 대로, 틀리면 틀리는 대로 이어질 내용을 이해하는 데 도움이 됩니다. 그렇다고 독자 마음대로 근거 없이 아무렇게나 예측하며 읽는 것은 독해에 별로 도움이 되지 않습니다. 글의 제목, 삽화, 이어질 내용을 안내하는 표현이나 문장 등을 근거로 예측하는 것이 좋습니다.

★ **맥락을 활용하여 내용을 예측하려면,**

(1) 글의 제목이나 삽화를 통해 어떤 내용이 전개될지 예측합니다.

(2) 이어질 내용을 안내하는 표현이나 문장을 통해 어떤 내용이 전개될지 예측합니다. 주로 다음과 같이 글의 구조를 드러내는 표현이나 문장이 여기에 해당합니다.

- '첫째', '둘째', '셋째' 등의 표현이 사용된 글은 동등한 수준의 내용이 나열됩니다.
- '먼저', '다음', '마지막' 등의 표현이 사용된 글은 동등한 수준의 내용이 나열되거나 대상을 순서에 따라 설명하는 내용이 제시됩니다.

(3) 이외에도 글에 따라 내용 전개를 예측할 수 있게 하는 표현이나 문장은 매우 다양합니다. 따라서 글의 서두를 주의 깊게 읽으면서 어떤 내용이 어떻게 이어질지 생각하며 읽도록 합니다.

1 **다음의 신문 기사 제목을 보고 예측할 수 있는 내용을 바르게 말한 학생을 모두 찾아 √표 하세요.**

어린이들이 직접 마련한 교통사고 방지 대책 눈길

민수: 어린이들이 마련한 대책이 무엇인지 소개하는 내용이 나올 것 같아. ( )

강희: 우리나라에서 일어나는 교통사고의 주요 원인과 대책에 관한 설명이 나올 거야. ( )

현석: 어린이들이 교통사고 방지 대책을 만든 과정이 소개될 것 같아. ( )

지혜: 어린이들이 교통사고 방지 대책을 직접 마련한 것이 왜 관심을 받는지 설명하는 내용이 나오겠군. ( )

2 다음은 '사라지는 동물을 구해 주세요!'라는 글의 앞부분입니다. 물음에 답하세요.

사라지는 동물을 구해 주세요!

황새는 예로부터 우리나라에서 흔히 볼 수 있던 텃새였습니다. 그러나 무분별한 개발로 인한 서식지 파괴와 농약 사용으로 인한 먹이 감소, 황새 박제를 얻기 위한 사냥 등으로 1970년대 이후 우리나라에서 완전히 자취를 감추게 되었습니다. 이렇게 어떤 동물이 완전히 자취를 감추어 더 이상 볼 수 없게 되는 것을 '멸종'이라고 합니다. 지금까지 알려진 지구상의 동물 약 170만여 종 중 4분의 1가량이 앞으로 20~30년 안에 멸종될 수도 있다고 합니다. 지구 온난화와 환경 오염, 급격한 도시화 등으로 동물의 먹이와 서식지가 줄고 있기 때문입니다.

멸종은 사라지는 그 동물에게만 중요한 일이 아닙니다. 왜냐하면 멸종은 생태계 전체에 심각한 영향을 미치기 때문입니다. 인간도 지구에 사는 동물 중의 한 종이라는 점을 생각한다면 멸종 현상을 그저 강 건너 불구경하듯 볼 수만은 없습니다. 가장 먼저, 멸종이 인간에게 어떤 영향을 어떻게 미치는지 자세히 살펴볼 필요가 있습니다.

(1) 다음은 이 글을 읽고 친구들이 나눈 대화입니다. 빈칸에 알맞은 말을 써넣으세요.

은정: 이 글은 멸종 위기 동물을 구하기 위해 노력하자는 내용의 글이야.
수혁: 아니, 다 읽어 보지도 않고 어떻게 알아?
은정: 글의 앞부분 내용을 통해서도 짐작할 수 있지만, 특히 글의 (   )에 뚜렷이 드러나 있거든.

(2) 이 글의 뒷부분에 이어질 내용으로 알맞은 것은 무엇인가요? (   )

① 멸종의 뜻
② 황새가 멸종한 이유
③ 세계화로 인한 문제점
④ 멸종이 인간에게 미치는 영향
⑤ 인구 증가가 현대 사회에 미치는 영향

2 글의 구조를 활용하여 요약하기

요약할 때는 글의 구조를 고려해야 합니다. 글의 구조를 활용하여 요약하면 글의 중요한 내용을 더 잘 이해할 수 있고, 중요한 내용을 분명하게 정리할 수 있습니다.

★ **글의 구조를 활용하여 요약하려면,**

(1) 글을 처음부터 끝까지 읽으며 글의 구조를 파악합니다.

(2) 아래 예와 같이 글의 구조에 따른 틀을 그립니다. 글에 나타난 구조가 두 가지 이상일 때는 거기에 맞게 틀을 여러 개 그립니다.

〈비교 · 대조 구조〉

	대상 1	대상 2
공통점		
차이점		

〈나열 구조〉

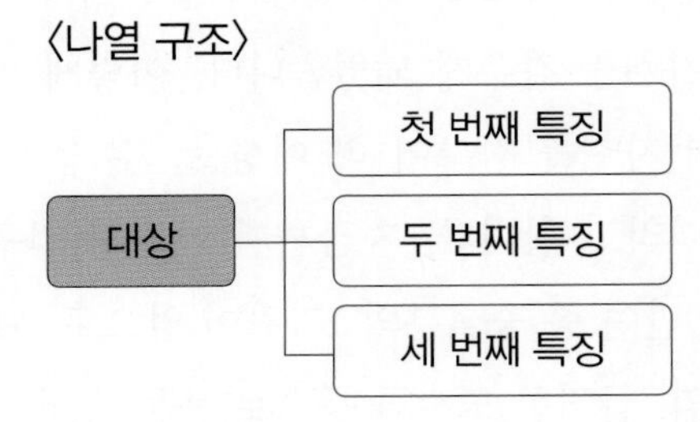

〈문제와 해결 구조〉

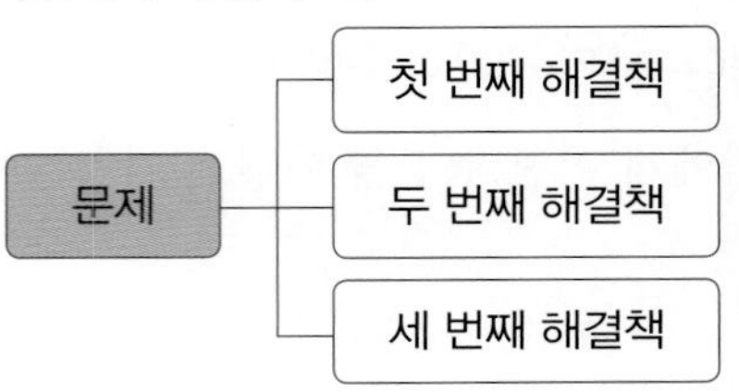

〈순서 구조〉

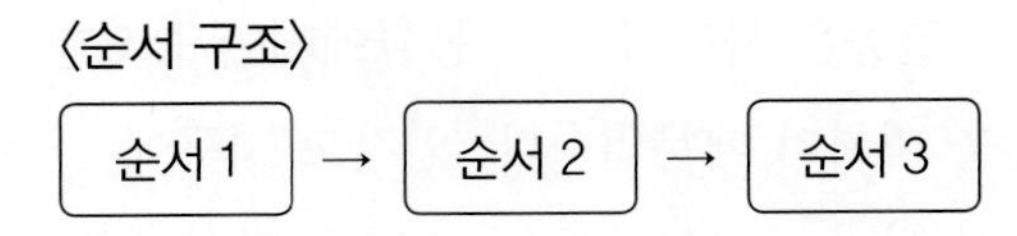

(3) 글을 다시 읽으면서 틀에 맞추어 각각의 내용을 채웁니다.

(4) 완성한 틀에 들어간 내용을 문장으로 만들고, 문장을 서로 잇습니다.

(5) 글 전체의 흐름을 고려하여 틀에 들어간 문장을 이은 부분 앞과 뒤에 적절한 단어를 채워 넣어 요약한 글을 완성합니다.

1 다음 글을 읽고, 물음에 답하세요.

녹차는 푸른빛이 나도록 그대로 말린 부드러운 찻잎이나 찻잎을 우린 물을 뜻한다. 흔히 "차 한 잔 마실래?"라고 말할 때 '차'는 커피, 녹차, 홍차 등을 두루 이르는 말이지만, 원래 '차'는 차나무의 잎을 뜻하는 것이었다.

우리나라 사람들은 예부터 녹차를 즐겨 마셨는데, 삼국시대에 이미 차를 마시는 문화가 있었다. 『삼국사기』에 따르면, 신라 선덕 여왕(? ~ 674) 때부터 차가 있었지만, 흥덕왕 3년(828)에 당나라에 다녀온 사신이 차나무 종자를 가져와 지리산에 심은 다음부터 본격적으로 차 문화가 발달하기 시작했다. 그리고 지금까지도 우리나라 사람들은 녹차를 즐겨 찾고 있다.

한 잔의 녹차를 마시기 위해서는 제법 많은 시간과 노력이 필요하다. 녹차를 만들기 위해서는 먼저 차나무에서 찻잎을 수확해야 한다. 찻잎은 봄부터 가을까지 수확할 수 있지만, 너무 이르면 잎이 작고 너무 늦으면 잎이 억세서 차로 우리기가 어렵다. 그래서 보통은 4월 중순부터 5월 하순에 수확한다. 찻잎을 따서 모은 다음에는 찻잎을 달구어진 솥에 넣고 재빨리 익힌다. 이를 '덖기'라고 한다. 이때 불은 일정한 온도를 유지하도록 하고 찻잎이 골고루 덖어지도록 한다. 잘 덖은 찻잎은 잠시 식힌 다음, 한데 모아 손으로 잘 비빈다. 비비기 작업은 찻잎 겉의 얇은 막을 없애 차가 잘 우러나도록 하기 위한 것이다. 비비기가 끝나면 찻잎을 잘 펴서 말린다. 말리기 작업은 온돌방에 한지를 깔고 그 위에 찻잎을 펴 두거나 바람이 잘 통하는 선반에 찻잎을 올려 두는 것으로 진행한다. 마지막으로 찻잎이 충분히 잘 마르면 부스러기를 골라내고 형태가 온전한 찻잎을 모아 녹차를 완성한다.

(1) 1문단과 2문단의 중심 내용을 각각 한 문장으로 쓰세요.

1문단	
2문단	

(2) 3문단의 구조로 알맞은 것에 동그라미를 치세요.

비교와 대조 구조 나열 구조 문제와 해결 구조 순서 구조

(3) 3문단의 내용을 바탕으로 틀 안에 주요 내용을 써넣으세요.

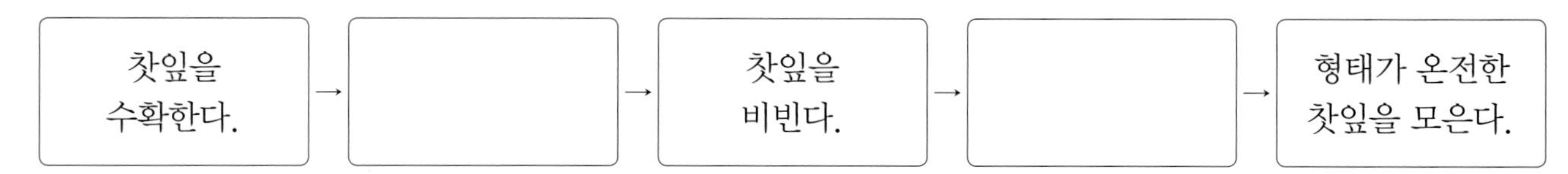

(4) (1)~(3)에서 정리한 내용을 자연스럽게 연결하여 이 글을 요약하세요.

사진 출처

쪽	사진	출처
32쪽	선덕 여왕 표준 영정	©대한불교 조계종 부인사
47쪽	보스니아 내전 중 폭격을 입은 스타리 모스트	©Johnny Saunderson / Alamy Stock Photo
47쪽	스타리 모스트 입구에 세워진 표지석(Don't forget '93)	©DE ROCKER / Alamy Stock Photo
88쪽	산성비로 코가 찌그러진 사자 동상	©Ryan McGinnis / Alamy Stock Photo
116쪽	클래식 공연	©Ian Shaw / Alamy Stock Photo
122쪽	김정희, 「세한도」	©세한도, 김정희, 공유마당, CC By
124쪽	김홍도, 「주상관매도」	©운심석면
128쪽	발야구	©ZUMA Press Inc / Alamy Stock Photo

• 좋은 사진을 제공해 주신 분들께 감사드립니다.

"ERI 독해가 문해력이다
독해 학습으로 문해력 키우기"

ERI 독해가

문해력 이다

5단계 심화

초등 5 ~ 6학년 권장

정답과 해설

한눈에 보는 정답

상세한 지문·문항 해설

한눈에 보는 정답

1주차

01회 (21쪽)
1 ⑤ 2 ⑤ 3 ⑤ 4 ⑤ 5 ②, ⑤ 6 ⑤
어휘 익히기 1 1 도구 2 노출 3 이익 4 허락 2 친구

02회 (27쪽)
1 ⑤ 2 (1) ○, (2) ○, (3) ×, (4) ○ 3 ⑤ 4 ②, ③ 5 ④ 6 ⑤
어휘 익히기 1 1 유적 2 침략 3 인내 4 천리마 2 쥐구멍

03회 (33쪽)
1 ② 2 ② 3 ③ 4 ① 5 ④ 6 ③
어휘 익히기 1 1 지위 2 권위 3 혈통 4 직계 2 귀, 코

04회 (39쪽)
1 ⑤ 2 (2) 3 ④ 4 ① 5 ① 6 ⑤
어휘 익히기 1 1 처지 2 신경 3 관심 4 신비 2 게

05회 (42쪽)
1 1 민수, 예현 2 (3) 3 ⑤
2 1 강희, 지혜 2 ③ 3 ①

STEAM 독해 (47쪽)
1 ② 2 • 국가 이름: 보스니아-헤르체고비나(해당 국가 색칠은 해설 참조) • 도시 이름: 모스타르 3 1441~1443년 4 예 안녕하세요. 이번에 보스니아 내전의 이야기를 알게 된 학생입니다. 많은 사람이 죽은 전쟁이 지금으로부터 그리 오래전 일이 아니어서 정말 놀랐어요. 저는 전쟁을 경험해 보지 못해서 그 슬픔을 다 이해하기 힘들지만 힘내시라고 말해 드리고 싶어요. 앞으로 보스니아-헤르체고비나에 평화와 행복이 가득했으면 좋겠습니다. 5 ① 경상도, ② 강원도, ③ 전라도, ④ 충청도 6 ③

2주차

01회 (55쪽)
1 ① 2 (1) ★, (2) △ 3 ④ 4 (2) 5 ③ 6 • 나의 주장: 찬성 • 주장하는 이유: 예 껌을 씹고 나서 길에 함부로 버리는 사람이 많아 길이 너무 더럽습니다. 이 법을 만들면 그런 사람이 줄어들어 길이 깨끗해질 것입니다. / • 나의 주장: 반대 • 주장하는 이유: 예 껌을 씹는 것까지 법으로 통제하는 것은 개인의 자유를 지나치게 억압하는 것입니다. 껌을 씹고 길에 버리는 것은 도덕의 문제이지, 법으로 처벌할 문제가 아닙니다.
어휘 익히기 1 1 감시 2 도덕 3 벌금 4 질서 2 법

02회 (61쪽)
1 ③ 2 ③ 3 ⑤ 4 국가 5 '어른들이 이야기할 때 끼어들면 안 돼.'는 어린이가 어른과의 대화에 참여할 수 있는 권리와 기회를 막는 말이야. 또 '애들이 뭘 알아?'는 어린이가 경험이나 지식이 부족한 존재라는 생각을 가지고 어린이를 무시하는 말이고. 두 말 모두 어린이의 생각이나 의견을 존중하지 않는다는 점에서 어린이의 인권을 침해한다고 볼 수 있어.
어휘 익히기 1 1 지름길 2 존중 3 외모 4 평등 2 역지사지

03회 (67쪽)
1 ⑤ 2 (1) – ㉰, (2) – ㉮, (3) – ㉯ 3 ⑤ 4 ④ 5 침해한다(해친다) 6 해설 참조
어휘 익히기 1 1 출입 2 차별 3 양보 4 개선 2 사람

04회 (73쪽)
1 ② 2 통과료 3 대부분의 나라들은 영공에 대한 권리로 자기 나라의 영공을 지나가는 비행기에 대해 일종의 통행료인 '영공 통과료'를 받습니다. 4 (1), (2) 5 (1) 6 권리
어휘 익히기 1 1 범위 2 왕복 3 간섭 4 비용 2 하늘

05회 (76쪽)
1 1 (1) 2 (1) 3 (2), (3)
2 1 34.8 2 줄어든(감소한) 3 (3)

3주차		
	01회 (85쪽)	**1** ④ **2** (1), (2), (3) **3** ③ **4** ① **5** ④ **6** 공기, 무게, 기압 어휘 익히기 **1** **1** 발견 **2** 저울 **3** 먹먹하다 **4** 압축 **2** 가지
	02회 (91쪽)	**1** ③ **2** ① **3** ③ **4** (1) – ⓑ, (2) – ⓐ **5** 산이 다른 물질의 성질을 바꾸는 특성이 있기 때문이다. **6** 산성비, 연기, 자연 어휘 익히기 **1** **1** 유적 **2** 초가집 **3** 액체 **4** 금속 **2** 비
	03회 (97쪽)	**1** ③ **2** ② **3** ① **4** ③ **5** ④ **6** ② 어휘 익히기 **1** **1** 범인 **2** 천연가스 **3** 배출 **4** 기후 **2** 매듭
	04회 (103쪽)	**1** ④ **2** ⑤ **3** ⑤ **4** ③ **5** (1), (3) **6** 속도, 위치, 가속도 어휘 익히기 **1** **1** 우승자 **2** 동작 **3** 과학적 **4** 기록 **2** 채찍질
	05회 (106쪽)	**1** **1** 문제 / 해결 / ②~⑤ / ⑥ **2** ① **3** ① **2** **1** 민수, 강희, 지혜 **2** 경험 **3** ④
STEAM 독해 (111쪽)		**1** 모슬렘 **2** ④ **3** 생략 **4** 생략

4주차		
	01회 (119쪽)	**1** ⑤ **2** 바이올리니스트 **3** (1) ○, (2) ○, (3) ○, (4) × **4** (1) ○, (2) ×, (3) ○ **5** ⑤ **6** ③ 어휘 익히기 **1** **1** 능숙하게 **2** 열렬하게 **3** 독주 **4** 여분 **2** 눈앞
	02회 (125쪽)	**1** ④ **2** ①, ② **3** 땅, 배에 탄 사람들, 매화나무 사이에 아무것도 그려져 있지 않기 때문에(매화나무와 배에 앉은 사람의 배경이 여백으로 처리되어 있기 때문에) **4** 화가의 의도와 감상자의 상상력 **5** ⑤ **6** ① 여백은 화면에 여유를 주어 편안한 느낌을 준다. ② 여백은 감상자가 자신의 상상으로 그림을 채워 넣을 수 있게 한다. 어휘 익히기 **1** **1** 웅크리고 **2** 쪽빛 **3** 매력적 **4** 세세하게 **2** 편하게
	03회 (131쪽)	**1** ③ **2** ⑤ **3** (3) **4** 가장 전략적으로 공격한 사람: 채은 / 그렇게 생각한 까닭: 유격수 자리에 아무도 없는 것을 알고 그리로 공을 보냈기 때문에 **5** ④ **6** 협력 어휘 익히기 **1** **1** 주문 **2** 대형 **3** 어정쩡 **4** 전력 **2** 만족
	04회 (137쪽)	**1** ② **2** ⑤ **3** (1) **4** 글쓴이가 자신의 생각이 확실하다고 생각함을 보여 준다. **5** 만족감 **6** ⑤ 어휘 익히기 **1** **1** 열광 **2** 추억 **3** 규제 **4** 일시적 **2** 밥상
	05회 (140쪽)	**1** **1** 민수, 현석, 지혜 **2** (1) 제목 (2) ④ **2** **1** (1) 1문단: 녹차는 찻잎이나 찻잎을 우린 물을 뜻한다. / 2문단: 우리나라 사람들은 삼국 시대부터 녹차를 즐겨 마셨다. (2) 순서 구조 (3) 달궈진 솥에 찻잎을 덖는다. / 찻잎을 말린다. (4) 녹차는 찻잎이나 찻잎을 우린 물을 뜻한다. 우리나라 사람들은 삼국 시대부터 녹차를 즐겨 마셨다. 녹차를 만들기 위해서는 가장 먼저 찻잎을 수확해야 한다. 그러고 나서 찻잎을 달궈진 솥에 덖고, 비빈다. 비비기 작업이 끝나면 찻잎을 말린 다음, 형태가 온전한 찻잎을 모아 완성한다.

ERI 지수 551 인문 | 국어

하루라도 인터넷, 휴대 전화, 텔레비전이 없는 세상을 상상할 수 있을까? 고개를 절레절레 흔드는 사람들이 많을 것이다. 이제는 하루도 이들이 없는 세상을 살기 힘들다. 이들의 공통점은 무엇일까? 모두 매체라는 것이다. 매체는 생각이나 사실을 전달하는 수단이다. 또 사람과 사람의 연결을 도와주는 도구이기도 하다. 그런 점에서 이들은 현대인의 생활에 없어서는 안 될 존재가 되고 있다.

(도구: 어떤 목적을 이루기 위한 수단이나 방법.)

➡ 꼭 필요한 존재가 된 매체

㉮ 요즘 가장 인기 있는 매체는 단연 사회적 소통망 또는 누리 소통망이라고 부르는 에스엔에스(SNS: social network service)이다. 이는 온라인상에 글이나 사진, 음악, 동영상 같은 것을 올려서 다른 사람들과 자유롭게 나눌 수 있도록 도와주는 서비스이다. 에스엔에스에는 메시지 전달과 채팅* 기능이 있어 편하게 대화를 나눌 수 있는 장점이 있다. 얼굴을 마주 보지 않아도 되기에 쉽게 자기 이야기를 할 수도 있다. 그래서인지 에스엔에스에서 우리는 엄청나게 많은 친구를 사귀기도 한다. 그런데 '과연 그 친구들이 나의 외로움을 덜어 줄 수 있을까?' 하는 질문에는 '그렇다.'라고 확신 있게 답하기 힘들다. 한 연구 결과에 따르면, 아무리 많은 사람과 관계를 맺어도 결국 나에게 영향을 주는 사람은 150명 정도라고 한다. 즉 에스엔에스 친구의 숫자가 곧 나에게 ㉠의미 있는 인간관계의 풍성함을 만들어 주는 것은 아니다.

➡ 에스엔에스의 장단점

에스엔에스에서는 ㉡다양한 부작용이 발생하기도 한다. 먼저, 개인 정보가 상업적 목적으로 활용될 수 있다. 에스엔에스에 가입할 때에 우리는 개인 정보를 넣어야 한다. 이 정보는 나의 허락 없이 특정 회사의 이익을 위해 사용되기도 한다. 심지어 에스엔에스에 올린 개인 정보가 범죄에 이용되기도 한다. 또 한쪽으로 치우친 정보만 제공받게 되기도 한다. 한 번 이용한 콘텐츠와 비슷한 내용이 계속 추천되기 때문이다. 그렇게 되면 나의 정보 선택권이 좁아진다.

(허락: 요구하거나 부탁하는 것을 들어줌. / 이익: 물질적으로나 정신적으로 보탬이 되는 것.)

➡ 에스엔에스의 부작용

분명히 다양한 매체는 우리의 생활에 편리함과 즐거움을 준다. 하지만 우리는 지나친 신상* 노출과 각종 범죄로부터 자신의 정보를 보호해야 한다. 슬기롭고 안전하게 매체를 활용하는 자세가 필요한 시대이다.

(노출: 겉으로 드러나거나 드러냄.)

➡ 슬기로운 매체 활용의 필요성

* **채팅**: 컴퓨터 통신망이나 게시판을 통해서 여러 사람이 글자로 이야기를 주고받는 일.
* **신상**: 이름, 사는 곳, 생년월일처럼 어떤 사람이 누구인지 알려 주는 것. 또는 사람의 형편이나 처지.

중심 화제 파악하기

1. 이 글의 중심 화제는 무엇인가요? (⑤)

① 매체의 특성
② 대중 매체의 종류
③ 매체의 발달 과정
④ 에스엔에스의 종류
⑤ 에스엔에스의 장점과 부작용

해설 이 글은 주로 사회적 소통망인 에스엔에스의 장점과 부작용을 바탕으로 슬기로운 매체 활용의 필요성을 말하고 있습니다.

내용 이해하기

2. 이 글을 바탕으로 '슬기로운 매체 활용'에 대해 바르게 말한 것은 무엇인가요? (⑤)

① 친구들과 소통하려면 에스엔에스에 반드시 가입해야 해.
② 에스엔에스 친구를 되도록 많이 만들어 인간관계를 넓혀야 해.
③ 디지털 매체를 잘 활용하려면 에스엔에스에 많이 가입해야 해.
④ 정보가 유출될 수 있으니 에스엔에스는 가급적 이용하지 말아야 해.
⑤ 나의 정보가 어떻게 활용될지 모르니 에스엔에스는 신중하게 이용해야 해.

해설 에스엔에스 사용은 개인의 선택으로 이루어집니다. 그것은 폭넓은 인간관계를 맺을 수 있게 하는 장점이 있습니다. 그러나 글쓴이는 무한정으로 많은 친구 맺기는 의미 있는 관계에 효과적이지 않다고 말하였습니다. 또한, 개인 정보가 상업용으로 쓰일 수도 있으니 조심해야 한다는 당부도 함께 하고 있습니다.

내용 추론하기

3. ㉮의 내용으로 볼 때, 에스엔에스의 장점으로 볼 수 없는 것은 무엇인가요? (⑤)

① 다양한 사람과 소통할 수 있다.
② 먼 거리에 있는 친구와 대화할 수 있다.
③ 내가 좋아하는 정보를 찾아서 볼 수 있다.
④ 사진, 음악, 동영상 등을 주고받을 수 있다.
⑤ 모르는 상대의 취향과 관심사를 자세히 알 수 있다.

해설 ㉮에서는 에스엔에스를 통해 친구를 만나고 대화를 하며, 정보를 주고받을 수 있다는 점을 강조하고 있습니다. 이는 서로 주고받는 쌍방의 관계를 강조하는 것입니다. 모르는 상대의 정보를 아는 행위는 일방적인 행위입니다.

어휘의 문맥 추론하기

4. **㉠을 가장 바르게 풀이한 것은 무엇인가요? (⑤)**

① 다양한 정보를 주고받을 수 있는 관계

② 비밀스러운 정보를 나눌 수 있는 관계

③ 서로 얼굴을 마주 보고 대할 수 있는 관계

④ 공동체 전체의 발전에 도움을 줄 수 있는 관계

⑤ 진정한 마음으로 서로에게 영향을 줄 수 있는 관계

해설 ㉠의 '의미 있는 인간관계'는 바로 앞 문장에 나온 내용과 연결됩니다. 아무리 많은 사람과 관계를 맺어도 결국 나에게 영향을 주는 사람은 한정되어 있다는 것입니다. 즉 '의미 있는 인간관계'란 진정한 마음으로 서로에게 영향을 줄 수 있는 관계임을 알 수 있습니다.

문제 해결 방안 찾기

5. **㉡에 대한 해결책으로 알맞은 것을 모두 고르세요. (② , ⑤)**

① 개인 정보를 실제와 다른 내용으로 입력한다.

② 가입 시 너무 자세한 신상 정보를 넣지 않는다.

③ 이용자가 많은 매체에는 절대 가입하지 않는다.

④ 특정 에스엔에스에서 제공하는 콘텐츠만 열심히 활용한다.

⑤ 개인 정보가 들어 있는 글과 사진은 되도록 올리지 않는다.

해설 ㉡의 '다양한 부작용'은 주로 가입할 때 적는 신상 정보가 상업적 목적이나 범죄에 활용되기 때문에 일어납니다. 따라서 해결책도 이러한 문제와 연결해서 생각해야 합니다. 즉 너무 개인적이고 상세한 신상 정보나 그러한 정보가 들어간 글과 사진은 가입할 때나 활동 중에 되도록 올리지 않는 것이 좋습니다.

글쓴이의 관점 파악하기

6. **글쓴이와 비슷한 관점을 지닌 사람은 누구인가요? (⑤)**

① **철수:** 매체는 기업들의 이익을 위해 사용되는 거야.

② **영희:** 매체는 사람들이 스스로 생각할 수 있는 능력을 빼앗아.

③ **희수:** 매체는 사람과 사람을 연결해서 행복할 수 있도록 도와줘.

④ **현재:** 매체는 모든 사람에게 정보를 주어 평등한 세상을 만들어.

⑤ **현준:** 매체는 잘 이용하면 이롭지만 잘못 이용하면 큰 피해를 줘.

해설 이 글의 글쓴이는 매체는 좋은 기능과 부작용이 있기 때문에 슬기롭게 사용해야 한다고 주장합니다. 즉 어떻게 사용하느냐에 따라 좋을 수도 있고 나쁠 수도 있으므로 안전하게 활용하는 자세가 필요하다고 하였습니다.

어휘 익히기

1 단어 뜻 알기

빈칸에 들어갈 알맞은 단어를 〈보기〉에서 찾아 쓰세요.

보기: 도구 허락 이익 노출

1. 과학 기술은 경우에 따라 위험한 (도구)일 수 있다.
   뜻 어떤 목적을 이루기 위한 수단이나 방법.

2. 햇볕에 오랫동안 (노출)되는 것은 피부 건강에 좋지 않다.
   뜻 겉으로 드러나거나 드러냄.

3. 그녀는 다른 사람의 행복을 위해 자신의 (이익)을/를 포기하였다.
   뜻 물질적으로나 정신적으로 보탬이 되는 것.

4. 여름 방학에 어린이 캠프에 참가하려고 부모님께 (허락)을/를 받았다.
   뜻 요구하거나 부탁하는 것을 들어줌.

2 관용 표현 알기

다음 빈칸에 들어갈 알맞은 말을 쓰세요.

"좋은 친구가 없는 사람은 뿌리 깊지 못한 나무와 같다"

인간은 누구나 자신의 속마음을 털어놓을 수 있는 좋은 친구를 원합니다. 이 속담은 사람에게 좋은 친구가 없으면 위급한 때에 도움을 받지 못하고 잘못될 수 있으므로 좋은 친구를 많이 사귀는 것이 중요하다는 말입니다.

3 한자어 익히기

다음 한자어를 소리 내어 읽고 빈칸에 따라 써 보세요.

手	段
손 수	구분 단

수단(手段): 어떤 목적을 이루기 위한 방법.
- 그 일을 해결할 뾰족한 수단이 없다.
- 낙타는 사막의 중요한 교통 수단이다.
- 그는 성공하기 위해 수단과 방법을 가리지 않았다.

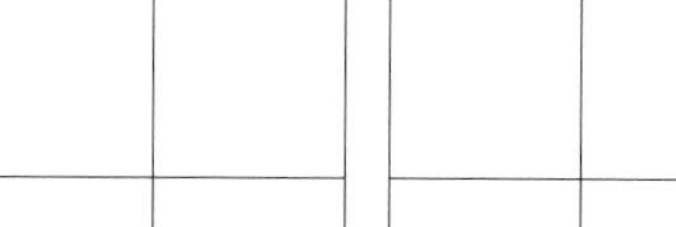

手	段
손 수	구분 단

ERI 지수 610 인문 | 역사

▲ 남한산성

남한산성에 가 본 적 있니? 그곳은 우리의 자랑스러운 문화 유적이야. 유네스코 세계 문화유산으로도 알려져 있고, 하지만 ㉠부끄러운 일이 일어난 곳이기도 해. 그 일은 조선 인조 때 '병자호란'이라는 전쟁 중에 일어났어.

(유적: 옛날 사람들이 남긴 자취.)

➡ 인조 때 일어난 병자호란

그 당시 중국에서는 청나라가 점차 힘을 키워 가고 있었어. 청나라의 태종은 임금과 신하의 관계를 요구하며 조선을 침략했지. 이 전쟁이 병자호란이야. 청나라의 갑작스러운 침략에 인조와 신하들은 제대로 싸우지도 못하고 남한산성으로 피했어. 그러다가 그곳에서 결국 무릎을 꿇었지. 청나라 태종에게 세 번 절하고 아홉 번 머리를 조아리는 의식을 치렀어. 청나라의 군사들은 소현 세자를 비롯한 많은 사람을 청나라로 끌고 갔어. 당연히 백성들의 살림살이는 더욱 어려워졌지. 조선 사람들은 마음에 큰 상처를 입었어. 자신들의 임금이 청나라에 무릎을 꿇고, 가족이나 친척이 청나라에 끌려갔다는 사실은 씻을 수 없는 부끄러움이었지. 그때 누군가 이야기를 지어냈어. 그런데 ㉡'이야기 속의 병자호란'은 '현실 세계의 병자호란'과 달랐단다.

(침략: 정당한 이유 없이 남의 나라에 쳐들어감.)

➡ 병자호란 때 청나라에 패배한 조선

언제 지어졌는지, 누가 지었는지 알 수 없는 그 이야기의 제목은 「박씨전」이야. 주인공 **박 씨는 처음엔 차마 쳐다볼 수 없을 정도로 얼굴이 못생긴 여자였어.** 하지만 하룻밤 사이에 옷을 짓고, 천리마를 알아보는 등 신기한 능력을 지니고 있었지. 박 씨는 재주를 부려 남편을 장원 급제하게 해 주고 집도 부유하게 만들어 주었어. 하지만 남편은 박 씨가 못생겼다고 거들떠보지도 않았단다. 집안사람 중 대부분이 박 씨를 무시했어. 그렇지만 박 씨는 그들을 원망하지 않았어. 오히려 하늘의 뜻을 기다리며 인내하였지. 마침내 때가 되자 그녀는 허물을 벗고 아름다운 여인이 되었어. **남편은 지난날을 후회하며 박 씨에게 눈물로 용서를 빌었지.** 이후 남편은 출세하여 병조 판서가 되었어. 얼마 후 박 씨는 청나라의 침입을 예언하였단다. 하지만 조정에서는 무시하였지. 그러다 **청나라가 쳐들어와 조선이 크게 패하자, 박 씨는 나라를 구하러 나섰어.** 박 씨는 신비한 힘으로 청나라 군사들을 물리치고 그들의 잘못을 꾸짖은 뒤, 청나라에 끌려가던 왕비를 구했어.

(천리마: 하루에 천 리를 달릴 수 있을 정도로 좋은 말.)
(인내: 괴로움이나 어려움을 참고 견딤.)

➡ 청나라와의 전쟁에서 승리한 내용의 「박씨전」

이렇게 이야기 속 전쟁에서는 조선이 승리를 거두게 돼. 당시 조선 사람들은 힘든 전쟁을 겪고 몸과 마음이 매우 지쳐 있었을 거야. 임금과 관리들에게 실망스러운 마음이 들고 청나라에 대한 미움도 컸겠지. **「박씨전」은 이러한 백성들의 상처 입은 마음을 어루만져 주었어.** 그래서 많은 사람이 이 이야기를 읽거나 듣고 전했던 거야. 그들은 이야기를 통해 잠시나마 현실의 고통과 슬픔을 이겨 나가면서 고단한 삶을 이어 갈 힘을 얻었던 거지.

➡ 「박씨전」의 결말이 현실과 달랐던 까닭

내용 파악하기

1. 이 글의 내용과 일치하는 것은 무엇인가요? (⑤)

① 「박씨전」의 '박 씨'는 어린 시절부터 아름다웠다.
② 병자호란 중에 조선 신하들은 끝까지 용맹스럽게 싸웠다.
③ 인조의 아들인 소현 세자는 병자호란 때 일본에 잡혀갔다.
④ 「박씨전」은 전쟁에서 가족을 잃은 사람들에게만 인기가 있었다.
⑤ 청나라의 태종은 조선에 임금과 신하의 관계를 요구하며 조선을 침략하였다.

해설 2문단에 따르면 힘을 키운 청나라는 임금과 신하의 관계를 요구하며 조선을 침략하였습니다.

인물의 성격 추론하기

2. '박 씨'의 성격을 파악한 내용으로 알맞으면 ○표, 알맞지 않으면 ×표 하세요.

(1) 청나라에 잡혀가던 왕비를 구한 걸 보니 용감한 분이구나. (○)
(2) 청나라의 침입을 미리 알아차린 걸 보니 지혜로운 분이구나. (○)
(3) 자신의 재주로 남편을 출세시킨 걸 보니 허영심이 많은 분이구나. (×)
(4) 가족들이 무시해도 끝까지 참았다고 하니 인내심이 많은 분이구나. (○)

해설 인물의 행동을 보면 성격을 짐작할 수 있습니다. 이 글을 통해 박 씨가 참을성이 많고, 지혜로우며, 용감한 인물임을 알 수 있습니다. 하지만 남편을 출세시킨 것은 아내로서의 역할을 충실히 한 것이라 이해할 수 있습니다.

정보의 중요도 판단하기

3. 다음 선생님의 말을 참고할 때, 이 글에 나오는 문장 중 가장 중요한 문장은 무엇인가요? (⑤)

선생님: 글쓴이가 이 글에서 하고 싶은 말이 무엇인지 생각하며 읽어 보세요.

① 그 당시 중국에서는 청나라가 점차 힘을 키워 가고 있었어.
② 박 씨는 처음엔 차마 쳐다볼 수 없을 정도로 얼굴이 못생긴 여자였어.
③ 남편은 지난날을 후회하며 박 씨에게 눈물로 용서를 빌었지.
④ 청나라가 쳐들어와 조선이 크게 패하자, 박 씨는 나라를 구하러 나섰어.
⑤ 「박씨전」은 이러한 백성들의 상처 입은 마음을 어루만져 주었어.

해설 글에서 가장 중심이 되는 문장은 글의 중심 생각과 관련이 있습니다. 이 글은 「박씨전」이 현실 세계와는 반대로 전쟁에서 이기도록 함으로써 백성들의 마음을 위로했다는 점을 다루고 있습니다.

세부 내용 파악하기

4. 이 글에서 ㉠에 해당되는 내용을 모두 고르세요. (②, ③)

① 못생긴 박 씨의 이야기를 만든 일
② 임금이 궁궐을 떠나 남한산성으로 피한 일
③ 청나라와 제대로 싸우지도 못하고 항복한 일
④ 유네스코에서 남한산성을 세계 문화유산으로 지정한 일
⑤ 백성들의 살림살이가 어려워져서 청나라에 도움을 청한 일

해설 병자호란 당시 남한산성에서 일어난 부끄러운 일을 찾으면 됩니다. 임금은 궁궐을 떠나 남한산성으로 피신했고, 또 청나라로부터 신하가 되기를 요구받고는 항복했습니다.

작품 속 세계와 현실 세계 비교하기

5. ㉡의 '이야기 속의 병자호란'과 '현실 세계의 병자호란'을 비교한 내용으로 알맞은 것은 무엇인가요? (④)

	이야기 속의 병자호란	현실 세계의 병자호란
①	백성들이 청나라를 원망함.	백성들이 박 씨를 원망함.
②	임금이 가난한 삶으로 고통받음.	백성들이 가난한 삶으로 고통받음.
③	박 씨의 남편이 청나라에 항복함.	임금이 청나라에 항복함.
④	주인공의 힘으로 전쟁에서 승리함.	적군의 힘에 의해 전쟁에서 패배함.
⑤	박 씨가 신기한 재주로 문제를 해결함.	임금과 신하들이 새로운 무기로 문제를 해결함.

해설 「박씨전」의 세계는 현실 세계와 반대되는 상황을 그리고 있습니다. 현실 세계에서는 청나라에 졌지만, 이야기 속에서는 박 씨의 신기한 재주와 활약으로 청나라에 승리하였습니다.

맥락 추론하기

6. 이 글을 통해 알 수 있는 문학의 역할은 무엇인가요? (⑤)

① 모든 사람이 한마음이 될 수 있다.
② 현실의 고통에서 완전히 벗어날 수 있다.
③ 과거에 있었던 일을 정확하게 기억할 수 있다.
④ 상상력을 통해 새로운 지식을 획득할 수 있다.
⑤ 힘든 현실을 극복할 수 있는 희망을 얻을 수 있다.

해설 마지막 문단을 통해 알 수 있습니다. 「박씨전」이 역사적 사실을 배경으로 한 작품인데도 작품 속 세계를 현실에서 실제 일어난 일과 다르게 그린 이유는, 당시 사람들이 이야기를 통해 잠시나마 현실의 고통과 슬픔을 이겨 나가면서 고단한 삶을 이어 갈 힘을 얻기를 바랐기 때문입니다.

어휘 익히기

1 단어 뜻 알기

빈칸에 들어갈 알맞은 단어를 〈보기〉에서 찾아 쓰세요.

• 보기 •
유적 침략 천리마 인내

1. 연구팀은 고대 도시의 (유적)을/를 발굴하였다.
   뜻 옛날 사람들이 남긴 자취.
2. 적의 (침략)에 대비하여 국방을 튼튼히 해야 한다.
   뜻 정당한 이유 없이 남의 나라에 쳐들어감.
3. 아무리 힘들어도 조금만 (인내)하면 좋은 일이 생길 거야.
   뜻 괴로움이나 어려움을 참고 견딤.
4. 비록 (천리마)(이)라도 알아주는 사람이 없으면 헛되이 마구간에서 늙어 죽는다.
   뜻 하루에 천 리를 달릴 수 있을 정도로 좋은 말.

2 관용 표현 알기

다음 빈칸에 들어갈 알맞은 말을 쓰세요.

"쥐 구 멍 에도 볕 들 날 있다"

「박씨전」에서 박 씨는 가족들의 푸대접에도 원망하지 않고 하늘의 뜻을 기다리며 인내하였습니다. 그러다 마침내 허물을 벗고 아름다운 여인으로 변신하였습니다. 이 속담은 지금 당장은 힘들어도 언젠가 좋은 날이 온다는 뜻으로, 이러한 박 씨의 상황을 표현하기에 알맞습니다.

3 한자어 익히기

다음 한자어를 소리 내어 읽고 빈칸에 따라 써 보세요.

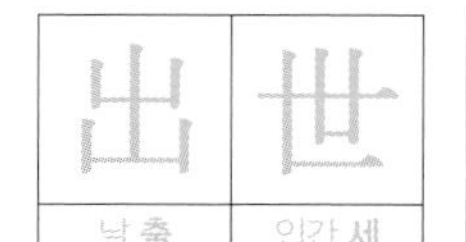

출세(出世): 사회에 나와 유명해지거나 높은 지위에 오름.
• 사람은 출세만 바라고 살아서는 안 된다.
• 그 사람은 출세를 위해 모든 수단을 동원했다.
• 아버지가 출세하는 데에는 어머니의 도움이 컸다.

出	世
날 출	인간 세

ERI 지수 617 인문 | 역사

▲ 선덕 여왕 표준 영정

인류의 기나긴 역사에서 여왕이 나라를 다스린 경우는 극히 드물다. 우리나라만 해도 삼국 시대 신라에만 유일하게 여왕이 있었다. 바로 선덕 여왕, 진덕 여왕, 진성 여왕이다. ➡ 신라 시대 여왕들

그렇다면, 왜 유독 신라에만 여왕이 있었을까? 여성은 어떻게 왕이 될 수 있었을까? 그 해답은 골품제에서 찾을 수 있다. 신라에는 혈통(같은 핏줄을 지닌 계통.)에 따라 신분을 정하는 골품제가 있었다. 골품제에서는 왕위를 물려줄 때 성골*이냐 아니냐가 가장 중요하였다. 선덕 여왕이 왕이 될 수 있었던 이유도 이 때문이다. 그녀의 아버지였던 진평왕은 아들은 없고 딸만 셋이 있었다. 선덕 여왕은 장녀였기에 왕위를 물려받은 것이다. 진덕 여왕도 마찬가지이다. 선덕 여왕이 자녀가 없이 사망하였기 때문에 남아 있던 유일한 성골인 진덕 여왕이 그 뒤를 이은 것이다. ➡ 신라 시대에 여왕이 탄생한 이유 ① – 혈통을 중시함.

반면, 조선 시대에는 남성에게만 왕위를 물려주었다. 비록 같은 혈통의 여성이 있다고 하더라도 여성보다는 차라리 먼 친척의 남성을 선택하였던 것이다. 과거 유럽에서도 남성만 왕위를 이을 수 있다는 살리카법이 있었다. 그러나 영국의 경우는 신라와 유사하게 성별보다는 혈통을 더 중요하게 생각하였다. 영국의 메리 1세와 엘리자베스 1세 여왕은 직계 혈통(혈연이 친자 관계에 의해 직접적으로 이어져 있는 계통.)이었기에 왕위에 오른 경우이다. 이렇듯 영국이 독특한 전통을 가진 이유는 다른 유럽 국가들과 ㉠거리가 멀었기 때문이다. 섬나라였기에 다른 문화를 가질 수 있었던 것이다. ➡ 조선과 영국의 왕위 계승 방식

한편, 여왕의 탄생이 혈통보다도 여성이 지닌 권위(특별한 지위나 자격으로 남을 따르게 하는 힘.) 때문이라고 주장하는 연구자들도 있다. 신라 시대의 여성은 조선 시대의 여성에 비해 사회적 지위(어떤 사람이 사회에서 차지하는 자리.)가 높았다고 한다. 『삼국유사』의 기록을 보면, 신라에서 여성은 제사나 장례를 이끌 수 있었다. 자신의 재산을 갖는 것도 가능하였다. 그리고 나라에서 벼슬이 내려지기도 하였다. 나아가 신라의 첫 여왕인 선덕 여왕은 지도자로서 능력이 뛰어났다는 주장도 있다. 그 예시로 선덕 여왕의 ㉡'모란꽃 이야기'를 들기도 한다. ➡ 신라 시대에 여왕이 탄생한 이유 ② – 여성의 사회적 지위가 높았음.

모든 일이 그렇듯이 어떤 사건의 원인을 하나로만 설명할 수는 없다. 왜 신라에서만 여왕이 등장하였는지에 대해서 역시 의견이 각각 다르다. 혈통을 중시하였기 때문일 수도 있고, 여성들의 사회적 지위가 높았기 때문일 수도 있다. 무엇이 더 설득력이 있는지는 우리가 증거를 찾아 퍼즐을 맞추듯이 찾아 나가야 한다. 다만, 여왕 탄생에 그 시대의 문화가 영향을 미쳤다는 점만은 분명하다. ➡ 여왕 탄생의 이유에 대한 다양한 의견

* **성골**: 신라 때 신분 가운데 으뜸인 신분. 부모가 모두 왕족인 사람이 이 신분에 듦.

내용 파악하기

1. 이 글의 내용과 일치하지 않는 것은 무엇인가요? (②)

① 영국에는 살리카법이 적용되지 않았다.
② 인류의 역사에 존재했던 여왕은 세 명뿐이다.
③ 신라 시대에는 여성이 제사를 이끌기도 하였다.
④ 신라 시대에는 조선 시대보다 혈통을 중시하였다.
⑤ 신라 시대에 여왕이 등장한 이유에 대해서는 여러 의견이 있다.

해설 이 글을 통해 인류의 역사에 존재한 여왕이 몇 명인지는 알 수가 없습니다. 이 글에서는 신라 시대에 세 명의 여왕이 탄생했음을 말하고 있을 뿐입니다.

내용 전개 방식 파악하기

2. 이 글에 대한 설명으로 알맞은 것은 무엇인가요? (②)

① 특정 의견의 문제점을 분석하여 제시하고 있다.
② 질문을 던져 독자들의 흥미를 불러일으키고 있다.
③ 구체적인 통계 자료를 제시하여 설득력을 높이고 있다.
④ 다른 나라의 사례를 들어 문제를 해결할 방법을 찾고 있다.
⑤ 핵심 단어의 뜻을 먼저 제시한 후에 글쓴이의 의견을 제시하고 있다.

해설 이 글은 '왜 유독 신라에만 여왕이 있었을까? 여성은 어떻게 왕이 될 수 있었을까?'라는 물음을 먼저 던지고 답을 하는 형태로 전개되고 있습니다. 그리고 신라와 조선 시대, 영국과 신라를 비교하면서 신라 시대에 여왕이 탄생한 이유를 설명하고 있습니다.

세부 내용 파악하기

3. 조선 시대에 왕위를 계승할 때 가장 중요하게 여긴 요소는 무엇인가요? (③)

① 재산
② 능력
③ 성별
④ 외모
⑤ 직계 혈통

해설 조선 시대에는 직계 혈통보다 성별을 중시하여 남성에게만 왕위를 물려주었습니다.

핵심어 이해하기

4. 이 글의 내용으로 볼 때, 빈칸에 들어갈 알맞은 단어는 무엇인가요? (①)

> 여왕의 탄생을 바라보는 의견은 다양하지만, 그 시대의 (   )가 영향을 미쳤다는 점은 모두가 동의하고 있군.

① 문화　② 기후　③ 지리　④ 언어　⑤ 인구

해설 마지막 문단을 보면, 신라 시대에 여왕이 등장한 이유에 대한 의견은 각각 다르지만, 여왕 탄생에 그 시대의 문화가 영향을 미쳤다는 점만은 분명하다고 말하고 있습니다.

어휘 의미 파악하기

5. 밑줄 친 말 중 ㉠과 같은 뜻으로 쓰인 것은 무엇인가요? (④)

① 우리, 앞으로는 거리를 두지 말고 지내도록 하자.
② 날씨가 추워서인지 거리에 사람들이 많이 없었다.
③ 달리고 난 뒤 목이 말라 마실 거리를 찾아보았다.
④ 할머니 댁까지는 거리가 멀어서 일찍 출발해야 한다.
⑤ 친구와 마음을 터놓고 얘기했더니 거리를 좁힌 느낌이 들었다.

해설 '거리'는 여러 의미를 지닌 단어입니다. ㉠은 영국과 유럽 사이의 공간적 거리를 의미하며 이와 같은 뜻으로 쓰인 것은 ④의 '거리'입니다. ①, ⑤ '사람과 사람 사이에 느껴지는 간격.'을 뜻합니다. ② '사람이나 차가 많이 다니는 길.'을 뜻합니다. ③ '내용이 될 만한 재료.'를 뜻합니다.

생략된 정보 추론하기

6. ㉡에 대해 자유롭게 떠올려 본 생각으로 알맞지 않은 것은 무엇인가요? (③)

① 지혜로운 선덕 여왕이 모란꽃을 이용해 적을 물리치는 내용일 거야.
② 선덕 여왕이 모란꽃으로 도술을 부려 가뭄을 해소하는 내용일 거야.
③ 선덕 여왕이 모란꽃처럼 아름다워서 좋은 신랑감을 얻는 이야기 같아.
④ 선덕 여왕이 모란꽃을 통해 백성들을 행복하게 만든다는 이야기 같아.
⑤ 적이 보낸 모란꽃에 숨겨진 뜻을 선덕 여왕이 알아채는 내용이 아닐까.

해설 생략된 정보를 추론하기 위해서는 전체 글의 흐름과 앞에 제시된 내용을 살피면 됩니다. '선덕 여왕은 지도자로서 능력이 뛰어났다'라는 대목을 보면, '모란꽃 이야기' 역시 여왕의 뛰어난 능력과 관련된 내용이라고 추론할 수 있습니다.

어휘 익히기

1 단어 뜻 알기

빈칸에 들어갈 알맞은 단어를 〈보기〉에서 찾아 쓰세요.

> 보기
> 혈통　직계　권위　지위

1. 모름지기 (지위)이/가 높을수록 겸손해야 한다.
   뜻 어떤 사람이 사회에서 차지하는 자리.
2. 고대 국가에서는 임금이 절대적인 (권위)을/를 가지고 있었다.
   뜻 특별한 지위나 자격으로 남을 따르게 하는 힘.
3. 키가 큰 것은 오랫동안 이어져 온 그 집안의 (혈통)인 것 같았다.
   뜻 같은 핏줄을 지닌 계통.
4. 우리는 연구를 위해 유명한 국어학자의 (직계) 손자를 찾아갔다.
   뜻 혈연이 친자 관계에 의해 직접적으로 이어져 있는 계통.

2 관용 표현 알기

다음 빈칸에 들어갈 말을 차례대로 쓰세요.

"귀에 걸면 귀걸이, 코에 걸면 코걸이"

신라 시대에 어떤 문화 때문에 여왕이 등장했는지에 대해서는 의견이 각기 다르다고 하였습니다. 이 속담은 어떤 원칙이 있는 것이 아니라, 둘러대기에 따라 이렇게도 되고 저렇게도 될 수 있다는 뜻으로, 이러한 상황에 빗대어 쓸 수도 있습니다.

3 한자어 익히기

다음 한자어를 소리 내어 읽고 빈칸에 따라 써 보세요.

身	分
몸 신	나눌 분

신분(身分): 사람이 사회에서 지니는 지위.
- 그 낯선 사람은 경찰에게 이름과 신분을 밝혔다.
- 신분이 낮은 사람을 무시하는 사람은 복 받기 어려울 것이다.
- 할아버지께서는 학생 신분에 맞는 옷차림을 하라고 말씀하셨다.

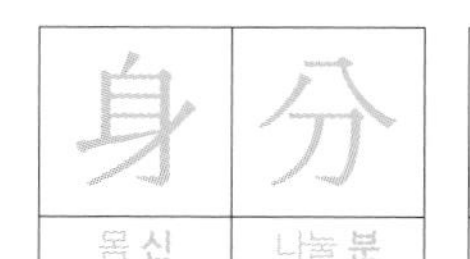

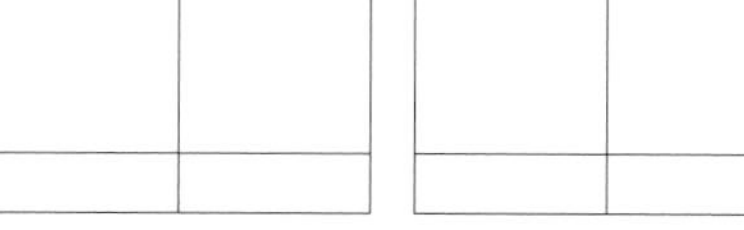

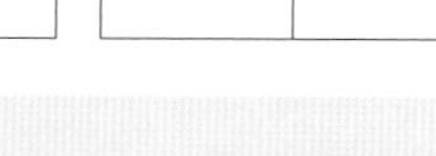

ERI 지수 553 인문 | 도덕

가 인간이 가진 공감 능력은 신비롭고 독특하다. 공감은 다른 사람의 처지를 고려하여 그의 감정을 함께 느끼고 표현하는 것을 말한다. 다른 사람의 생각과 감정을 마치 자신의 것처럼 이해하고 느끼다니! 텔레파시라도 보낸 걸까? 개, 침팬지, 돌고래도 약간의 공감 능력은 있지만, 인간에 비해서는 턱없이 부족하다고 한다. 인간의 공감은 폭넓고 빠르며, 비교적 정확하기 때문이다.

(신비롭고: 어떻게 된 것인지 알 수 없게 놀랍고 이상한 것. / 처지: 처하여 있는 사정이나 형편.)

➡ 인간이 가진 신비로운 능력 – 공감 능력

나 그렇다면, 인간은 어떻게 공감 능력을 가지게 되었을까? 바로 뇌에 있는 거울 신경 때문이다. 거울 신경은 다른 사람의 움직임을 관찰할 때 활동하는 신경이다. 이 거울 신경 덕분에 우리는 다른 사람의 행동을 보고 있기만 해도 자신이 행동하는 것처럼 느끼게 된다. 즉 공감 능력을 갖게 된다. 옆에 있는 친구가 억울한 일로 잔뜩 화가 났다고 해 보자. 나는 그 일과 관련이 없다. 그렇더라도 친구의 상황을 듣고 이해하게 되면 슬그머니 함께 속상해진다. 그런데 흥미로운 점은 이 거울 신경이 책을 읽거나 영화를 감상할 때도 작동한다는 것이다. 그림책 「강아지똥」에서 강아지똥이 친구인 흙덩이까지 떠나보내고 비에 젖어 있는 장면을 보노라면, [   ]

(신경: 몸 곳곳에서 느끼는 감각을 뇌에 전하여 반응을 일으키게 하는 기관.)

➡ 인간의 공감 능력에 관여하는 거울 신경

다 한편 공감과 비슷한 감정으로 동정이 있다. 둘 다 다른 사람의 감정에 관심을 보인다는 점은 같다. 하지만 차이점이 있다. 먼저 공감은 남의 일이지만 마치 나의 일처럼 상대방의 감정과 마음을 이해하고 느낀다. 마치 상대방의 감정과 발맞추어 함께 걷는 것이라 할 수 있다. 그러다 보니 상대방에게 어려움이 있으면 그 사람을 위해 자기 이익을 내어놓기도 한다. 소설 「레 미제라블」에 나오는 주교가 그러하다. 장 발장이 비록 주교의 은그릇을 훔쳤지만, 그의 딱한 처지에 공감하였기에 주교는 장 발장을 용서해 준다. 심지어 다른 은촛대를 더 내어놓는다.

(관심: 어떤 것에 마음이 끌려 주의를 기울이는 마음.)

➡ 공감의 특징

라 동정 역시 상대방의 고통에 관심을 갖는다. 하지만 다른 사람의 처지를 그 사람의 입장에서 이해할 뿐, 나아가 자신의 것으로 받아들이지는 않는다. 다른 사람의 불행을 보면 "그것참, 안됐군." 하고 걱정하지만, '나'의 안타까운 마음을 전한 것일 뿐 내 일로 생각하지는 않는 것이다. 만약 「레 미제라블」의 주교가 동정에만 머물렀다면 어떻게 하였을까? 장 발장을 안타깝게 여겼겠지만, 도둑질은 안 된다고 하였을 것이다. 그는 주교로서의 자기 입장이 있기 때문이다.

➡ 동정의 특징

마 동정하는 사람은 다른 사람의 어려움 때문에 자기 자신을 크게 바꾸지는 않는다. 하지만 공감은 공감하는 사람이나 공감받는 사람을 (㉠)하게 한다. 그러면 ㉡우리는 어떻게 해야 진정한 공감에 이를 수 있을까?

➡ 동정과 달리 사람을 변화시키는 공감

내용 파악하기

1. 가에서 공감을 신비로운 능력이라고 한 까닭은 무엇인가요? (⑤)

① 상상력을 키워 주므로
② 다른 사람과 싸우지 않고 살게 하므로
③ 인류가 문명을 꽃피우며 살 수 있게 하므로
④ 동물들은 전혀 갖고 있지 않은 능력이므로
⑤ 다른 사람의 감정을 이해하고 느낄 수 있게 하므로

해설 가에 따르면 인간의 공감 능력이 신비로운 까닭은 공감이 다른 사람의 생각과 감정을 마치 자신의 것처럼 이해하고 느끼게 하기 때문입니다.

질문 만들기

2. 다음 중 이 글에서 답을 찾을 수 없는 질문에 V표 하세요.

(1) 거울 신경은 인간의 어디에 있을까? (   )
(2) 거울 신경은 인간의 지능에도 영향을 줄까? (V)
(3) 거울 신경은 공감 능력에 어떻게 영향을 미치는 걸까? (   )

해설 (2)는 이 글에서 바로 답을 찾을 수 없는 질문으로, 거울 신경을 좀 더 깊이 탐구하기 위한 질문으로 볼 수 있습니다. (1)과 (3)은 글에 드러난 정보를 바탕으로 답할 수 있는 질문입니다.

문단 간의 관계 파악하기

3. 다와 라의 문단 관계에 대한 이해로 알맞은 것은 무엇인가요? (④)

① 다에서는 사건의 원인을, 라에서는 결과를 다루고 있다.
② 다에서 제시한 대상을 라에서 작게 쪼개어 설명하고 있다.
③ 다에서 대상을 제시하고 라에서 예를 들어 설명하고 있다.
④ 다와 라에서는 두 대상 간의 공통점과 차이점을 설명하고 있다.
⑤ 다에서는 대상의 문제점을, 라에서는 해결 방식을 제시하고 있다.

해설 다와 라에서는 공감과 동정의 공통점을 설명한 후, 둘 사이의 차이점을 설명하고 있습니다.

생략된 정보 추론하기

4. 이 글의 [ ] 안에 들어갈 내용으로 가장 알맞은 것은 무엇인가요? (①)

① 나도 강아지똥처럼 외롭고 쓸쓸해진다.

② 내가 강아지똥이 아니어서 다행이라고 느낀다.

③ 강아지똥이 왜 저렇게 혼자 되었을까 궁금해진다.

④ 강아지똥이 앞으로 어떻게 될까 호기심이 생긴다.

⑤ 주변에 강아지똥과 같은 처지의 친구가 있는지 찾아보게 된다.

해설 공감적 독자는 작품 주인공의 처지와 입장을 이해하고 그 주인공과 같은 감정이나 생각을 하게 됩니다. 「강아지똥」에서 주인공 강아지똥의 외롭고 슬픈 상황을 읽고 공감하였다면, 독자도 그 주인공과 같은 감정과 생각을 경험하게 되는 것입니다.

생략된 내용 추론하기

5. ㉠에 들어갈 단어로 알맞은 것은 무엇인가요? (①)

① 변화 ② 위로 ③ 지지

④ 사랑 ⑤ 격려

해설 이 부분에서는 공감과 동정의 차이점을 이야기하고 있습니다. 공감은 공감한 사람의 마음을 바꾼다고 합니다. 「레 미제라블」의 주교는 도둑을 잡아 훈계하지 않고 오히려 도둑에게 도움을 주었습니다. 반면 동정은 동정하는 사람의 마음을 바꾸지는 않습니다. 이와 같은 내용의 흐름을 고려하여 ㉠에 생략된 단어를 살피면 됩니다.

문제 해결 방안 찾기

6. 이 글의 내용으로 볼 때, ㉡에 대한 해결책으로 가장 알맞은 것은 무엇인가요? (⑤)

① 상대의 장점이 무엇인지 생각해 본다.

② 사회에서 고통받는 사람들을 위해 봉사한다.

③ 소통을 통하여 상대와 같은 목표를 세워 본다.

④ 상대에게 자신의 의견을 솔직하게 표현해 본다.

⑤ 상대의 처지를 생각하며 그 사람의 감정을 느껴 본다.

해설 이 글에서 '진정한 공감'에 대한 내용은 동정과 공감의 차이점을 통해 드러나고 있습니다. 그것은 상대의 처지를 고려하여 상대의 감정을 느끼고, 그 과정에서 자신의 생각에 변화를 이끌어 내는 것입니다.

어휘 익히기

1 단어 뜻 알기

빈칸에 들어갈 알맞은 단어를 〈보기〉에서 찾아 쓰세요.

보기: 신비 처지 신경 관심

1. 그와 나는 (처지)이/가 같아 쉽게 친해졌다.
   뜻 처하여 있는 사정이나 형편.
2. 우리는 그곳에서 다리의 (신경)이/가 마비되도록 꿇어앉아 있어야 했다.
   뜻 몸 곳곳에서 느끼는 감각을 뇌에 전하여 반응을 일으키게 하는 기관.
3. 내 동생은 가족 여행을 다녀온 뒤 경주에 대한 (관심)이/가 갑자기 커졌다.
   뜻 어떤 것에 마음이 끌려 주의를 기울이는 마음.
4. 여러 악기가 모여 화음이 이루어지고 새로운 음악이 만들어지는 과정은 (신비)롭다.
   뜻 어떻게 된 것인지 알 수 없게 놀랍고 이상한 것.

2 관용 표현 알기

다음 빈칸에 들어갈 알맞은 말을 쓰세요.

"가재는 [게] 편이라"

우리는 친구에게 일어난 안 좋은 상황을 듣게 되면 함께 속상해하곤 합니다. 그리고 친구의 입장이 되어 친구 편을 들게 되지요. 이 속담은 됨됨이나 형편이 서로 비슷한 사람끼리 서로 편이 되어 어울리고 사정을 보아주며 감싸 줄 때 사용하는 말입니다.

3 한자어 익히기

다음 한자어를 소리 내어 읽고 빈칸에 따라 써 보세요.

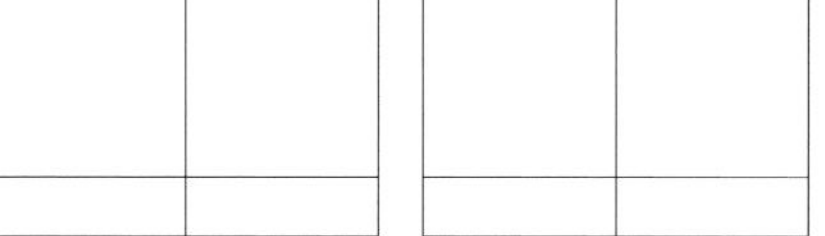

공감(共感): 남의 감정, 의견, 주장 따위에 대하여 자기도 그렇다고 느낌.

- 모두가 공감하는 내용으로 화제를 정하자.
- 그들의 쓰라린 고통은 사람들의 공감을 얻었다.
- 고개를 끄덕이는 걸 보니 그도 내 말에 공감하는 눈치였다.

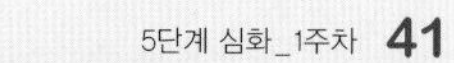

05회 읽기 방법 익히기

1 작품 속 세계와 현실 세계 비교하기

문학 작품에는 우리가 사는 현실 세계가 반영되어 있습니다. 그러나 작품에 담긴 현실은 우리가 접하는 현실 세계와 똑같지는 않습니다. 작가가 어떤 관점과 의도를 지니고 썼는지에 따라 달라지기 때문입니다. 작가는 독자에게 희망이나 위로를 주려고 일부러 행복한 결말을 만들기도 하고, 또는 현실의 문제를 깊이 살필 수 있도록 어려운 상황을 강조하여 보여 주기도 합니다.

★ **작품 속 세계와 현실 세계를 비교하려면,**
(1) 작품 속 배경, 인물을 통해 어느 시대의 현실을 담고 있는가를 살펴봅니다.
(2) 작품이 다루는 현실 세계의 모습을 조사해 봅니다.
(3) 작품 속 세계와 현실 세계의 공통점과 차이점을 비교해 봅니다.
(4) 작가의 의도를 짐작해 봅니다.

1 (가)와 (나)를 읽은 학생들의 반응으로 알맞은 것을 모두 찾아 √표 하세요.

(가) 청나라의 태종은 임금과 신하의 관계를 요구하며 조선을 침략하였다. 인조와 신하들은 제대로 싸우지도 못하고 남한산성으로 피했고 그곳에서 결국 무릎을 꿇었다. 이후 더 많은 사람이 청나라에 끌려갔고, 백성들의 살림살이는 더욱 어려워졌다. 병자호란이라는 이 큰 전쟁은 조선 사람들에게 매우 큰 상처를 주었다. 자신들의 임금이 청나라에 무릎을 꿇고, 가족이나 친척이 청나라에 끌려갔다는 사실은 씻을 수 없는 부끄러움이었다.
(나) 「박씨전」은 주술을 부릴 수 있는 '박 씨'라는 여인을 주인공으로 하고 있다. 그녀는 못생겼다는 이유로 남편에게 푸대접을 받았다. 하지만 남편을 원망하지 않고 인내하였다. 그러던 중 마침내 때가 되어 못생긴 얼굴의 허물을 벗고 아름다운 여인으로 변신한 박 씨는 이후 나라를 구하는 영웅이 되었다. 그녀는 신비한 힘으로 청나라 군사들을 물리쳤고, 청나라에 끌려가던 왕비를 구하였다.

강희: 「박씨전」은 현실 세계에 일어난 역사적 일을 사실 그대로 그린 것이군. ( )
민수: 「박씨전」은 현실 세계와는 반대의 결말을 통해 사람들의 마음을 위로해 주었겠군. (√)
지혜: 「박씨전」은 현실 세계 속 실존 인물의 삶을 소재로 실감 나게 표현하고 있어. ( )
예현: 「박씨전」은 현실 세계에 살았던 사람들의 바람을 보여 주는군. (√)

해설 (나)는 (가)의 병자호란을 소재로 하고 있습니다. 하지만 (가)에 제시되었듯이 역사적 현실에서는 조선이 참패하였고 왕이 항복하는 부끄러운 일이 있었습니다. 하지만 (나)의 작품에서 조선은 승리하였고, 박 씨의 활약으로 왕비도 구하였습니다. 이는 작품 속 세계에서라도 위로를 받고 싶었던 당시 사람들의 소망을 보여 준다고 생각할 수 있습니다.

2 「괴물들이 사는 나라」 속 세계는 현실 세계와 비교할 때 어떤 특징이 있는지 알맞은 것에 √표 하세요.

현실 세계에서 '집'은 사람들의 안전에 대한 소망을 잘 담고 있다. 일단 집은 폭풍이나 비바람 같은 자연재해를 막아 준다. 또 낯선 사람과의 의도하지 않은 만남으로부터도 보호해 준다. 그래서 집에서는 안심하고 기분 좋은 시간을 보낼 수 있다.
하지만 동화책 「괴물들이 사는 나라」에 등장하는 '집'에는 현실 세계의 집과 달리 안전과 모험이 함께 있다. 이 책에서 말썽꾸러기 맥스는 엄마 말을 안 들어 방에 갇혔다가 괴물들이 사는 나라로 모험을 떠나게 된다. 맥스는 벽장 속에서 낯선 괴물과 모험을 하게 되고 그러다 엄마의 고마움을 깨닫고 다시 돌아온다. 그런 점에서 이 동화의 '집'은 인간 마음의 성장을 위해 필요한 다양한 경험을 열어 준다.

(1) 과거 역사에 대한 다양한 지식을 제공한다. ( )
(2) 현실 세계와 전혀 관련이 없는 일들을 보여 준다. ( )
(3) 현실 세계에서보다 다양한 경험을 할 수 있게 한다. (√)

해설 「괴물들이 사는 나라」에 표현되어 있는 '집'에는 안전과 모험 등 현실 세계보다 다양한 경험이 펼쳐져 있습니다.

해설 「곰 인형 오토」는 제2차 세계 대전이라는 참혹한 전쟁을 '곰 인형 오토'의 고난을 통해 표현하고 있습니다. 곰 인형이 말하고 친구를 사귀는 것은 분명 현실에서는 일어날 수 없는 일이므로 실제 일어난 일은 아닙니다. 하지만 그가 유대인 친구와 헤어지고 힘들어하는 상황은 전쟁의 참혹함을 잘 보여 줍니다.

3 (가)의 작품 세계를 (나)의 현실 세계와 비교해 이해한 내용으로 바르지 않은 것은 무엇인가요? (⑤)

(가) 그림책 「곰 인형 오토」는 제2차 세계 대전을 배경으로 하고 있다. 주인공 곰 인형 오토는 소년 다비드와 오스카를 만나 행복하게 지내지만, 전쟁이 일어나면서 모든 것이 달라진다. 다비드는 유대인이라는 이유로 어디론가 끌려갔고, 오스카와도 폭격으로 헤어지게 된다. 그러다 오토는 골동품 진열장 가게에 맡겨져 있다가 우연히 친구들과 다시 만나게 된다. 이렇게 이 이야기는 평화를 다시 찾는 결말로 마무리되고 있다.
(나) 제2차 세계 대전은 인류 역사상 가장 많은 인명 피해를 낳았다. 나치 독일의 히틀러는 '인종 청소'라는 이름으로 600만 명 이상의 유대인을 학살하였고, 각종 전쟁 범죄를 저질렀다. 민간인들의 피해도 매우 심하였다.

① 「곰 인형 오토」는 '곰 인형'을 통해 민간인 피해를 구체적으로 보여 주는군.
② 「곰 인형 오토」는 '다비드'의 실종을 통해 나치 독일의 폭력성을 잘 보여 주는군.
③ 「곰 인형 오토」는 행복한 결말을 통해 전쟁을 넘어선 인간의 희망을 말하고 있군.
④ 「곰 인형 오토」의 '곰 인형'이 처한 어려움은 전쟁의 비극적인 모습을 표현한 것이군.
⑤ 「곰 인형 오토」는 말하는 '곰 인형'이 등장한다는 점에서 비현실적인 전쟁 상황을 표현하고 있군.

2 생략된 정보 추론하기

글을 깊이 있게 이해하기 위해서는 글에 생략된 정보를 짐작하고 추론하며 읽어야 합니다. '추론'이란 드러난 정보를 바탕으로 드러나지 않은 정보를 미루어 이해하는 것을 말합니다. 이때 반드시 글에 나타난 정보에 근거하여 추론해야 합니다. 글쓴이의 의도나 관점, 단어나 구절의 숨은 뜻은 주로 추론을 통해 이해하는 내용입니다.

★ **생략된 정보를 추론하려면,**

(1) 전체 글 내용의 흐름을 파악합니다.

(2) 앞과 뒤에 드러난 문장의 내용을 이해합니다.

(3) 생략된 내용에 어떤 말을 넣어야 자연스러운지 살펴봅니다.

1 다음 글을 읽고 알맞게 추론한 학생을 모두 찾아 √표 하세요.

공감과 비슷한 감정으로 동정이 있다. 둘 다 다른 사람의 감정에 관심을 보인다는 점은 같다. 하지만 차이점이 있다. 먼저 공감은 남의 일이지만 마치 나의 일처럼 상대방의 감정과 마음을 이해하고 느낀다. 마치 상대방의 감정과 발맞추어 함께 걷는 것이라 할 수 있다. 그러다 보니 상대방에게 어려움이 있으면 그 사람을 위해 자기 이익을 내어놓기도 한다. 소설 「레 미제라블」에 나오는 주교가 그러하다. 장 발장이 비록 주교의 은그릇을 훔쳤지만, 그의 딱한 처지에 공감하였기에 주교는 장 발장을 용서해 준다. 심지어 다른 은촛대를 더 내어놓는다.

동정 역시 상대방의 고통에 관심을 갖는다. 하지만 다른 사람의 처지를 그 사람의 입장에서 이해할 뿐, 나아가 자신의 것으로 받아들이지는 않는다. 다른 사람의 불행을 보면 "그것참, 안됐군." 하고 걱정하지만, '나'의 안타까운 마음을 전한 것일 뿐 내 일로 생각하지는 않는 것이다. 만약 「레 미제라블」의 주교가 동정에만 머물렀다면 어떻게 하였을까? 장 발장을 안타깝게 여겼겠지만, 도둑질은 안 된다고 하였을 것이다. 그는 주교로서의 자기 입장이 있기 때문이다.

동정하는 사람은 다른 사람의 어려움 때문에 자기 자신을 크게 바꾸지는 않는다. 하지만 공감은 공감하는 사람이나 공감받는 사람을 변화하게 한다. 그러면 우리는 어떻게 해야 진정한 공감에 이를 수 있을까?

글쓴이는 동정보다 공감을 더 가치 있게 여기고 있는 것 같아.

강희 (√)

동정은 공감과 달리 다른 사람의 마음에는 관심이 없는 감정이군.

민수 ( )

공감을 한다면 길가에 누워 있는 노인을 돕기 위한 행동을 할 거야.

지혜 (√)

해설 강희는 글쓴이의 의도를 바르게 추론하고 있으며, 지혜는 공감을 바르게 이해하고 추론하는 모습을 보여 줍니다. 그러나 동정 역시 상대방의 고통에 관심을 갖는다고 하였으므로 민수의 말은 적절하지 않습니다.

2 다음 글의 빈칸에 들어갈 알맞은 말은 무엇인가요? (③)

아메리카에 살고 있는 토착민들은 동물과 마음으로 (   )할 줄 알았다. 아메리칸 인디언, 특히 평야 지대에 거주하는 인디언들은 부족의 생존을 위해 먹이를 사냥해야만 했다. 이들은 농사를 짓지 못했기 때문에 들소와 같은 들짐승을 사냥하여 식량으로 삼았다. 하지만 재미로 동물을 죽이는 일은 거의 없었다. 또 자신의 힘이나 지위를 자랑하기 위해 사냥하지도 않았다.

인디언들은 사냥에 대해서도 매우 독특한 생각을 가지고 있었다. 언젠가는 자신이 동물로 태어날 수도 있고, 다음 생에서는 사냥감인 동물들이 인간으로 태어날 수도 있다고 믿었다. 그래서 동물을 죽일 때는 "다음 생에서 내가 동물로 태어나고 네가 인간으로 태어나 만나게 될 경우, 네게 필요하다면 나의 몸을 기꺼이 바치겠어."와 같은 말을 했다. 이는 인디언들이 다른 동물을 죽이는 사냥에 대해 매우 고민했음을 엿볼 수 있는 대목이다.

① 사과 ② 협동 ③ 소통 ④ 활용 ⑤ 사용

해설 이 글은 동물에 대한 인디언들의 태도를 담고 있습니다. ( ) 안의 단어는 이 글의 핵심어이기 때문에 글 내용 전체를 파악하고 추론해야 합니다. 전체 글 내용의 핵심은 인디언들이 동물을 인간과 동등한 존재로 대접하고 이야기를 나누었다는 것입니다.

3 다음 글에서 글쓴이가 ㉠과 같이 표현한 까닭은 무엇인가요? (①)

부하에게 사랑받는 리더와 부하가 두려워하는 리더 중 어느 쪽이 더 뛰어난 리더일까? 쉽지 않은 문제이다. 마키아벨리가 쓴 「군주론」에서는 부하가 두려워하는 리더가 되어야 한다고 주장하고 있다. 이 책에서는 군주로서 갖춰야 할 행동과 생각을 표현하고 있다. 그 내용을 쉽게 정리하면, 개인의 의견이나 소망을 무시하더라도 결과적으로 국가의 이익을 가져올 수 있다면 괜찮다는 것이다. ㉠이런 주장은 사실 다소 충격적이다.

나폴레옹, 히틀러, 스탈린이 매일 잠들기 전에 「군주론」을 읽었다는 말도 있다. 이 말에 따른다면 독재자들에게 이 책은 분명 큰 영향력을 미쳤다고 할 수 있다.

① 국가만을 중시하고 개인은 존중하지 않기 때문에
② 복잡한 문제를 지나치게 단순하게 이해하고 다루기 때문에
③ 독재자의 모습을 지나치게 긍정적으로 표현하고 있기 때문에
④ 군주의 권리만 강조하고 개인의 의무는 소홀히 할 수 있기 때문에
⑤ 수단과 방법만 강조하고 결과에 대해서는 이야기하지 않기 때문에

해설 '충격적'이란 단어는 앞 문장을 바탕으로 추론해야 합니다. 앞 문장을 보면, 군주는 국가의 이익을 위해서는 개인의 의견이나 소망은 무시해도 된다고 하고 있습니다. 이는 국가 중심적인 생각으로 개인은 무시해도 된다는 논리이고, 이 점을 글쓴이는 충격적이라고 표현하고 있습니다.

STEAM 독해

아름답지만 슬픈 다리

이 글의 중심 화제는 스타리 모스트입니다. 스타리 모스트와 관련하여 사회, 역사, 수학을 공부해요.
스타리 모스트의 유래와 관련 분쟁사를 살펴보면서 이 다리가 세계 문화유산으로서의
가치를 가지는 이유를 알아보세요.

유럽에는 '보스니아–헤르체고비나'라는 나라가 있습니다. 국가명이 왜 이렇게 길까 하고 의문을 갖는 친구들도 있을 겁니다. ㉠ 북부의 '보스니아(Bosnia)'와 남부의 '헤르체고비나(Herzegovina)'라는 두 지역의 지명이 합쳐져 이렇게 긴 나라 이름을 갖게 되었습니다. 이 국가의 수도 '사라예보'에서 남서쪽으로 130km 떨어진 곳에는 '모스타르'라는 도시가 있습니다. 모스타르는 15~16세기 오스만 튀르크*에 의해 건설된 도시입니다. 그래서 지금까지도 이슬람교 신자 비중이 높고 많은 모스크*가 분포하고 있어 유럽 속 이슬람 문화를 느낄 수 있는 특별한 곳입니다. 이곳에는 500여 년 동안 이 도시의 상징이었던 아름다운 다리 하나가 놓여 있습니다. 모스타르라는 이름도 '다리의 수호자'라는 뜻의 '모스타리(Mostari)'에서 유래*되었습니다. ➡ 아름다운 다리가 놓여 있는 모스타르

크로아티아 / 세르비아 / 보스니아 / 사라예보 / 모스타르 / 헤르체고비나 / 몬테네그로 / 아드리아해

▲ 스타리 모스트와 모스타르 모습

이 아름다운 다리의 이름은 바로 스타리 모스트입니다. 이 다리는 오스만 튀르크가 이 지역을 흐르는 네레트바강을 건너기 위해 건설한 다리로, 9년의 건축 기간을 거쳐 1566년쯤에 완공되었습니다. 석재를 이용해 만든 거대한 아치는 오스만 튀르크의 높은 건축 기술을 보여 주고 있습니다. ➡ 아치 모양의 스타리 모스트 다리

하지만 스타리 모스트에는 너무나도 슬픈 역사가 담겨 있습니다. 과거 '유고슬라비아'라는 하나의 나라로 묶여 있었던 국가들이 종교와 민족을 중심으로 독립하려는 과정에서 여러 전쟁이 일어났습니다. 보스니아도 독립하려 한 나라 중 하나였습니다. ➡ 슬픈 역사가 담겨 있는 스타리 모스트

▲ 보스니아 내전 중 폭격을 입은 스타리 모스트

▲ 스타리 모스트 입구에 세워진 표지석

보스니아 내전*(1992~1995)을 겪으면서 모스타르 시민들 역시 서로 종교와 민족이 다르다는 이유로 하루아침에 이웃에게 총을 겨누는 비극을 경험하였습니다. 스타리 모스트도 이 전쟁 중에 크로아티아군이 쏜 60여 발의 포탄에 무참히 파괴되었죠. 그 당시 다리가 파괴되었다는 소식을 접한 시민들은 큰 슬픔을 느끼며 눈물을 흘렸다고 합니다. ➡ 보스니아 내전 때 파괴된 스타리 모스트

1993년 내전으로 파괴됐던 다리는 다행히도 처음 건축되었을 때의 재료와 건축 방식 그대로 2004년에 복원되었고, 2005년에는 유네스코 세계 문화유산으로 등재*되었습니다. 다시 이어진 다리 입구에는 참혹한 내전을 기억하자는 의미로 '보스니아 내전을 잊지 말자.(Don't forget '93)'라는 표지석이 세워져 전쟁과 평화의 의미를 일깨우고 있습니다. ➡ 복원된 스타리 모스트와 표지석에 담긴 의미

* **오스만 튀르크**: 1299년에 오스만 1세가 셀주크 제국을 무너뜨리고 소아시아에 세운 이슬람 제국. 1453년에 비잔틴 제국을 멸망시키고 이스탄불로 수도를 옮겨 번성하였으나 제1차 세계 대전 뒤 1922년에 국민 혁명으로 멸망함.
* **모스크**: 이슬람교에서, 예배하는 건물을 이르는 말. 이슬람교 사원을 의미함.
* **유래**: 사물이나 일이 생겨남.
* **내전**: 한 나라 안에서 일어나는 싸움.
* **등재**: 일정한 사항을 장부나 대장에 올림.

1 이 글의 내용으로 알맞은 것은 무엇인가요? (②)

① 모스타르 시민은 거의 크리스트교를 믿는다.
② 스타리 모스트 다리는 아치형 구조의 다리이다.
③ 모스타르는 육지로 둘러싸여 있어 하천이 없다.
④ 모스타르는 보스니아–헤르체고비나의 수도이다.
⑤ 스타리 모스트는 현재 유네스코 세계 자연 유산이다.

해설 스타리 모스트는 아치형의 구조를 가지는 독특한 구조의 다리입니다.
① 모스타르는 이슬람교 신자 비중이 높다고 하였습니다. ③ 모스타르에는 네레트바강이 흐릅니다. ④ 보스니아–헤르체고비나의 수도는 사라예보입니다. ⑤ 스타리 모스트는 유네스코 세계 자연 유산이 아니라 유네스코 세계 문화유산입니다.

2 스타리 모스트가 위치한 국가와 도시 이름을 쓰고, 지도에서 해당 국가를 찾아 색칠해 보세요.

• 국가 이름: 보스니아-헤르체고비나 • 도시 이름: 모스타르

해설 보스니아-헤르체고비나는 크로아티아와 세르비아 사이에 위치한 국가입니다. 스타리 모스트 다리는 보스니아-헤르체고비나의 도시인 모스타르에 있습니다.

3 다음은 이 글을 심화 학습하기 위해 탐구한 내용입니다. 〈보기〉를 참고하여 밑줄 친 질문에 답해 보세요.

세상에는 다양한 달력이 있습니다. 이슬람교를 믿었던 오스만 튀르크가 건설한 스타리 모스트의 비문에는 '이슬람력 974년에 건립되었다.'라는 기록이 있는데, 이를 우리가 일반적으로 많이 사용하는 서양력으로 고쳐 계산해 보면 1566~1567년 사이에 건립된 것으로 추정할 수 있다고 합니다.
그럼 이제 〈보기〉의 식을 적용해 볼까요? 이슬람력을 통한 서양력 시기 추정 방식 및 내용을 확인하고, 서양력 2021년은 이슬람력으로 대략 몇 년에서 몇 년 사이인지 계산해 보세요.

• 보기 •

*이슬람력을 서양력으로 바꿀 때
① 서양력 연도=[(32×이슬람력 연도)÷33]+622
② 서양력 연도=이슬람력 연도+622−(이슬람력 연도÷33)

*서양력을 이슬람력으로 바꿀 때
① 이슬람력 연도=서양력 연도−622+[(서양력 연도−622)÷33]
② 이슬람력 연도=[(서양력 연도−622)×33]÷32

(1441~1443년)

해설 주어진 식에 대입하여 계산하면 서양력 2021년은 이슬람력으로 1441~1443년에 해당합니다.

4 보스니아는 내전(1992~1995)을 겪으며 20만 명 이상의 희생자와 약 230만 명의 난민이 발생하였습니다. 보스니아에는 아직도 전쟁의 상처가 곳곳에 생생히 남아 있습니다. 이 지역 사람들에게 따뜻한 위로의 글을 써 보세요.

예시 답 안녕하세요. 이번에 보스니아 내전의 이야기를 알게 된 학생입니다. 많은 사람이 죽은 전쟁이 지금으로부터 그리 오래전 일이 아니어서 정말 놀랐어요. 저는 전쟁을 경험해 보지 못해서 그 슬픔을 다 이해하기 힘들지만 힘내시라고 말해 드리고 싶어요. 앞으로 보스니아-헤르체고비나에 평화와 행복이 가득했으면 좋겠습니다.

해설 보스니아 내전의 아픔을 이해하고 해당 사람들을 위로하는 적절한 내용으로 정성껏 편지를 써 봅니다.

5 ㉠처럼 우리나라도 두 지역의 지명이 합쳐져 '도(道)'의 명칭이 된 경우가 있습니다. 빈칸에 알맞은 우리나라의 '도 이름'을 써 보세요.

• 경주 + 상주 → ① (경상도) • 강릉 + 원주 → ② (강원도)
• 전주 + 나주 → ③ (전라도) • 충주 + 청주 → ④ (충청도)

해설 우리나라 도(道)의 이름 유래에 대해 생각해 보는 문제입니다. 경상도는 경주와 상주, 강원도는 강릉과 원주, 전라도는 전주와 나주, 충청도는 충주와 청주의 앞 글자를 따서 지은 이름입니다.

6 다음을 참고할 때 모스타르의 위치는 어디일지 그림에서 골라 번호를 쓰세요. (③)

수도 '사라예보'에서 남서쪽으로 130km 떨어진 곳에는 '모스타르'라는 도시가 있습니다.

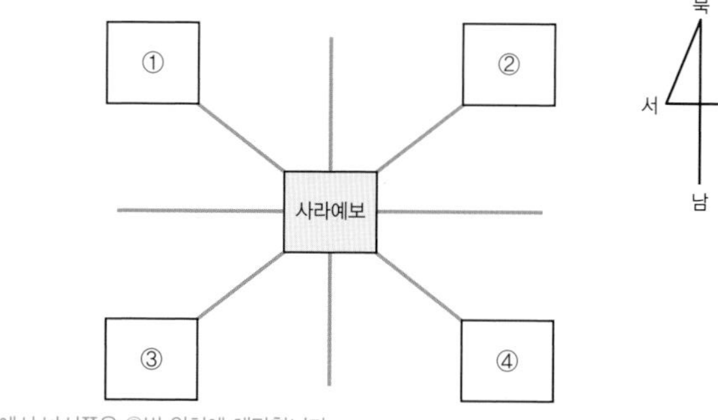

해설 사라예보에서 남서쪽은 ③번 위치에 해당합니다.

ERI 지수 557 사회 | 법

평소에 잘 느끼지 못하지만 우리는 수많은 법의 테두리 안에서 살고 있다. 학교 가는 길을 상상해 보자. 차들은 학교 주변에서 속도를 늦추고 학교 앞 횡단보도에서 일단 멈춰야 한다. 이런 법이 있어서 학생들은 안전하게 학교를 오고 갈 수 있다. 이처럼 법은 사람들이 사회의 질서(사회를 평화롭고 조화 있게 유지하려고 정해 놓은 차례나 규칙.)를 지키며 안전하게 사는 데 필요하다. 사회를 지켜 나가기 위해서 만들어진 것으로 도덕도 있는데, 법은 반드시 지켜야 한다는 점에서 도덕(한 사회에서 같이 살아가는 사람들이 마땅히 지켜야 한다고 여기는 행동의 길잡이.)과 차이가 있다. 도덕은 지키지 않아도 벌을 받지 않지만, 법은 지키지 않으면 처벌을 받을 수 있다.

➡ 법이 필요한 이유

사람들이 반드시 지켜야 하는 법이 언제나 같지는 않다. 사회가 변화하는 것처럼 법도 변화하기 때문이다. ㉠1970년대 우리나라 법에서는 여자가 무릎 위 20cm 이상 올라가는 짧은 치마를 입거나 남자가 옷깃을 덮을 정도의 긴 머리를 하지 못하도록 하였다. 이 법을 어기면 처벌을 받아야 했다. 그러나 지금은 법이 바뀌어 누구나 자신이 원하는 머리를 하고 옷을 골라 입을 수 있다. 여자와 남자의 모습과 행동에 대한 사람들의 변화된 생각, 국민의 자유를 더 존중해야 한다는 생각이 법을 바꾸게 한 것이다.

➡ 법의 특성 ① – 시대에 따라 달라짐.

법은 나라에 따라 다르게 만들어지기도 한다. 그래서 우리나라에는 없는 법이 다른 나라에는 있는 경우도 생긴다. 예를 들어, 우리나라는 어디에서나 껌을 씹을 수 있지만, 싱가포르에서는 공공장소나 거리에서 껌을 씹으면 우리나라 돈으로 약 80만 원의 벌금(법이나 약속을 어겼을 때 벌로 내는 돈.)을 낼 수 있다. 또 사람들의 안전을 위하여 법으로 어떤 행동을 하지 못하게 한다는 점에서는 비슷하지만, 처벌을 하는 방법이 다른 경우도 있다. 예컨대, 술을 마시고 운전을 하지 못하게 하는 법은 대부분의 나라에 있지만, 처벌하는 방법은 다르다. 술을 얼마나 마셨는가에 따라 차이가 있으나, 우리나라는 술을 마시고 운전을 하면 감옥에 가거나 벌금을 내야 한다. **터키의 경우는 술을 마시고 운전한 사람을 도시 30km 밖으로 내보낸 다음 걸어서 집으로 가도록 한다.** 이때 술을 마신 운전자가 택시를 타지 못하도록 경찰이 자전거를 타고 뒤따라가면서 감시(문제나 사고가 생기지 않도록 주의 깊게 지켜보는 것.)를 한다. 이처럼 법은 나라마다 차이를 보이기도 하는데, 이는 법이 각 나라의 문화나 상황에 따라 만들어지기 때문이다.

➡ 법의 특성 ② – 나라마다 차이를 보임.

내용 파악하기

1. 이 글의 내용으로 알맞지 않은 것은 무엇인가요? (①)

① 법은 한번 만들어지면 바뀌지 않는다.
② 우리는 여러 가지 법 안에서 살아간다.
③ 법은 사람들이 안전하게 사는 데 필요하다.
④ 법은 각 나라의 문화나 상황에 따라 만들어진다.
⑤ 사회 질서를 지키기 위해서는 법과 도덕 모두 필요하다.

해설 ①은 2문단의 내용과 어긋나는 내용입니다. 법은 사람들이 안전하게 질서를 지키며 살아가는 데 필요하지만, 시대에 따라 변화할 수 있습니다. 옷과 머리의 사례처럼 사회의 변화에 따라 법도 바뀔 수 있으니 한번 만들어졌다고 하여 법이 변화하지 않는 것은 아닙니다.

내용의 중요도 평가하기

글을 이루는 문장들이 모두 똑같이 중요한 것은 아닙니다. 어떤 문장은 매우 중요한 내용을 담고 있어서 생략하면 글에서 말하고자 하는 내용을 온전하게 드러내기가 어렵습니다. 반면 어떤 내용은 생략하여도 글을 이루는 데 지장이 없습니다. 글 속에서 각 문장이 어떤 내용을 담고 있는지, 그 문장을 없애도 글 내용이 자연스럽게 이어지는지 생각해서 문장의 중요한 정도를 판단해 보세요.

2. 다음은 이 글에 나온 문장들입니다. 각 문장의 내용이 매우 중요하면 ★표, 덜 중요하면 △표 하세요.

해설 이 문장은 3문단 전체의 중심 문장입니다. 이 문장이 생략되면 다른 문장을 아울러 내용을 전달하기가 어려우므로 매우 중요하다고 할 수 있습니다.

(1) 법은 나라에 따라 다르게 만들어지기도 한다. (★)
(2) 터키의 경우는 술을 마시고 운전한 사람을 도시 30km 밖으로 내보낸 다음 걸어서 집으로 가도록 한다. (△)

해설 이 문장은 '법은 나라에 따라 다르게 만들어지기도 한다.'라는 중심 문장을 뒷받침하는 구체적인 예에 해당합니다. 예시는 생략되어도 글이 중요한 내용을 전달하는 데에는 큰 영향을 미치지 않으므로, 이 문장은 덜 중요한 문장으로 볼 수 있습니다.

개념 파악하기

3. 이 글의 내용으로 볼 때, 법과 도덕의 차이를 가장 잘 보여 주는 단어는 무엇인가요? (④)

① 속도 ② 안전 ③ 질서 ④ 처벌 ⑤ 전통

해설 '도덕은 지키지 않아도 벌을 받지 않지만, 법은 지키지 않으면 처벌을 받을 수 있다.'라고 한 것에서, 법과 도덕의 차이는 '처벌'임을 알 수 있습니다. 즉 법은 도덕과 달리 지키지 않으면 처벌을 하는 강제력을 가지고 있습니다.
③ 법과 도덕 모두 사회의 질서를 지키는 데 필요하다는 점에서 '질서'는 차이점이 아닌, 공통점이라고 볼 수 있습니다.

상황 추론하기

글의 내용으로 미루어 글에 직접적으로 드러나지 않은 시대 상황을 짐작할 수 있습니다. ㉠은 1970년대 우리나라 사회가 고정된 성 관념에 기초하여 이에 벗어난 행동을 법으로 규제한 사례입니다.

4. ㉠으로 미루어 1970년대 우리나라에 대한 설명으로 알맞은 것에 √표 하세요.

(1) 지금보다 국민의 자유를 더 많이 존중하였다. (   )
(2) 긴 머리를 하는 남자를 좋게 여기지 않았다. (√)
(3) 법이 국민의 옷차림이나 외모에는 관심을 두지 않았다. (   )

해설 (1) 법으로 옷차림이나 머리 길이를 제한한 것을 보면 지금보다 국민의 자유가 더 많이 존중되었다고 보기 어렵습니다. (2) 머리가 길면 남자답지 않다고 생각하여 남자가 긴 머리를 하는 것을 좋게 여기지 않아 법으로 규제하였음을 짐작할 수 있습니다. (3) 1970년대는 지금보다 성별에 따른 외모와 복장의 차이를 강조하고, 법으로 더 많이 제한하였음을 짐작할 수 있습니다.

5. 이 글의 제목을 다음과 같이 정한 까닭으로 가장 알맞은 것은 무엇인가요? (③)

제목의 기능 이해하기

껌을 씹으면 벌금!

① 글의 중요성을 강조하기 위해서
② 글을 쓰는 이유를 밝히기 위해서
③ 읽는 사람의 관심을 끌기 위해서
④ 글의 주제를 요약해서 드러내기 위해서
⑤ 읽는 사람이 주요 내용을 이해하도록 돕기 위해서

해설 제목은 글의 주제나 중심 소재를 드러내어 읽는 이의 이해를 돕거나, 읽는 이가 관심을 가질 만한 내용을 써서 글을 읽도록 이끄는 역할을 합니다. '껌을 씹으면 벌금!'은 글의 주제나 중심 내용이 아니며, 주제를 뒷받침하는 사례입니다. 독특하거나 재미있는 예를 제목으로 써서 읽는 이의 관심을 끌고자 하였습니다.

6. 이 글을 읽은 뒤 〈보기〉의 주제로 토론하려고 합니다. '나의 주장'에 V표 하고, 그 이유를 쓰세요.

글 내용 판단하기

보기

주제: 우리나라도 싱가포르처럼 껌을 씹으면 벌금을 내게 하는 법을 만들자.

나의 주장	주장하는 이유
찬성 (√)	예시 답 찬성하는 이유: 껌을 씹고 나서 길에 함부로 버리는 사람이 많아 길이 너무 더럽습니다. 이 법을 만들면 그런 사람이 줄어들어 길이 깨끗해질 것입니다.
반대 (√)	예시 답 반대하는 이유: 껌을 씹는 것까지 법으로 통제하는 것은 개인의 자유를 지나치게 억압하는 것입니다. 껌을 씹고 길에 버리는 것은 도덕의 문제이지, 법으로 처벌할 문제가 아닙니다.

해설 글을 읽고 글에 제시된 내용을 판단하는 것은 비판적이고 창의적인 읽기 능력을 길러 주는 데 중요합니다. 주제에 대한 자신의 의견을 자유롭게 표현하되, 그러한 주장을 하는 이유가 타당한지 생각해 보도록 합니다.

어휘 익히기

1 단어 뜻 알기

빈칸에 들어갈 알맞은 단어를 〈보기〉에서 찾아 쓰세요.

보기

질서 도덕 벌금 감시

1. 주인아저씨의 (감시)을/를 피해 몰래 참외밭에 들어갔다.
   뜻 문제나 사고가 생기지 않도록 주의 깊게 지켜보는 것.
2. 지수는 (도덕)에 어긋난 행동을 하지 않으려고 늘 노력한다.
   뜻 한 사회에서 같이 살아가는 사람들이 마땅히 지켜야 한다고 여기는 행동의 길잡이.
3. 신호를 지키지 않은 자동차 운전자는 (벌금)을/를 내야 한다.
   뜻 법이나 약속을 어겼을 때 벌로 내는 돈.
4. 많은 사람이 모인 공공장소에서는 (질서)을/를 지키지 않으면 다칠 수 있다.
   뜻 사회를 평화롭고 조화 있게 유지하려고 정해 놓은 차례나 규칙.

2 관용 표현 알기

다음 빈칸에 들어갈 알맞은 말을 쓰세요.

"법 없이 살 사람"

이 표현은 '법과 같은 외부의 규제가 없어도 스스로 알아서 나쁜 짓을 하지 않는 마음씨 착하고 올바른 사람.'을 뜻하는 말입니다.

3 한자어 익히기

다음 한자어를 소리 내어 읽고 빈칸에 따라 써 보세요.

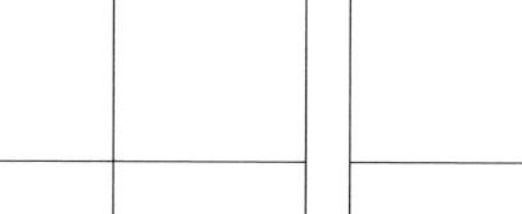

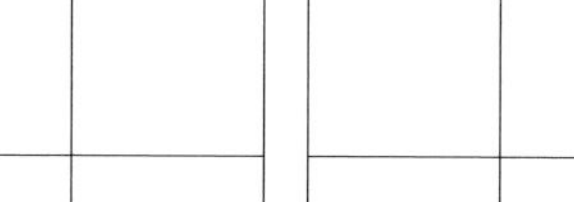

安	全
편안할 안	무사할 전

안전(安全): 탈이 나거나 다칠 위험이 없음.
- 무엇보다 안전이 우선이다.
- 국가는 법으로 국민의 안전을 보장한다.
- 사고가 나지 않도록 안전 규칙을 지켜야 한다.

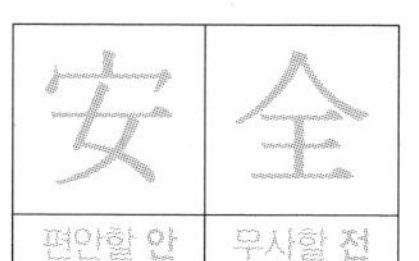

安	全
편안할 안	무사할 전

ERI 지수 624 사회 | 법

우리가 사는 세상에는 다양한 외모와 생각, 문화를 가진 사람들이 있다. 사람들은 저마다 다르지만, 모두 사람이기 때문에 존중받아야 하고 소중하게 여겨져야 한다. 사람이 존중받아야 한다는 것이 인간의 존엄성이며, 이러한 인간의 존엄성은 인권의 바탕이 된다. 인권은 사람으로서 당연히 가져야 하는 권리이다.

(외모: 겉으로 드러나 보이는 모양. / 존엄성: 높이어 귀중하게 대함.)

➡ 인권의 뜻

인권은 저절로 지켜지지 않는다. 여러 국제기구와 국가 기관 및 수많은 사람의 노력으로 인권이 지켜지는 것이다. 국제 연합(UN)*은 1948년 12월 10일 '세계 인권 선언'을 발표하고, 이날을 '세계 인권의 날'로 정하였다. '세계 인권 선언'을 통해 국제 연합은 '모든 사람은 태어날 때부터 자유롭고 존엄하며 평등하고, 사람들은 서로를 형제처럼 대해야 한다.'라고 주장한다. '세계 인권의 날'에는 사람들이 인권에 대해 생각하고 교육하는 행사를 열기도 한다.

(평등: 권리나 의무 같은 것이 모든 사람한테 똑같은 것.)

➡ 인권은 여러 기관 및 사람들의 노력으로 지켜짐.

국민의 인권을 보장하기 위해 국가는 법을 만들고 인권이 잘 지켜지도록 도와주는 기관을 운영한다. 우리나라는 국가 인권 위원회나 국민 권익 위원회 등을 통해서 국민의 인권을 보호하고, 인권이 침해당했을 경우 이를 개선하기 위해 노력하고 있다.

➡ 인권을 보장하기 위해 국가가 하는 일

그러나 인권은 국제기구나 국가 기관의 노력만으로 보호되지 않는다. 모든 사람이 인권에 꾸준한 관심을 가지고 실천하기 위해 노력해야 한다. 다른 사람의 처지에서 생각하고, 다른 사람도 나처럼 소중한 사람이라는 사실을 인정하고 함께 어울려 살 수 있는 방법을 찾는 것이 필요하다. 그러기 위해서는 무엇보다 나 자신이 다른 사람의 인권을 무시하는 말을 하지 않는지 돌아볼 필요가 있다. '어른들이 이야기할 때 끼어들면 안 돼.'나 '애들이 뭘 알아?'와 같은 말을 들었을 때 어떤 마음이었는지를 생각해 보자. 이런 말들이 어린이의 인권을 무시하여 어린이의 마음을 아프게 하는 것처럼, 자신 또한 성별이나 피부색 등에 따라 사람을 존중하지 않는 말을 하지 않는지 스스로를 돌아보아야 한다. 또한, 일상생활에서 익숙하게 했던 생각이나 행동이 다른 사람의 인권을 침해하지 않는지 살펴보고 고쳐 나가는 것도 인권을 지키는 ㉠지름길이다.

(지름길: 멀리 돌지 않고 가깝게 질러 가는 길.)

➡ 인권을 지키기 위해 우리가 해야 할 일

* **국제 연합(UN)**: 제2차 세계 대전이 끝난 뒤에 여러 나라가 세계 평화와 안전을 지키려고 만든 단체. 총회, 안전 보장 이사회, 국제 사법 재판소 같은 기관이 있음.

내용 파악하기

1. 이 글의 내용과 일치하지 않는 것은 무엇인가요? (③)

① 모든 사람은 존중받아야 한다.
② 인권은 인간의 존엄성을 바탕으로 한다.
③ 인권은 법을 만들면 충분히 지켜 줄 수 있다.
④ 우리나라는 인권을 보호하는 기관을 운영하고 있다.
⑤ 다른 사람의 인권을 침해하지 않도록 노력해야 한다.

해설 이 글에 따르면 법을 만드는 것이 인권을 지키는 데 중요하기는 하지만 이것만으로 충분하다고 볼 수는 없습니다. 그래서 이 글의 글쓴이는 인권을 지키기 위해 국제기구, 국가 기관, 모든 사람이 함께 다양한 노력을 해야 한다고 말하고 있습니다.

어휘 관계 파악하기

2. 다음은 이 글의 일부분입니다. 밑줄 친 '보장'과 반대되는 뜻의 단어는 무엇인가요? (③)

> 국민의 인권을 보장하기 위해 국가는 법을 만들고 인권이 잘 지켜지도록 도와주는 기관을 운영한다.

① 소중 ② 바탕 ③ 침해
④ 노력 ⑤ 첫걸음

해설 '보장'은 '어떤 것에 탈이 없게 하겠다고 책임지고 약속하는 것.'을 뜻합니다. 반면 ③의 '침해'는 '남의 일에 함부로 끼어들어 권리나 인권을 해치는 것.'을 뜻합니다.

어휘 의미 파악하기

3. 다음 중 ㉠과 같은 의미로 쓰인 '지름길'은 무엇인가요? (⑤)

① 지름길로 가면 기름값을 아낄 수 있다.
② 이 고개가 집과 학교를 연결하는 지름길이다.
③ 길이 험해도 시간이 없으니 지름길로 빨리 와.
④ 할머니 댁에 가려면 큰길보다 지름길이 한결 빠르다.
⑤ 중소기업을 살리는 것이 국가 산업 경쟁력을 높이는 지름길이다.

(①~④: '멀리 돌지 않고 가깝게 질러 가는 길.'이라는 사전적 의미로 사용되었습니다.)

해설 ㉠은 '어떤 일을 하는 가장 쉽고 빠른 방법.'을 이르는 말입니다. 이는 '멀리 돌지 않고 가깝게 질러 가는 길.'을 뜻하는 '지름길'을 비유적으로 사용한 것입니다. ㉠과 같이 비유적으로 사용된 표현을 찾으면 됩니다.

내용 요약하기

4. **이 글의 내용을 다음과 같이 정리할 때, 빈칸에 들어갈 알맞은 말을 쓰세요.**

주제	인권을 지키기 위한 노력

⇩

누가	국제기구	(국가)	개인
한 일 또는 해야 할 일	• '세계 인권 선언'을 발표함. • '세계 인권의 날' 행사를 진행함.	법을 만들고 인권이 잘 지켜지도록 돕는 기관을 운영함.	다른 사람의 인권을 존중하는 말과 행동을 해야 함.

해설 이 글은 인권을 지키기 위한 국제기구와 국가의 노력을 소개하면서 개인도 다른 사람의 인권을 존중하려는 노력을 해야 한다는 주장을 하고 있습니다. 제시된 표는 '인권을 지키기 위한 노력'이라는 주제 아래 국제기구, 국가, 개인이라는 각 주체가('누가') 각기 무엇을 했고 앞으로 어떻게 해야 할지를 정리하여 글 전체 내용을 요약한 것입니다.

해설 글에서는 읽는 이가 알고 있을 가능성이 크거나 앞뒤 맥락을 통해 내용을 파악할 수 있을 경우 이에 대해 상세하게 설명하지 않는 경우가 많습니다. 그래서 읽는 사람은 글의 앞뒤 내용을 바탕으로, 자신이 가진 경험이나 지식을 활용하여 내용을 이해해야 합니다. 이 글도 읽는 이가 두 표현의 의미를 알고 그것이 어린이에 대한 무시와 편견을 담고 있음을 파악하여 글 내용을 이해하기를 요구하고 있습니다.

내용 상세화하기

5. **다음은 이 글을 읽고 두 학생이 나눈 대화입니다. 빈칸에 들어갈 내용을 대화의 흐름에 맞게 2~3개의 문장으로 쓰세요.**

'어른들이 이야기할 때 끼어들면 안 돼.'는 어린이가 어른과의 대화에 참여할 수 있는 권리와 기회를 막는 말이야. 또 '애들이 뭘 알아?'는 어린이가 경험이나 지식이 부족한 존재라는 생각을 가지고 어린이를 무시하는 말이고. 두 말 모두 어린이의 생각이나 의견을 존중하지 않는다는 점에서 어린이의 인권을 침해한다고 볼 수 있어.

어휘 익히기

1 단어 뜻 알기

빈칸에 들어갈 알맞은 단어를 〈보기〉에서 찾아 쓰세요.

보기: 외모 존중 평등 지름길

1. 시간이 없어서 (지름길)을/를 이용하여 집으로 갔습니다.
   뜻 멀리 돌지 않고 가깝게 질러 가는 길.
2. 내가 먼저 남을 (존중)해야 나도 그런 대접을 받습니다.
   뜻 높이어 귀중하게 대함.
3. 사람을 (외모)만 보고 판단하는 잘못을 하면 안 됩니다.
   뜻 겉으로 드러나 보이는 모양.
4. 우리나라 국민은 누구나 (평등)하게 교육을 받을 권리가 있습니다.
   뜻 권리나 의무 같은 것이 모든 사람한테 똑같은 것.

2 관용 표현 알기

다음 빈칸에 들어갈 알맞은 사자성어를 쓰세요.

"역지사지"

다른 사람과 '처지나 형편을 바꾸어 생각해 봄.'을 이르는 말입니다. 다른 사람의 인권을 존중하기 위해서는 자신이 그 사람의 입장이 되어서 생각해 보는 것이 좋습니다. 자신의 말과 행동이 그 사람에게 어떻게 받아들여질지, 그 사람의 인권을 침해하는 것은 아닐지 돌아보아야 합니다.

한자	뜻	음
易	바꾸다	역
地	땅	지
思	생각	사
之	가다	지

3 한자어 익히기

다음 한자어를 소리 내어 읽고 빈칸에 따라 써 보세요.

人	權
사람 인	권리 권

인권(人權): 사람이 누려야 할 기본적인 권리.
- 모든 사람은 태어날 때부터 인권을 갖는다.
- 다른 사람의 인권을 존중하는 태도를 가져야 한다.
- 세계 여러 나라는 국민의 인권 보호를 위하여 여러 가지 정책을 펴고 있다.

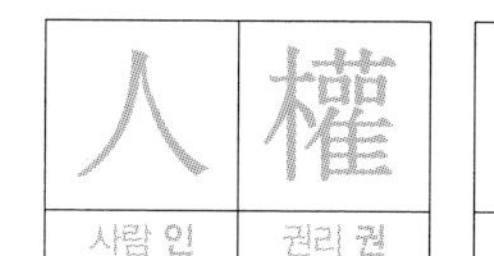

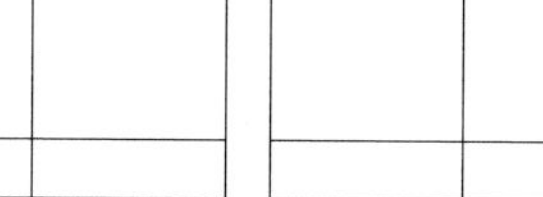

ERI 지수 606 사회 | 법

가 ㉠인간이 인간답게 살기 위해서 가장 필요한 것이 무엇일까? 여러 가지 필요한 것이 많지만 인간으로서 누릴 수 있는 권리를 법으로 지켜 주는 것이 무엇보다 중요하다. '기본권'은 헌법으로 지켜 주는 국민의 기본적인 권리이다. 기본권에는 모든 국민은 똑같이 법 앞에서 차별받지 않을(둘 이상의 대상을 수준 따위의 차이를 두어서 구별함.) '평등권'과 직업이나 사는 곳을 자신이 원하는 대로 선택할 수 있는 '자유권'이 있다. 또 나라의 중요한 일을 정하거나 대표를 뽑는 데 참여할 수 있는 '참정권'도 있다.
➡ 기본권의 뜻과 종류

나 그런데 만약 사람들 사이에 권리가 충돌하는 경우에는 어떻게 해야 할까? 예를 들어, 어린이가 들어오지 못하게 막는 가게가 최근 늘면서 사람들 사이에 갈등이 벌어지는 상황을 생각해 볼 수 있다. 이런 경우 어린이의 가게 출입을(어느 곳을 드나듦.) 제한하는 것이 어린이와 부모의 자유를 해친다는 주장과, 그것은 가게 주인의 자유라는 주장이 맞서고 있다. 그러면 어린이 출입 제한은 어린이의 자유를 해치는 것일까? 아니면 가게 주인의 자유로운 영업 방법일까?
➡ 기본권의 충돌 사례 – 어린이 출입 제한

다 이 문제에 대하여 경기 연구원은 2016년 경기도민 1,000명에게 설문 조사를 하였다. '어린이 출입을 막는 것이 가게 주인의 자유인가?'라는 질문에 '그렇다'라는 대답이 44.4%로 나타났다. '그렇지 않다'라는 대답은 22.8%, '그저 그렇다'라는 대답은 32.8%였다. '어린이 출입을 막는 것이 어린이의 기본권을 해치는가?'라는 질문에는 '그렇다'라는 대답이 29.2%로 나타났다. '그렇지 않다'라는 대답은 34.8%, '그저 그렇다'라는 대답은 36%로 어린이의 기본권을 해치지 않는다고 생각하는 대답이 더 많았다.
➡ 경기 연구원의 설문 조사 결과

라 그러나 국가 인권 위원회는 다른 의견을 나타내었다. 제주도의 한 식당이 9세 어린이와 그 부모가 가게에 들어오는 것을 막은 일이 있었다. 그러자 그 부모는 국가 인권 위원회에 가게 주인이 어린이를 차별한다는 주장을 하였다. 이에 국가 인권 위원회는 헌법의 평등권에 비추어 볼 때 어린이 출입 제한 구역이 어린이의 자유를 침해한다고 보고, 식당에 이를 개선할(잘못된 것이나 부족한 것, 나쁜 것 따위를 고쳐 더 좋게 만듦.) 것을 요구하였다.
➡ 국가 인권 위원회의 판단

마 모든 국민은 기본권을 가진다. 그러나 사람들 사이에 기본권이 충돌할 수 있으며, 그럴 때 누구의 권리가 우선할 것인지에 대해서는 서로 생각이 다를 수 있다. 따라서 그런 일이 일어날 때는 양쪽 모두의 권리를 존중하는 해결 방법을 찾고 서로 양보하는(자기의 주장을 굽히고 남의 의견을 따르는 것.) 태도가 필요하다.
➡ 모두의 권리를 존중하고 양보하는 태도의 필요성

내용 파악하기

1. 이 글의 내용과 일치하지 않는 것은 무엇인가요? (⑤)

① 모든 국민은 기본권을 갖는다.
② 어린이의 출입을 막는 가게가 늘고 있다.
③ 어린이 출입 제한과 관련한 설문 조사가 있었다.
④ 사람들 사이에 기본권이 충돌하는 문제가 일어나기도 한다.
⑤ 국가 인권 위원회는 항상 어른보다 어린이의 기본권을 우선한다.

해설 이 글은 모든 국민이 기본권을 갖지만, 사람들 사이에 기본권 충돌이 벌어질 수 있다는 것을 어린이 출입 제한 구역 사례를 들어 말하고 있습니다. 이 글에 제시된 국가 인권 위원회의 판단은 어린이 출입 제한 구역에 관한 것으로, 이 사례를 일반화하여 국가 인권 위원회가 늘 어린이의 기본권을 우선한다고 해석할 수는 없습니다.

개념 파악하기

2. 다음 단어에 해당하는 뜻을 찾아 바르게 연결하세요.

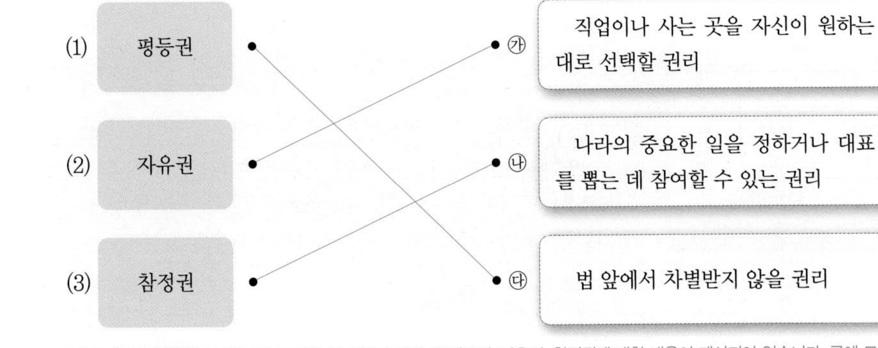

해설 이 글의 가에는 기본권에 포함된 여러 가지 권리 중 평등권, 자유권, 참정권에 대한 내용이 제시되어 있습니다. 글에 모르는 단어가 나올 경우 그 단어 앞뒤로 관련 설명이 있는지 확인해서 의미를 파악할 수 있습니다.

주제 파악하기

3. 이 글의 주제가 가장 잘 드러난 문단은 어느 것인가요? (⑤)

① 가 ② 나 ③ 다 ④ 라 ⑤ 마

해설 이 글의 주제는 사람들의 기본권 사이에 충돌이 있을 수 있고 이에 대한 생각이 다를 수 있으니, 서로 존중하고 양보하는 해결 방안이 필요하다는 것입니다. 이러한 내용을 포괄하는 마가 주제를 가장 잘 드러내는 문단이라고 볼 수 있습니다. ① 기본권의 뜻과 종류를 설명한 문단입니다. ② 기본권의 충돌 사례로 어린이 출입 제한 구역 문제를 들어 소개한 문단입니다. ③ 한 설문 조사 결과를 소개한 문단입니다. ④ 어린이 출입 제한 구역에 대한 국가 인권 위원회의 판단을 소개한 문단입니다.

표현 의도 파악하기

4. 글쓴이가 ㉠과 같은 질문을 한 까닭으로 가장 알맞은 것은 무엇인가요? (④)

① 기본권에 대한 사람들의 생각을 조사하려고
② 인간에게 중요한 가치가 많다는 것을 강조하려고
③ 인간이 인간답게 사는 데 필요한 것이 무엇인지 궁금해서
④ 읽는 이로 하여금 기본권에 대해 관심을 갖고 글을 읽게 하려고
⑤ 읽는 이로 하여금 인간에게 중요한 것이 무엇인지 생각하면서 살게 하려고

해설 일반적으로 질문은 궁금증을 해결하거나 정보를 얻기 위하여 제기합니다. 그러나 ㉠은 글쓴이가 답을 몰라서 질문한 것이 아니라, 읽는 이로 하여금 글 내용에 관심을 갖도록 유도하기 위해서 질문한 것입니다. 읽는 이는 글쓴이가 던진 질문에 대한 답을 생각하면서 글을 읽게 되는데, 이는 읽는 이로 하여금 글 내용에 관심을 가지게 하는 효과가 있습니다.

내용 요약하기

5. 나~라의 내용을 다음과 같이 정리할 때, 빈칸에 들어갈 알맞은 말을 쓰세요.

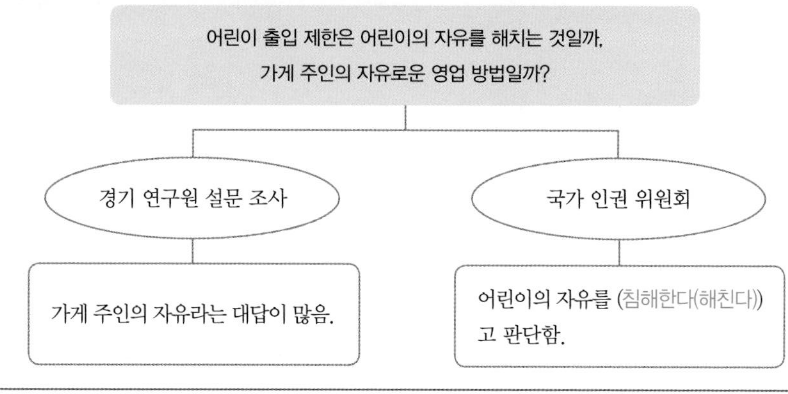

해설 나에서는 어린이의 가게 출입을 제한하는 것이 어린이의 자유를 해치는 것인지, 아니면 가게 주인의 자유로운 영업 방법인지 질문을 제기합니다. 다에서는 경기 연구원의 설문 조사를 인용하여 가게 주인의 자유라고 생각하는 사람들의 비율이 높음을 보여 줍니다. 라에서는 설문 조사와 달리 어린이의 자유를 침해한다고 본 국가 인권 위원회의 판단 사례를 보여 주고 있습니다.

도표의 종류와 기능 이해하기

6. 다음은 다의 일부분입니다. 설문 조사 결과를 〈조건〉에 맞춰 원그래프로 표현하세요.

조건
- 설문 조사 결과를 정확하게 표현할 것
- 읽는 이가 설문 조사 결과를 쉽게 파악할 수 있도록 표현할 것

이 문제에 대하여 경기 연구원은 2016년 경기도민 1,000명에게 설문 조사를 하였다. '어린이 출입을 막는 것이 가게 주인의 자유인가?'라는 질문에 '그렇다'라는 대답이 44.4%로 나타났다. '그렇지 않다'라는 대답은 22.8%, '그저 그렇다'라는 대답은 32.8%였다.

➡

32.8%
44.4%
22.8%
그렇다
그렇지 않다
그저 그렇다

해설 설문 조사 결과를 그래프로 표현하면 읽는 이가 자료의 내용과 성격을 쉽게 파악할 수 있습니다. 이러한 그래프의 기능을 활용하려면 문자로 제시된 정보를 정확하게 표현해야 하며, 시각적인 효과를 높이도록 색을 적절하게 선택하는 것이 필요합니다.

어휘 익히기

1 단어 뜻 알기

빈칸에 들어갈 알맞은 단어를 〈보기〉에서 찾아 쓰세요.

보기
차별 출입 개선 양보

1. 이곳은 자유롭게 (출입)할 수 있어요.
   뜻 어느 곳을 드나듦.
2. 어떤 이유로도 사람을 (차별)해서는 안 된다.
   뜻 둘 이상의 대상을 수준 따위의 차이를 두어서 구별함.
3. 네 주장만 하지 말고 (양보)하는 미덕을 가져라.
   뜻 자기의 주장을 굽히고 남의 의견을 따르는 것.
4. 지구 생태계를 보호하기 위해서는 주변의 오염된 환경을 (개선)해야 한다.
   뜻 잘못된 것이나 부족한 것, 나쁜 것 따위를 고쳐 더 좋게 만듦.

2 관용 표현 알기

다음 빈칸에 공통으로 들어갈 말을 쓰세요.

"사람 위에 [사][람] 없고 사람 밑에 [사][람] 없다"

사람은 태어날 때부터 권리나 의무가 모두 평등하다는 말입니다. 힘이 있거나 돈이 많다고 해서 그렇지 못한 사람을 우습게 여기거나 함부로 대해서는 안 됩니다. 사람들은 모두 인간으로 똑같이 존중받아야 합니다.

3 한자어 익히기

다음 한자어를 소리 내어 읽고 빈칸에 따라 써 보세요.

基	本
터 기	근본 본

기본(基本): 어떤 것의 밑바탕. 또는 어떤 것을 이루는 데 가장 먼저 있어야 할 것.
- 공부는 기본을 탄탄히 해야 한다.
- 인간 존중은 민주주의의 기본이다.
- 이 컴퓨터는 첨단 기능을 기본으로 갖추었다.

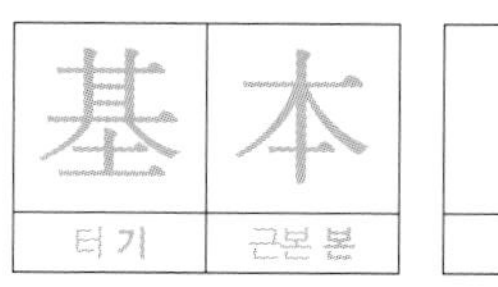

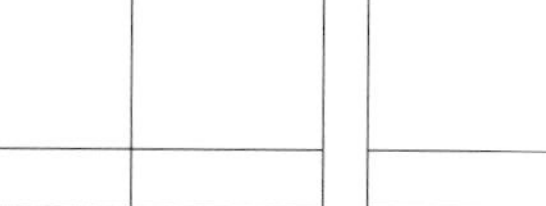
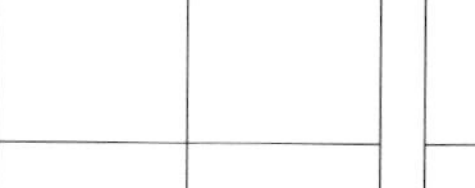

ERI 지수 618 사회 | 지리

높고 푸른 하늘을 멋지게 나는 비행기를 보면 어떤 생각이 드나요? 마음대로 어디든 갈 수 있는 비행기를 부러워해 본 적이 있을 겁니다. 그런데 비행기도 허락을 받지 못하거나 돈을 내지 않으면 하늘을 날지 못합니다. 특히 자기 나라에서는 아니지만, 다른 나라의 영공을 지날 때는 미리 허락을 받고 통행료를 내야 ㉠비행할 수 있습니다. ➡ 다른 나라의 영공을 비행할 때는 통행료를 내야 함.

영공은 한 나라가 다른 나라의 간섭(관계가 없는 남의 일에 끼어듦.) 없이 중요한 일을 스스로 결정할 수 있는 권리를 가진 하늘을 말합니다. 영토와 영해가 각각 그러한 권리를 가진 땅과 바다를 뜻하는 것처럼요. 영공은 영토와 영해 위로 곧게 뻗은 하늘로, 한 나라의 권리가 미치는 범위(어떤 것이 정해지거나 미치는 테두리.)에 속해요. 모든 국가는 자신의 땅과 바다에 권리를 가진 것처럼 영공에 대해서도 권리를 갖습니다. ➡ 영공의 뜻

대부분의 나라들은 영공에 대한 권리로 자기 나라의 영공을 지나가는 비행기에 대해 일종의 통행료인 '영공 통과료'를 받습니다. 이때 미국을 포함한 몇몇 나라에서는 비행에 필요한 관리를 해 주거나 정보를 제공하는 대가로 자기 나라의 영역을 지날 때 돈을 받기도 합니다. 그래서 이를 단지 영공을 지나는 통행료로만 볼 수는 없지만, 돈을 내야 한다는 점에서는 비슷합니다. ➡ 영공 통과료를 받는 대부분의 나라들

그렇다면 비행기는 영공 통과료로 돈을 얼마나 내야 할까요? 영국 런던에서 출발해 미국 시애틀로 간다고 할 때 비행기는 그린란드*와 캐나다를 지납니다. 그래서 이들 나라에 각각 영공 통과료를 내야 해요. 각 나라에 얼마를 내야 할지는 각 나라가 정한 바에 따릅니다. 미국은 비행하는 거리만큼 내게 하고, 캐나다는 항공기 무게에 따라 내도록 합니다. 우리나라는 영공을 통과할 때 한 번씩만 돈을 내도록 하고 있고요. ㉡영국 런던에서 미국 시애틀까지 왕복(어떤 곳에 갔다가 돌아옴.)으로 비행할 때 캐나다에만 우리 돈으로 약 600만 원 정도를 내야 합니다. 영공 통과료가 비싸기 때문에 비행사들은 영공을 지나는 나라의 수를 줄이거나 통과료가 싼 영공을 지나가도록 경로를 짜 비용(어떤 일을 하는 데 드는 돈.)을 줄이려고 노력하기도 합니다. ➡ 나라마다 다른 영공 통과료

* **그린란드**: 대서양과 북극해 사이에 있는 세계에서 가장 큰 섬. 덴마크령이며, 주민은 대부분 에스키모인임.

내용 파악하기

1. 이 글을 정확하게 이해하지 못한 사람은 누구인가요? (②)

① 수진: 대부분의 국가들은 영공 통과료를 받는대.
② 기준: 비행기가 하늘을 날 때마다 600만 원을 내야 한대.
③ 혜수: 모든 국가는 자기 나라의 영공에 대해서 권리를 갖는대.
④ 진수: 비행기가 하늘을 날기 위해서는 보통 허락을 받아야 한대.
⑤ 지민: 비행기가 다른 나라의 영공을 지날 때는 그 나라에 돈을 내야 한대.

해설 영공은 한 국가가 권리를 행사할 수 있는 하늘의 영역으로, 대부분의 나라에서 다른 나라의 비행기에 대해 영공 통과료를 부과하지만, 그 금액이 고정되어 있지는 않습니다. 600만 원을 낸다는 내용은 영국 런던에서 미국 시애틀까지 왕복으로 비행할 때 캐나다에만 내야 하는 비용을 언급한 것으로, ②와 같이 일반화하여 이해하는 것은 글 내용에 맞지 않습니다.

어휘 관계 파악하기

2. 이 글의 통행료와 가장 비슷한 뜻으로 사용된 단어를 〈보기〉에서 골라 √표 하세요.

보기

돈	허락	권리	통과료
( )	( )	( )	(√)

해설 '통행료'는 '일정한 장소를 지나는 데 내는 돈.'으로, 이와 비슷한 뜻으로 사용된 단어를 찾으면 됩니다. 또한 이 글에서 '영공 통과료'를 '일종의 통행료'라고 한 것에서 '통행료'가 '통과료'와 비슷한 뜻으로 사용되었음을 알 수 있습니다.

중심 문장 찾기

3. 다음은 이 글의 3문단입니다. 중심 문장을 찾아 밑줄을 치세요.

해설 문장들의 중요한 정도는 같지 않습니다. 어떤 문장은 다른 문장의 내용을 포함하면서 글쓴이가 주로 하고자 하는 말을 드러내는 중요한 문장인 반면, 어떤 문장은 중요한 문장을 뒷받침하는 예를 들거나 부연 설명을 하여 생략하여도 무방할 만큼 중요도가 떨어지기도 합니다. 3문단에서는 첫 문장이 중심 문장이고, 다른 두 문장은 이를 보완하는 설명을 덧붙인 문장입니다.

대부분의 나라들은 영공에 대한 권리로 자기 나라의 영공을 지나가는 비행기에 대해 일종의 통행료인 '영공 통과료'를 받습니다. 이때 미국을 포함한 몇몇 나라에서는 비행에 필요한 관리를 해 주거나 정보를 제공하는 대가로 자기 나라의 영역을 지날 때 돈을 받기도 합니다. 그래서 이를 단지 영공을 지나는 통행료로만 볼 수는 없지만, 돈을 내야 한다는 점에서는 비슷합니다.

어휘 의미 파악하기

4. 밑줄 친 '비행'이 ㉠과 비슷한 뜻으로 쓰인 문장을 모두 찾아 √표 하세요.

(1) 조종사의 비행 솜씨가 뛰어났다. (√)

(2) 날개가 크면 비행하기가 좀 더 쉬워진다. (√)

(3) 그동안 그가 저지른 비행이 세상에 모두 밝혀질 것이다. (   )

해설 ㉠은 '하늘을 날아다님.'을 뜻하는 말입니다. 각 문장에 이러한 뜻을 넣었을 때 자연스럽게 의미가 통하는지 살펴보면 답을 찾을 수 있습니다. (3)의 '비행'은 법이나 도덕에 어긋나는 나쁜 짓.'을 뜻하는 말입니다.

문맥 추론하고 해석하기

5. 이 글에 나타난 ㉡의 뜻을 문맥을 고려하여 알맞게 풀이한 것에 √표 하세요.

영국 런던에서 출발해 미국 시애틀로 간다고 할 때 비행기는 그린란드와 캐나다를 지납니다. 그래서 이들 나라에 각각 영공 통과료를 내야 해요. 각 나라에 얼마를 내야 할지는 각 나라가 정한 바에 따릅니다. 미국은 비행하는 거리만큼 내게 하고, 캐나다는 항공기 무게에 따라 내도록 합니다. 우리나라는 영공을 통과할 때 한 번씩만 돈을 내도록 하고 있고요. ㉡영국 런던에서 미국 시애틀까지 왕복으로 비행할 때 캐나다에만 우리 돈으로 약 600만 원 정도를 내야 합니다.

(1) 다른 나라에도 돈을 내는데, 그중 캐나다에는 우리 돈으로 약 600만 원 정도를 내야 한다. (√)

(2) 다른 나라에는 돈을 내지 않는데, 오로지 캐나다에게만 우리 돈으로 약 600만 원 정도를 내야 한다. (   )

해설 밑줄 친 문장은 (1), (2) 두 가지 의미로 해석될 수 있는 문장입니다. 이처럼 한 문장이 두 가지 의미로 해석될 때에는 앞뒤 문장의 연결 관계인 '문맥'을 고려하여 어떤 의미로 해석하는 것이 정확한지 판단해야 합니다. 이 문항에서는 밑줄 친 문장 앞에 제시된 문장인 '영국 런던에서 출발해 미국 시애틀로 간다고 할 때 비행기는 그린란드와 캐나다를 지납니다. 그래서 이들 나라에 각각 영공 통과료를 내야 해요. 각 나라에 얼마를 내야 할지는 각 나라가 정한 바에 따릅니다.'를 고려하여 '영국 런던에서 미국 시애틀까지 왕복으로 비행할 때 다른 나라에도 돈을 내는데, 그중 캐나다에는 우리 돈으로 약 600만 원 정도를 내야 한다.'로 해석할 수 있습니다.

글의 구조 파악하기

6. 이 글을 다음과 같이 요약할 때, 빈칸에 들어갈 알맞은 단어를 쓰세요.

질문	비행기가 하늘을 나는 데에도 돈을 내야 할까?
	↓
대답	다른 나라의 영공을 지날 때는 통과료를 내야 한다.
	↑
근거	모든 국가는 자국의 영공에 대해 (권리)을/를 가지기 때문이다.

해설 이 글은 '비행기가 하늘을 나는 데에도 돈을 내야 할까?'라는 '질문'을 제기하고, 이에 대해 영공 통과료를 내야 한다고 '대답'하고 있습니다. 그리고 영공 통과료를 부과하는 '근거'로 모든 국가가 가지는 자국의 영공에 대한 권리를 제시하였습니다. 이 글의 내용이 이와 같이 짜여 있음을 파악하면 빈칸에 들어갈 단어를 파악할 수 있습니다.

어휘 익히기

1 단어 뜻 알기

빈칸에 들어갈 알맞은 단어를 〈보기〉에서 찾아 쓰세요.

보기: 간섭 범위 왕복 비용

1. 내가 아는 (범위) 안에서 말해 줄게.
뜻 어떤 것이 정해지거나 미치는 테두리.

2. 거기는 여기서 (왕복)(으)로 세 시간 걸려.
뜻 어떤 곳에 갔다가 돌아옴.

3. 동생이 노는 데 (간섭)했더니 화를 내었다.
뜻 관계가 없는 남의 일에 끼어듦.

4. 그동안 모든 돈을 여행 (비용)(으)로 사용하였다.
뜻 어떤 일을 하는 데 드는 돈.

2 관용 표현 알기

다음 빈칸에 들어갈 알맞은 말을 쓰세요.

"하늘도 끝 갈 날이 있다"

아무리 높아 보이는 하늘이라도 끝이 있는 것처럼 세상 모든 것에도 끝은 있게 마련입니다. 이 속담은 무엇이든, 어떤 일이든 끝이 있다는 뜻을 나타내는 말입니다.

3 한자어 익히기

다음 한자어를 소리 내어 읽고 빈칸에 따라 써 보세요.

領	空
다스릴 영	빌 공

영공(領空): 한 나라가 다른 나라의 간섭 없이 중요한 일을 스스로 결정할 수 있는 권리를 가진 하늘.

• 다른 나라의 영공을 침범해서는 안 된다.
• 대한민국 공군이 우리 영공을 굳건히 지킨다.

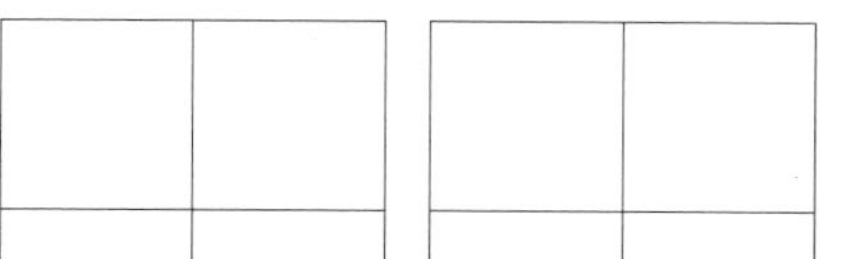

05회 읽기 방법 익히기

1 제목의 기능 이해하기

도서관이나 서점에 가면 많은 책이 꽂혀 있습니다. 그 많은 책 가운데 어느 한 권을 골라야 한다면 여러분은 무엇을 보고 고르나요? 아마도 많은 친구가 제목을 보고 고를 겁니다. 글쓴이는 읽는 이가 책이나 글을 읽도록 하기 위해 읽는 이의 관심이나 호기심을 불러일으킬 만한 제목을 붙이는 경우가 많으니까요. 또한, 글쓴이는 읽는 이가 책이나 글에 대해 이해하기 쉽도록 말하고자 하는 주제나 중심 내용을 압축하여 제목을 붙이기도 합니다. 그래서 제목만 보아도 책이나 글의 주제를 짐작할 수 있습니다.

★ 책이나 글 제목은,

(1) 읽는 이의 관심을 불러일으킵니다.
(2) 책이나 글에서 주로 다루는 내용이 무엇인지 알려 줍니다.
(3) 글쓴이가 하고 싶은 말이나 주제를 나타내어 읽는 이의 이해를 돕습니다.

하나의 제목이 동시에 위의 세 가지 일을 하기는 어렵기 때문에 글쓴이는 어떻게 하면 읽는 이의 관심을 끌면서도 주제를 나타내는 제목을 붙일 수 있을까 늘 고민합니다. 글쓴이가 왜 이런 제목을 붙였을지, 나라면 어떤 제목을 붙일지 생각하면서 글을 읽으면 이해가 쉬워지고 읽기도 더 재미있어집니다.

1 다음 글의 중심 내용을 드러내는 제목으로 가장 알맞은 것에 √표 하세요.

법은 나라에 따라 다르게 만들어지기도 한다. 그래서 우리나라에는 없는 법이 다른 나라에는 있는 경우도 생긴다. 예를 들어, 우리나라는 어디에서나 껌을 씹을 수 있지만, 싱가포르에서는 공공장소나 거리에서 껌을 씹으면 우리나라 돈으로 약 80만 원의 벌금을 낼 수 있다. 또 사람들의 안전을 위하여 법으로 어떤 행동을 하지 못하게 한다는 점에서는 비슷하지만, 처벌을 하는 방법이 다른 경우도 있다. 예컨대, 술을 마시고 운전을 하지 못하게 하는 법은 대부분의 나라에 있지만, 처벌하는 방법은 다르다. 술을 얼마나 마셨는가에 따라 차이가 있으나, 우리나라는 술을 마시고 운전을 하면 감옥에 가거나 벌금을 내야 한다. 터키의 경우는 술을 마시고 운전한 사람을 도시 30km 밖으로 내보낸 다음 걸어서 집으로 가도록 한다. 이때 술을 마신 운전자가 택시를 타지 못하도록 경찰이 자전거를 타고 뒤따라가면서 감시를 한다.

(1) 법, 나라에 따라 다르다! (√)
(2) 우리나라의 너그러운 법 ( )
(3) 법이 엄격한 나라, 싱가포르 ( )

해설 이 글의 중심 내용은 '법은 나라마다 다르게 만들어질 수 있다.'이므로 이를 드러내는 제목으로 적절한 것은 (1)입니다. (2), (3)은 글 내용을 확대 해석하여 내용을 정확하게 이해하지 못하였을 뿐만 아니라, 글의 중심 내용이 아니므로 제목으로 적절하지 않습니다.

2 다음 글의 제목에 대한 이해로 알맞은 것에 √표 하세요.

'착한 사마리아인 법', 왜 만들어야 하는가?

'착한 사마리아인 법'을 만드는 것에 대한 사람들의 의견이 팽팽하게 엇갈리고 있다. '착한 사마리아인 법'은 위험에 처한 사람을 일부러 구하지 않은 사람을 처벌하는 법이다.

성경에 따르면 사마리아인은 유대인과 사이가 좋지 않았다. 어느 날 유대인이 강도를 당해 길가에 쓰러졌는데 다른 사람들은 모른 척하고 지나갔다. 그런데 한 사마리아인이 쓰러진 유대인을 구해 주었다고 한다. '착한 사마리아인 법'이라는 이름은 이 이야기에서 유래한다.

위험에 처한 사람을 돕지 않으면 사회가 안전하게 유지되지 않기 때문에 '착한 사마리아인 법'을 만들어야 한다고 주장하는 사람들이 있다. 이와 반대로 위험에 처한 사람을 돕는 것은 법이 아닌 도덕의 문제로, 개인이 스스로 선택할 일이라고 주장하면서 이 법의 도입을 반대하는 사람들도 있다. 이렇듯 사람들 사이에 생각이 달라 '착한 사마리아인 법'은 현재 우리나라에서 법으로 만들어지지 않고 있다.

(1) 글의 중심 내용과 맞지 않는 제목이야. (√)
(2) 글쓴이의 의도를 잘 드러내는 제목이야. ( )

해설 이 글은 '착한 사마리아인 법'의 도입에 대한 사람들의 의견 대립을 다루고 있습니다. 그런데 제목은 이 법의 제정이 필요함을 암시하는 내용을 담고 있으므로 적절하지 않은 제목입니다.

해설 (1)은 글에서 다루는 내용보다 지나치게 범위가 넓어서 제목으로 삼기에 적절하지 않습니다. 반면 (2)는 글의 주제를 분명하게 보여 주고, (3)은 중심 소재와 주제를 연결하여 읽는 이의 관심을 끌 수 있어 제목으로 적절합니다.

3 다음 글의 제목으로 알맞은 것을 모두 찾아 √표 하세요.

어제도 우리 반 두 친구가 서로 욕을 하면서 다투는 일이 벌어졌습니다. 그래서 오늘 우리 반 학급 회의에서는 '말 온도계' 게시판을 만들기로 결정하였습니다. 친구의 마음을 아프게 하는 말을 하거나 욕을 하여 기분을 나쁘게 만드는 말을 하면 온도계를 1도씩 내리는 온도계 게시판을 만들기로 한 것입니다. 반대로 친구를 진심으로 칭찬하거나 위로하는 등 친구의 마음을 따뜻하게 하고 기분을 좋게 하는 말을 하는 친구의 온도계는 1도씩 올리고요. 또 한 학기 동안 온도계의 온도를 가장 높이 올린 친구에게는 상을 주기로 했습니다. 꼭 상을 받으려고 해서가 아니라 친구를 존중하고 사이좋게 지내기 위하여 배려하는 말, 따뜻한 말을 하는 우리 반이 되었으면 좋겠습니다.

(1) 싸우지 말자! ( )
(2) 친구를 존중하는 말, 따뜻한 우리 반 (√)
(3) 말 온도계, 친구를 따뜻하게 만들다 (√)

2 도표의 종류와 기능 이해하기

어떤 대상이나 사건을 이해하기 위해서는 자료를 체계적으로 모으고 정확하게 분석해야 합니다. 자료를 분석한 후에는 결과를 읽는 이가 이해하기 쉽도록 표현해야 하는데, 이때 도표를 활용할 수 있습니다. 도표는 '여러 가지 자료를 분석하여 그 관계를 일정한 형태로 나타낸 표나 그래프'를 말합니다. 어떤 대상이나 사건을 이해하기 위해서 자료를 모으고 분석한 다음, 이를 도표로 표현하면 읽는 이가 알아보기 쉽습니다.

표	자료의 관계를 파악하기 쉽게 정리하도록 돕는 가로(행)와 세로(열)로 된 틀
그래프	자료의 변화나 어떤 자료가 차지하는 정도를 한눈에 알아보도록 나타낸 그림 예 원그래프, 막대그래프, 꺾은선 그래프

★ **도표는,**

(1) 자료의 특징을 한눈에 알아보기 쉽게 합니다.

(2) 자료를 간단명료하게 표현하여 읽는 이가 빨리 이해하도록 도와줍니다.

1 (가)의 그래프를 보고 (나)의 ㉠에 알맞은 숫자를 써넣으세요.

(가)

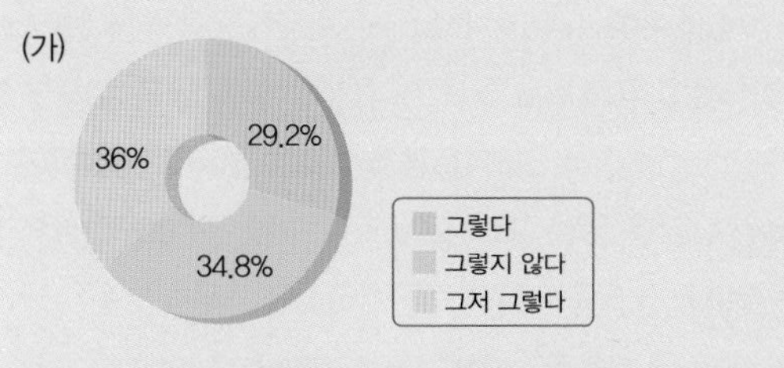

(나) 어린이 출입 제한 구역 문제에 대하여 경기 연구원은 2016년 경기도민 1,000명에게 설문 조사를 하였다. '어린이 출입을 막는 것이 어린이의 기본권을 해치는가?'라는 질문에 '그렇다'라는 대답이 29.2%로 나타났다. '그렇지 않다'라는 대답은 ㉠(34.8)%, '그저 그렇다'라는 대답은 36%로 어린이의 기본권을 해치지 않는다고 생각하는 대답이 더 많았다.

해설 (나)는 설문 조사 결과를 글로 쓴 것이고, (가)는 이를 원그래프로 나타낸 것입니다. 글로 쓰인 정보를 그래프로 표현하거나 또는 그 반대의 경우에 내용이 잘못 전달되지 않도록 수치를 정확하게 옮겨야 합니다.

[2~3] (나)는 (가)의 ㉠을 그래프로 나타낸 것입니다. 물음에 답하세요.

(가) 202×년 들어 샛별 초등학교에 지각하는 학생이 크게 늘었다고 합니다. 지난 3월에 지각한 학생이 전 학년에 걸쳐 모두 42명이나 되었습니다. 지각생 수를 줄이기 위하여 샛별 초등학교 학생회에서는 4월부터 지각할 때 벌을 주는 규칙을 자발적으로 만드는 등 여러 가지 활동을 하였습니다. ㉠이러한 노력이 효과를 나타내어 샛별 초등학교의 전체 지각생 수가 4월에는 30명, 5월에는 22명, 6월에는 15명으로 크게 줄었습니다.

(나)

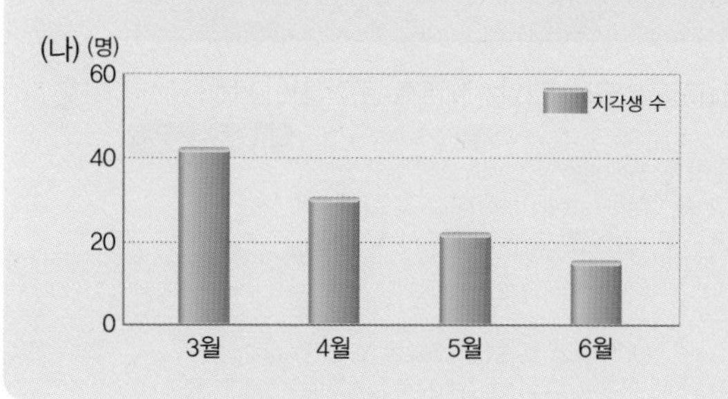

2 다음은 (나)의 그래프의 효과에 대한 설명입니다. 빈칸에 알맞은 말을 써넣으세요.

(가)에서 글로 쓰인 내용을 그래프로 바꾸니 3월부터 6월까지 지각한 학생 수가 (줄어든(감소한)) 것을 한눈에 알 수 있어.

해설 (나)의 그래프는 자료가 시간에 따라 변화하는 모습을 파악하기 쉽게 시각적으로 표현하였습니다. (나)는 3~6월 사이에 지각한 학생 수가 지속적으로 감소한 것을 한눈에 파악하기 쉽게 보여 줍니다.

3 (나)의 그래프 제목으로 알맞은 것에 √표 하세요.

(1) 샛별 초등학교 학생회 (　)

(2) 샛별 초등학교 학생회 활동의 효과 (　)

(3) 샛별 초등학교의 202×년 3~6월 지각생 수 (√)

해설 일반적으로 도표에도 제목이 있습니다. 도표의 제목은 자료의 내용을 가장 정확하게 보여 주는 것으로 붙이는 것이 좋습니다. (나)의 그래프는 샛별 초등학교에서 202×년 3~6월에 지각한 학생 수의 변화를 보여 주므로, (3)이 가장 적절한 제목입니다.

ERI 지수 628 과학 | 지구 과학

가 물속에 빈 페트병을 비스듬히 넣어 보세요. 그러면 병 입구에 방울이 보글보글 생기면서 물이 들어가는 것을 확인할 수 있습니다. 이렇게 방울이 생기는 이유는 페트병 안에 있던 공기가 밖으로 빠져나오기 때문입니다. 바로 공기 방울이죠. 반대로, 페트병 안의 물을 바깥으로 쏟아부을 때는 밖에 있던 공기가 병 안으로 다시 들어갑니다. 만약에 페트병에서 나가는 것만 있고 들어오는 것이 없다면 페트병은 쪼그라들겠죠.

➡ 화제 제시 – 공기

나 그런데 공기에도 무게가 있다는 사실, 알고 있나요? 물 1리터의 무게가 1kg이라고 했을 때, 공기 1리터의 무게는 약 1.3g이라고 해요. 공기에 무게가 있다는 것을 처음으로 발견한 사람은 갈릴레이(1564~1642)입니다. 갈릴레이는 공기에 무게가 있다는 것을 증명하기 위해 실험을 했어요. 먼저, 저울 한쪽에 공기를 압축해 넣은 커다란 유리병을 놓고 반대편에는 추를 올려놓아 수평을 맞추었습니다. 그다음 유리병의 뚜껑을 열어 공기를 뺀 뒤 다시 저울에 올려놓았어요. 그랬더니 저울이 추를 올려놓은 쪽으로 기울었습니다. 이로써 갈릴레이는 공기도 물이나 얼음처럼 무게를 가지고 있으며, 무게를 잴 수 있다는 것을 확인했습니다. 공기의 무게는 다른 말로 기압이라고 합니다. 공기가 누르는 힘이라는 뜻이죠. 공기가 우리를 계속해서 누르면 우리 몸이 아플 만도 한데, 우리는 기압을 잘 느끼지 못합니다. 밖의 공기가 우리 몸을 누르는 만큼 우리 몸 안의 공기도 같은 힘으로 밀어내고 있기 때문입니다.

(발견: 아직 찾아내지 못했거나 알려지지 않은 사실을 찾아냄. / 저울: 물건의 무게를 재는 데 쓰는 기구. / 압축: 물질 따위에 압력을 가하여 그 부피를 줄임.)

➡ 공기의 무게(기압)를 발견한 갈릴레이

다 하지만 높은 산에 올라갈 때 귀가 먹먹했던 경험이 있을 겁니다. 그 이유는 (㉠)에 따라 기압이 달라지기 때문입니다. 땅 위를 누르는 공기의 양보다 산 위를 누르는 공기의 양이 더 적기 때문에 몸속의 압력이 더 높아져서 몸이 부풀어 오르는 겁니다. 풍선이 하늘 높이 올라가면 점점 커지다가 '뻥' 하고 터지는 것과 같아요.

(먹먹했던: 갑자기 귀가 막힌 듯이 소리가 잘 들리지 않았던.)

➡ 높이에 따른 기압 차이

라 높이에 따라 기압이 달라지듯, (㉡)에 따라서도 기압이 달라집니다. 같은 지역이라도 공기의 양이 항상 일정한 것은 아니거든요. 공기가 한곳에 머물러 있지 않고 계속 이동하기 때문입니다. 공기는 공기가 많은 쪽에서 적은 쪽으로, 공기가 무거운 쪽에서 가벼운 쪽으로 이동하게 되는데, 이것이 바로 바람이 부는 이유입니다. 두 장소의 기압 차이가 클수록 공기의 흐름이 빨라지고, 그만큼 우리가 느끼는 바람의 세기도 세집니다. 이처럼 공기는 모양도, 냄새도, 색깔도 없지만 우리가 피부로 느낄 수 있는 소중한 친구랍니다.

➡ 장소에 따른 기압 차이

중심 생각 찾기

1. 이 글의 중심 생각은 무엇인가요? (④)

① 바람이 부는 이유는 기압 때문이다.
② 풍선이 하늘 높이 올라가면 터진다.
③ 공기의 무게를 발견한 사람은 갈릴레이이다.
④ 공기의 무게인 기압은 여러 가지 특성을 지닌다.
⑤ 기압의 특성은 모양, 냄새, 색깔을 지닌다는 점이다.

해설 이 글은 '공기의 무게', 즉 기압의 개념과 특성에 대해 설명한 글입니다. 특히 높이, 장소에 따라 달라지는 기압의 특성을 자세히 설명하고 있습니다. ①, ②, ③은 글의 중심 생각이 아니라 글의 일부분에 해당하고, ⑤는 잘못된 내용입니다.

세부 내용 파악하기

2. 다음 중 기압 때문에 일어나는 일로 알맞은 것을 모두 찾아 √표 하세요.

(1) 바람이 세게 분다. (√)
(2) 높은 산에 올라가면 귀가 먹먹해진다. (√)
(3) 풍선이 하늘 위로 올라가면 점점 커지다가 터진다. (√)
(4) 페트병 속의 물을 밖으로 쏟으면 페트병이 쪼그라든다. (   )

해설 (1) 라의 '두 장소의 기압 차이가 클수록 공기의 흐름이 빨라지고, 그만큼 우리가 느끼는 바람의 세기도 세집니다.'에서 확인할 수 있습니다. (2) 다의 '높은 산에 올라갈 때 귀가 먹먹했던 경험이 있을 겁니다. 그 이유는 높이에 따라 기압이 달라지기 때문입니다.'에서 알 수 있습니다. (3) 다의 마지막 부분에서 풍선이 하늘 높이 올라가면 점점 커지다가 뻥 하고 터지는 것과 몸속의 압력이 높아져서 몸이 부풀어 오는 것이 같은 원리라고 하였습니다. 이를 통해 풍선이 터지는 것도 풍선 속의 기압이 높아져서 생기는 일임을 알 수 있습니다.

해설 ㉠의 뒤 문장을 보면 '땅 위를 누르는 공기', '산 위를 누르는 공기'의 차이점이 언급되어 있고, 다의 첫 문장에서 '높이'에 따라 기압이 달라진다고 요약하고 있습니다. ㉡에 대한 설명은 라에 나타나 있는데, 라에서는 같은 지역이라도 공기의 양이 일정하지 않다며 장소에 따라 기압이 달라지는 것을 설명하고 있습니다.

문맥 추론하기

3. ㉠과 ㉡에 들어갈 말을 알맞게 짝지은 것은 무엇인가요? (③)

	㉠	㉡
①	장소	높이
②	무게	색깔
③	높이	장소
④	바람	공기
⑤	저울	풍선

설명 방법 이해하기

4. 라에 나타난 설명 방법으로 옳은 것은 무엇인가요? (①)

① 바람이 부는 원인을 분석하였다.

② 바람이 부는 장소를 나열하였다.

③ 기압이 높은 장소와 낮은 장소를 비교하였다.

④ 공기와 관련하여 수집한 여러 가지 자료를 정리하였다.

⑤ 공기의 무게로 발생하는 문제점과 해결책을 제시하였다.

해설 라에서는 장소에 따라 기압이 달라지고 두 장소의 기압 차이(원인) 때문에 바람이 분다(결과)고 설명하였습니다. 따라서 이 글에는 '원인-결과'의 설명 방법이 나타나 있다고 볼 수 있습니다.

글의 구조 파악하기

5. 이 글의 구조를 바르게 나타낸 것은 무엇인가요? (④)

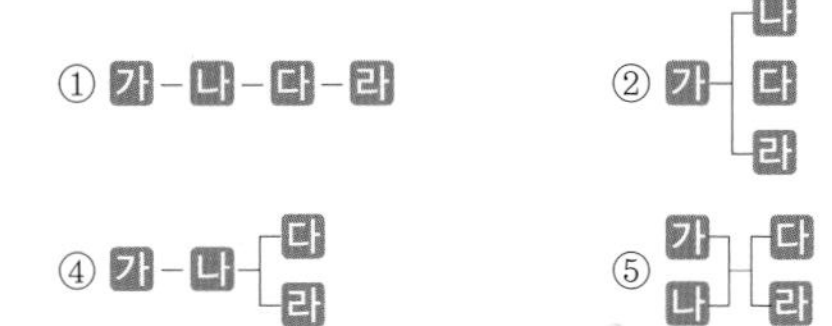

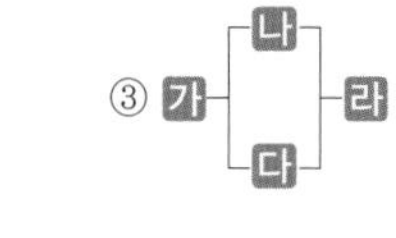

④ 가-나 다 라

⑤ 가 나 다 라

해설 가에서 화제(공기)를 제시한 뒤, 나에서는 갈릴레이가 실험을 통해 확인한 공기의 특성(무게가 있음.)을 설명하고 있으며, 이러한 공기의 특성 때문에 나타나는 기압의 특성을 다(높이에 따라 기압이 달라짐.)와 라(장소에 따라 기압이 달라짐.)에서 설명하고 있습니다. 따라서 가와 나는 병렬 관계이며, 나와 다, 라는 포함 관계입니다. 그리고 다와 라는 대등한 관계입니다.

내용 요약하기

6. 빈칸에 〈보기〉의 단어를 넣어 이 글의 핵심 내용을 요약하세요.

보기: 공기 기압 무게

(공기)에도 가볍고 무거운 정도를 나타내는 (무게)이/가 있다. 이러한 공기의 특성 때문에 높이와 장소에 따라 (기압)이/가 달라진다.

해설 가에서는 이 글의 화제인 '공기'를 제시하고 있으며, 나에서는 공기가 무게를 가지고 있음을 설명하고 있습니다. 다에서는 공기의 높이에 따른 특성을, 라에서는 공기의 장소에 따른 특성을 설명하고 있습니다. 따라서 이 글의 핵심 내용은 '공기', '무게', '기압'이라는 단어를 차례대로 넣어 요약할 수 있습니다.

어휘 익히기

1 단어 뜻 알기

빈칸에 들어갈 알맞은 단어를 〈보기〉에서 찾아 쓰세요.

보기: 발견 저울 압축 먹먹하다

1. 산꼭대기에서 조개 화석이 (발견)되었다.
   뜻 아직 찾아내지 못했거나 알려지지 않은 사실을 찾아냄.
2. 금반지의 무게가 얼마나 나가는지 (저울)에 달아 보자.
   뜻 물건의 무게를 재는 데 쓰는 기구.
3. 바로 머리 위에서 터지는 폭죽 소리 때문에 귀가 (먹먹하다).
   뜻 갑자기 귀가 막힌 듯이 소리가 잘 들리지 않는다.
4. 그는 빈 깡통을 모은 뒤 (압축)하여 분리수거를 하였다.
   뜻 물질 따위에 압력을 가하여 그 부피를 줄임.

2 관용 표현 알기

다음 빈칸에 공통으로 들어갈 말을 쓰세요.

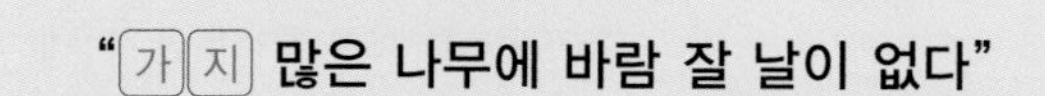

"가지 많은 나무에 바람 잘 날이 없다"

가지가 많고 무성한 나무는 살랑거리는 바람에도 잎이 흔들려서 잠시도 조용한 날이 없다는 뜻으로, 자식을 많이 둔 부모님에게는 걱정이 끊일 날이 없음을 비유적으로 이르는 말입니다.

3 한자어 익히기

다음 한자어를 소리 내어 읽고 빈칸에 따라 써 보세요.

공기(空氣): 사람과 동물이 숨 쉴 때 들이마시고 내쉬는 기체.

- 공기가 맑다.
- 새벽 공기가 쌀쌀하다.
- 바람 빠진 타이어에 공기를 채웠다.

空 氣 (빌 공 / 기운 기)

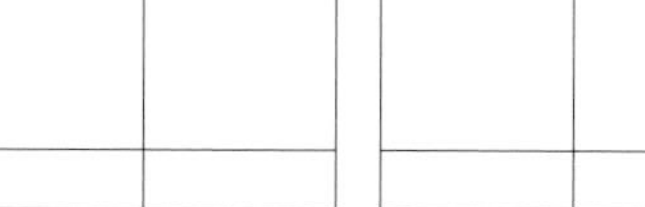

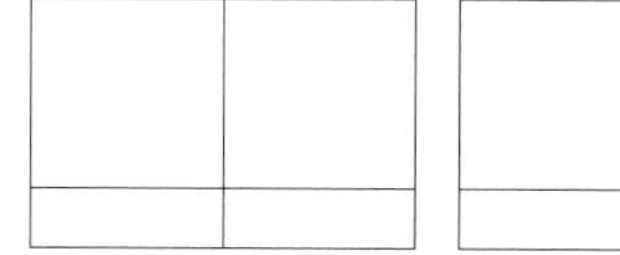

ERI 지수 619 과학 | 화학

'아기 돼지 삼 형제' 이야기를 들어 보았나요? 옛날 옛적에 아기 돼지 삼 형제가 부모의 품을 떠나 각자 자기 집을 짓게 되었어요. 첫째는 초가집을, 둘째는 나무집을, 셋째는 벽돌집을 지었어요. 이야기 속에서는 누가 지은 집이 가장 튼튼했을까요? (㉠학생이 대답한다.) 네, 셋째 돼지 맞습니다. 늑대가 부수지 못한 유일한 집이 벽돌집이었죠. 그러나 이야기 밖에서는 답변이 달라집니다. 늑대가 하지 못한 일을 산성비가 해내거든요.

초가집: 흙으로 벽을 세우고 짚이나 갈대 등의 풀로 지붕을 얹은 집.

➡ 화제 제시 - 산성비

산성비는 '산'의 '성'질을 띤 '비'입니다. 일반적인 비는 약한 산성이지만, 산성비는 일반적인 비보다 강한 산성이기 때문에 붙여진 이름입니다. 공기 중에 있는 무언가가 비에 들어가서 빗물의 성질을 강한 산으로 바꿔 놓은 거죠. 그럼 '산'이란 무엇일까요? 산의 영어 표현인 '애시드(acid)'는 '시다'라는 뜻을 가지고 있습니다. 산은 신맛이 나는 물질로, 액체의 특성에 따라 구분한 것 중 하나예요. 산의 가장 큰 특징은 다른 물질의 성질을 바꾸고, 반대 성질을 지닌 물질과 만났을 때는 자신의 성질을 잃어버리기도 한다는 겁니다. 한마디로 변화를 좋아하는 물질입니다. 그래서 비의 성질도 바꾸어 버리는 거죠.

액체: 물이나 기름처럼 부피는 있지만 일정한 모양 없이 흐르는 물질.

➡ 산성비의 뜻과 산의 특징

그런데 공기 중에 무엇이 있길래 빗물이 강한 산성으로 바뀌는 걸까요? 주된 원인은 석탄, 석유, 천연가스 등의 화석 연료를 태우는 공장에서 나오는 연기입니다. 예컨대, 연기에 포함된 노란색의 황이라는 물질이 공기와 만나거나 물에 녹으면 강한 산의 성질을 가진 황산으로 변합니다.

➡ 빗물이 강한 산성으로 변하는 이유

그렇다면 산성비는 우리에게 어떤 피해를 줄까요? 산성비는 땅속의 영양 성분을 씻어 내기 때문에 식물이 자라는 것을 방해합니다. 그리고 산성비가 숲에 내리면 나뭇잎이 황갈색으로 변하고 나무는 말라 죽게 됩니다. 이 경우에는 비가 내린 후에 오히려 땅이 더욱 단단해진다는 옛말이 맞지 않는 거죠. 또한, 산성비는 강이나 호수의 밑바닥에 있는 해로운 금속 물질들을 녹여서 물고기들이 살 수 없게 만듭니다. 이뿐만 아니라 돌이나 금속으로 만든 건물, 유적, 동상을 녹여요. 가장자리가 없어진 탑, 코가 없어진 동상, 색깔이 변한 다리를 주변에서 본 적 있을 겁니다. 셋째 돼지가 지은 벽돌집도 예외는 아니겠죠? 이 모든 것은 산이 다른 물질의 성질을 바꾸기 때문에 일어나는 일입니다.

금속: 금, 은, 동, 철처럼 단단하고 반짝이는 금붙이와 쇠붙이.

유적: 건축물이나 싸움터 또는 역사적인 사건이 벌어졌던 장소.

➡ 산성비 때문에 입는 피해

내용 이해하기

1. 이 글의 내용과 일치하지 않는 것은 무엇인가요? (③)

① 산성비는 다른 물질의 성질을 바꾼다.
② 산성비는 우리에게 많은 피해를 준다.
③ 산성비가 내리면 나무에 노란 단풍이 든다.
④ 산성비에는 황이라는 노란 물질이 들어 있다.
⑤ 약한 산성을 띠는 비는 산성비라고 부르지 않는다.

해설 4문단에서 나뭇잎이 황갈색으로 변한다고 말한 것은 노란 단풍이 든다는 의미가 아니라, 산성비 때문에 나뭇잎의 색깔이 변하는 것을 의미합니다.

설명 방법 이해하기

2. 이 글에서 산성비가 생기는 이유를 설명한 방식은 무엇인가요? (①)

① 예를 들어 설명하였다.
② 옛이야기에 적용하여 설명하였다.
③ 개념을 분명하게 풀어 설명하였다.
④ 실감 나는 비유를 들어 설명하였다.
⑤ 다른 사람이 한 말을 가져와 설명하였다.

해설 산성비가 생기는 이유를 설명한 문단은 3문단입니다. 3문단의 '주된 원인은 ~.', '예컨대, ~' 부분을 보면, 산성비가 생기는 이유가 나와 있습니다. '주된 원인'은 여러 가지 원인 중 하나를 예를 들어 설명한다는 의미이고, '예컨대' 역시 '예를 들어'라는 뜻입니다. 따라서 산성비가 생기는 이유를 설명하는 방식은 '예시'입니다.

문맥 추론하기

3. ㉠에서 학생이 했을 말로 알맞은 것은 무엇인가요? (③)

① 첫째 돼지가 지은 초가집이에요.
② 둘째 돼지가 지은 벽돌집이에요.
③ 셋째 돼지가 지은 벽돌집이에요.
④ 엄마가 지어 준 셋째 돼지의 벽돌집이에요.
⑤ 아빠가 지어 준 둘째 돼지의 초가집이에요.

해설 ㉠ 앞의 '셋째는 벽돌집을 지었어요.'와 ㉠ 바로 뒤의 '네, 셋째 돼지 맞습니다.'라는 부분을 통해 학생이 '셋째 돼지가 지은 벽돌집이에요.'라고 대답하였을 것임을 짐작할 수 있습니다.

이유나 근거 파악하기

4. 이 글에서 산성비가 우리에게 주는 피해의 원인을 찾아 바르게 연결하세요.

(1) 땅과 숲에서는 식물이 자라기 어렵습니다. • — • ⓑ

(2) 강이나 호수에서는 물고기들이 죽게 됩니다. • — • ⓐ

ⓐ 왜냐하면 산성비가 물 밑바닥에 있는 해로운 금속 물질들을 녹이기 때문입니다.

ⓑ 왜냐하면 강한 산성을 띠는 산성비가 땅속의 영양 성분을 씻어 내기 때문입니다.

해설 4문단의 '산성비는 땅속의 영양 성분을 씻어 내기 때문에 식물이 자라는 것을 방해합니다.'와 '산성비는 강이나 호수의 밑바닥에 있는 해로운 금속 물질들을 녹여서 물고기들이 살 수 없게 만듭니다.'에서 확인할 수 있습니다.

이유나 근거 파악하기

5. 다음 현상이 일어나는 원인이 산의 어떤 특성 때문인지 이 글에서 찾아 쓰세요.

- 가장자리가 없어진 탑
- 코가 없어진 동상
- 색깔이 변한 다리

산이 다른 물질의 성질을 바꾸는 특성이 있기 때문이다.

해설 주어진 현상들은 4문단에 제시된 산성비의 피해 사례입니다. 그 원인은 산의 특성과 연관 지을 수 있는데, 2문단에서 '산의 가장 큰 특징은 다른 물질의 성질을 바꾸'는 것이라고 제시하고 있습니다. 그리고 4문단의 마지막 문장인 '이 모든 것은 산이 다른 물질의 성질을 바꾸기 때문에 일어나는 일입니다.'에 잘 나타나 있습니다.

해설 2문단의 첫 문장에 산성비의 개념 정의가 나타나 있습니다. 산성비의 원인은 3문단의 '주된 원인은 석탄, 석유, 천연가스 등의 화석 연료를 태우는 공장에서 나오는 연기입니다.'에 나와 있습니다. 4문단에서는 산성비가 땅과 숲, 강과 호수에 주는 피해를 설명하고 있는데, 이때 '땅, 숲, 강, 호수'는 자연입니다. 따라서 이 글의 핵심 내용은 '산성비', '연기', '자연'을 차례대로 넣어 요약할 수 있습니다.

내용 요약하기

6. 빈칸에 〈보기〉의 단어를 넣어 이 글의 핵심 내용을 요약하세요.

보기: 자연 / 연기 / 산성비

(산성비)는 '산의 성질을 띤 비'라는 뜻입니다. 산성비의 주된 원인은 화석 연료를 태우는 공장에서 나오는 (연기)입니다. 산성비는 (자연)과 인간에게 많은 피해를 줍니다.

어휘 익히기

1 단어 뜻 알기

빈칸에 들어갈 알맞은 단어를 〈보기〉에서 찾아 쓰세요.

보기: 초가집 / 액체 / 금속 / 유적

1. 우리는 문화 (유적)을/를 잘 보존해야 한다.
   뜻 건축물이나 싸움터 또는 역사적인 사건이 벌어졌던 장소.
2. 낡은 (초가집)은/는 비만 오면 지붕에서 물이 샜다.
   뜻 흙으로 벽을 세우고 짚이나 갈대 등의 풀로 지붕을 얹은 집.
3. 차가운 (액체)이/가 식도를 타고 배 속으로 들어갔다.
   뜻 물이나 기름처럼 부피는 있지만 일정한 모양 없이 흐르는 물질.
4. 여행하면서 반지, 목걸이 등의 (금속)(으)로 된 액세서리를 잃어버렸다.
   뜻 금, 은, 동, 철처럼 단단하고 반짝이는 금붙이와 쇠붙이.

2 관용 표현 알기

다음 빈칸에 들어갈 알맞은 말을 쓰세요.

"(비) 온 뒤에 땅이 굳어진다"

비에 젖어 질척거리던 흙도 마르면서 단단하게 굳어진다는 뜻으로, 어떤 어려운 일을 겪고 나면 더욱 강해짐을 비유적으로 이르는 말입니다.

3 한자어 익히기

다음 한자어를 소리 내어 읽고 빈칸에 따라 써 보세요.

물질(物質): 물체를 이루는 재료. 예를 들어 연필, 지우개, 책상을 이루고 있는 물질은 각각 흑연, 고무, 나무임.

- 이 물질은 사람에게 좋지 않다.
- 그 공장에서 오염 물질을 처리하고 있다.

物	質						
물건 물	바탕 질						

ERI 지수 646 과학 | 생물

우리가 사는 지구가 점점 뜨거워진다고 상상해 보세요. 극지방의 얼음이 녹아 바닷물이 더 많아지고, 뜨거운 여름이 아주 길어지겠죠. 이것을 지구 온난화라고 하는데, 그 원인 중 하나는 온실가스입니다. 이산화탄소, 메탄 등과 같은 온실가스는 지구에서 내뿜는 에너지가 지구 밖으로 빠져나가는 것을 막는 역할을 합니다. 온실가스가 지구에 적당히 있으면 지구의 온도를 유지해 주지만, 지나치게 많으면 지구가 점점 뜨거워지고 결국 기후 변화를 일으키게 됩니다.

기온, 비, 눈, 바람 따위의 공기 상태.

➡ 온실가스로 인한 지구 온난화

오늘날 많은 나라에서는 온실가스 중 이산화탄소에 관심을 기울이고 있습니다. 자꾸 많아지는 이산화탄소가 지구 온난화의 범인이기 때문이에요. 우리가 숨을 내쉴 때, 따뜻한 물을 쓸 때, 불을 켤 때, 차를 탈 때 이산화탄소가 ㉠생깁니다. 반면, 나무가 숨을 쉴 때는 이산화탄소를 흡수하고 산소를 내보냅니다. 만약 우리가 이산화탄소를 만든 만큼 없앤다면 이산화탄소의 양이 일정해지고 결국 지구 온난화를 막는 데 도움이 되지 않을까요?

죄를 저지른 사람.

➡ 지구 온난화의 범인, 이산화탄소

최근에는 많은 나라와 단체가 이산화탄소를 내보내는 만큼 ㉡거두어들이는 활동을 하고 있어요. 이를 탄소 중립이라고 합니다. 우리가 ㉢내보내는 이산화탄소의 양을 너무 많지도 너무 적지도 않게 만들겠다는 의미지요. 탄소 중립을 위한 활동을 하면 지구 온난화를 막을 수 있으므로 기후 변화로 인한 태풍, 홍수, 가뭄 등의 자연 파괴를 줄일 수 있습니다. 그만큼 살기 좋은 지구가 되는 거예요.

➡ 지구 온난화를 막을 수 있는 방법 – 탄소 중립

탄소 중립을 위한 노력은 세계 여러 나라 및 단체에서 다양한 방법으로 이루어지고 있습니다. 예컨대, 어떤 나라는 이산화탄소를 많이 발생시키는 석탄, 석유, 천연가스와 같은 화석 연료 대신 태양, 바람 등의 자연 에너지를 이용하도록 합니다. 또, 어떤 단체는 기업에서 이산화탄소를 많이 ㉣발생시키면 그만큼 돈을 내게 하여 기업들이 이산화탄소 발생을 줄이는 데 참여하도록 하고 있어요. 그리고 이산화탄소를 많이 ㉤배출하는 사업에 세금을 내도록 하는 방법도 쓰고 있고요.

땅속에서 자연적으로 발생하는 가스.

안에서 밖으로 밀어 내보냄.

➡ 탄소 중립을 위한 각국의 노력

[   ] 탄소 중립을 위해서 꼭 큰일만 해야 하는 것은 아닙니다. 샤워 시간만 줄여도 따뜻한 물을 데우는 과정에서 발생하는 이산화탄소를 줄일 수 있습니다. 또한 여름에 에어컨 온도 1도 올리기, 필요 없는 불 끄기, 대중교통이나 자전거 이용하기, 종이컵 대신 개인 컵 사용하기, 안 쓰는 전기 플러그 뽑아 놓기 등의 사소한 생활 습관으로도 충분히 이산화탄소를 줄일 수 있습니다. 지구의 이산화탄소 다이어트! 여러분도 함께 하실래요?

➡ 탄소 중립을 위한 개인의 노력

내용 이해하기

1. 이 글의 내용과 일치하는 것은 무엇인가요? (③)

① 온실가스는 지구에 피해만 준다.
② 지구 온난화는 지구가 건조해지는 현상이다.
③ 이산화탄소의 증가는 지구 온난화의 원인 중 하나이다.
④ 탄소 중립을 위한 활동은 가난한 나라에서만 실천 중이다.
⑤ 개인이 탄소 중립을 위해 노력한다고 이산화탄소가 줄어드는 것은 아니다.

해설 2문단의 두 번째 문장에 '이산화탄소가 지구 온난화의 범인'이라고 언급되어 있습니다. ① 1문단에서 온실가스가 적당히 있으면 지구의 온도를 유지해 준다고 하였으므로, 온실가스가 지구에 피해만 준다는 내용은 적절하지 않습니다. ② 1문단에서 지구 온난화는 지구가 점점 뜨거워지는 현상이라고 하였습니다. ④ 4문단에서 탄소 중립을 위한 노력이 '세계 여러 나라'에서 이루어진다고 했으므로 가난한 나라에서만 실천한다는 내용은 적절하지 않습니다. ⑤ 5문단에서 탄소 중립을 위한 개인의 사소한 생활 습관으로도 충분히 이산화탄소를 줄일 수 있다고 하였습니다.

문단 간의 관계 파악하기

2. 이 글의 [   ] 안에 들어갈 말로 알맞은 것은 무엇인가요? (②)

① 그래서
② 하지만
③ 따라서
④ 그리고
⑤ 그러므로

해설 4문단과 5문단의 관계를 확인하면 정답을 찾을 수 있습니다. 두 문단은 대조 관계로 연결되어 있습니다. 4문단에서는 나라 및 기업이 실천할 수 있는 탄소 중립 활동을 소개하고 있고, 5문단에서는 개인이 실천할 수 있는 탄소 중립 활동을 소개하고 있습니다.

사례에 적용하기

3. 이 글에 나타난 탄소 중립을 위한 활동 사례로 볼 수 없는 것은 무엇인가요? (①)

① 자전거를 여러 대 구매한다.
② 종이컵 대신 개인 컵을 사용한다.
③ 안 쓰는 전기 플러그를 뽑아 놓는다.
④ 화석 연료보다는 자연 에너지를 이용한다.
⑤ 이산화탄소를 많이 발생시키는 기업은 돈을 내게 한다.

해설 5문단에서 '대중교통이나 자전거 이용하기'의 맥락적 의미는 자가용보다는 대중교통이나 자전거 이용을 생활화하자는 것이지, 자전거를 많이 구매하라는 것은 아닙니다. ②, ③은 5문단에 ④, ⑤는 4문단에서 확인할 수 있습니다.

독서 목적에 맞게 글 읽기

4. 이 글을 읽은 뒤 실험 관찰 보고서를 쓰기 위해 계획을 세우려고 합니다. 이때 떠올린 생각으로 가장 알맞은 것은 무엇인가요? (③)

• 실험 관찰 보고서: 자연 현상에 대한 조사 및 탐구 활동의 과정과 결과를 알리는 글

① 지구가 뜨거워져서 더이상 살 수 없는 곳이 되면 어떡하지?
② 우리나라에 화석 연료를 이용하는 공장은 몇 개나 있을까?
③ 이산화탄소가 발생하는 걸 직접 확인할 수 있는 방법은 무엇일까?
④ 이산화탄소를 배출하는 기업들이 내는 세금을 계산하는 방법은 무엇일까?
⑤ 이산화탄소 발생을 줄이기 위해 내일부터 가까운 거리는 자전거로 다녀 볼까?

해설 이산화탄소 발생은 자연 현상이면서 조사 및 탐구가 가능한 대상입니다. 따라서 이산화탄소가 발생하는 것을 직접 확인하는 실험은 실험 관찰 보고서를 쓰기 위해 세울 수 있는 계획이므로 ③의 질문이 가장 적절합니다. ①은 정서적 반응, ②는 통계 조사, ④는 경제적 관점, ⑤는 실천과 관련된 물음으로, 자연 현상에 대해 조사 및 탐구할 수 있는 사항이 아닙니다.

독서 목적에 맞게 글 읽기

5. 이 글을 활용하여 탄소 중립 운동에 참여하도록 설득하는 글을 쓰려고 합니다. 근거로 알맞은 것은 무엇인가요? (④)

① 탄소 중립 운동을 하면 겨울이 더 따뜻해진다.
② 탄소 중립 운동을 통해 많은 돈을 벌 수 있다.
③ 탄소 중립 운동은 전 세계에서 실시하고 있다.
④ 탄소 중립 운동으로 지구 온난화를 막을 수 있다.
⑤ 탄소 중립 운동으로 지구의 모든 이산화탄소를 없앨 수 있다.

해설 3문단에서 '탄소 중립을 위한 활동을 하면 지구 온난화를 막을 수 있'다고 언급하였습니다. ① 1문단에 지구가 점점 뜨거워지고 있다는 내용은 있으나, 탄소 중립 운동은 이산화탄소의 발생을 줄여 지구가 뜨거워지는 것을 막기 위한 활동이므로 ①은 탄소 중립 운동에 참여하도록 설득하는 글의 근거로 적절하지 않습니다. ② 4문단의 마지막 문장에 언급된 '이산화탄소를 많이 배출하는 사업에 세금을 내도록 하는 방법'의 내용을 왜곡하여 해석한 경우입니다. 돈을 많이 벌 수 있는지는 글에 나타나 있지 않으며 탄소 중립 운동의 근거로도 적절하지 않습니다. ③ 3문단에서 최근에는 많은 나라와 단체가 탄소 중립 활동을 한다고 언급하였지만, 전 세계에서 실시하고 있다고 하지는 않았습니다. ⑤ 탄소 중립 운동이 이산화탄소를 줄이기 위한 것이라는 2, 3문단의 내용과 관련되지만, '모든' 이산화탄소를 없애는 것이 목적이 아니라 중립을 지키는 것이 필요하다고 하였습니다.

어휘 이해하기

6. ㉠~㉤ 중 의미가 다른 하나는 무엇인가요? (②)

① ㉠ ② ㉡ ③ ㉢
④ ㉣ ⑤ ㉤

해설 ㉡은 이산화탄소를 흡수한다는 의미입니다. 나머지는 모두 이산화탄소를 내보낸다는 의미입니다.

어휘 익히기

1 단어 뜻 알기

빈칸에 들어갈 알맞은 단어를 〈보기〉에서 찾아 쓰세요.

보기: 기후 범인 천연가스 배출

1. 경찰이 (범인)을/를 잡았다.
뜻 죄를 저지른 사람.

2. 이 땅에는 (천연가스)이/가 대량으로 묻혀 있다.
뜻 땅속에서 자연적으로 발생하는 가스.

3. 자동차에서 (배출)되는 연기는 환경 오염을 일으킨다.
뜻 안에서 밖으로 밀어 내보냄.

4. 온실가스가 증가하면서 지구의 (기후)이/가 급격하게 변화하고 있다.
뜻 기온, 비, 눈, 바람 따위의 공기 상태.

2 관용 표현 알기

다음 빈칸에 들어갈 알맞은 말을 쓰세요.

"매듭을 묶은 사람이 그것을 푼다"

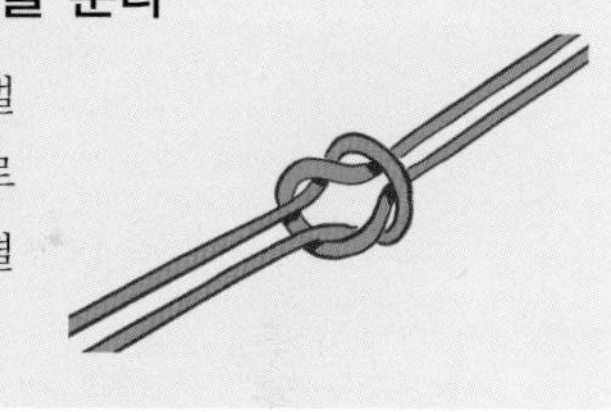

끈의 매듭은 묶은 사람이 풀어야 제대로 풀리듯이, 일을 벌여 놓은 사람이 그 일을 해결해야 한다는 뜻입니다. 사람으로 인해 오염된 자연을 되살리는 것 역시 결국 우리 모두가 해결해야 할 일입니다.

3 한자어 익히기

다음 한자어를 소리 내어 읽고 빈칸에 따라 써 보세요.

中	立
가운데 **중**	설 **립**

중립(中立): 한쪽으로 치우치지 않는 것.
• 나는 형과 동생이 싸울 때마다 중립을 지켰다.
• 토론할 때 사회자는 중립적 자세를 지녀야 한다.
• 남북통일 문제는 가치 중립적으로 살펴봐야 한다.

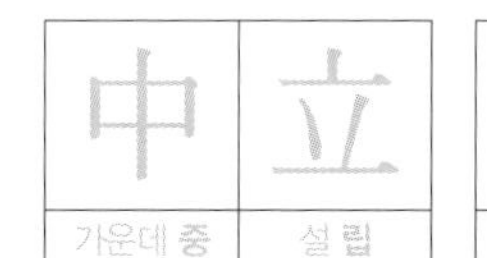

ERI 지수 599 과학 | 물리

여러분, '빠르다'와 '빨라지다'의 차이를 아시나요? 사전을 찾아보면, '빠르다'는 '어떤 동작을 하는 데 걸리는 시간이 짧다.', ㉠'빨라지다'는 '빠르게 되다.'라고 풀이하고 있습니다. 즉 '빨라지다'는 대상의 속도가 더해진다는 것을 표현한 단어죠. '빠르다'의 한자어가 '속도'라면, '빨라지다'에 대응하는 한자어는 더할 가(加)를 추가한 '가속도'가 됩니다. ➡ '빠르다'와 '빨라지다'의 뜻

(동작: 몸을 움직이는 것. 또는 그 몸놀림.)

이것을 과학적으로 적용해 볼까요? 속도는 '일정한 ㉡시간 동안 이동한 ㉢거리'를 뜻합니다. 반면, 가속도는 '일정한 시간 동안에 나타난 속도의 변화 정도'를 뜻하는 개념입니다. 즉 속도는 걸린 시간과 움직인 거리를 알아야 구할 수 있고, 가속도는 시간, 처음 속도, 나중 속도를 알아야 구할 수 있습니다. 빗물이 땅으로 떨어질 때, 긴 미끄럼틀을 타고 내려올 때, 공을 던질 때, 힘차게 달릴 때 처음 속도보다 나중 속도가 더 빨라지죠? 가속도가 붙기 때문입니다. ➡ 속도와 가속도의 뜻

(과학적: 과학처럼 정확한 이치와 짜임새를 갖춘.)

지금까지 100미터 달리기 선수 중 가장 빠른 사람은 누구일까요? 바로 우사인 볼트입니다. 그는 2009년 세계 육상 선수권 대회의 100미터 달리기에서 9초 58로 세계 신기록을 달성했습니다. 흥미로운 사실은 볼트의 대회 기록 중 2008년 베이징 올림픽에서는 100미터보다 200미터를 달릴 때 속도가 더 빨랐다는 점입니다. 100미터 달리기 대회에서 9초 69를 기록했던 볼트가 200미터에서는 19초 30으로 달렸습니다. 볼트의 100미터 기록을 두 번 더하면 19초 38인데, 200미터의 실제 기록은 그보다 0.08초 빠른 거죠. ➡ 우사인 볼트의 사례

(기록: 운동 경기 따위에서 세운 성적이나 결과를 수치로 나타냄.)

전문가들은 그 비결이 가속도에 있다고 합니다. 한 전문가는 "200미터는 가속도가 붙은 상태에서 달릴 수 있는 거리가 100미터를 달릴 때보다 더 길다. 따라서 100미터 기록을 두 번 더한 것보다 기록이 더 짧아진다. 대부분의 뛰어난 선수들은 100미터를 달릴 때의 속도보다 200미터를 달릴 때의 속도가 빠르다."라고 말합니다. 이처럼 누가 더 '빠른가'를 비교할 때에는 속도를 알아보면 되고, 누가 더 '빨라지는가'를 비교할 때에는 가속도를 알아보면 된답니다. ➡ 가속도의 비밀

대부분의 육상 대회처럼 달리는 거리가 100미터로 일정할 때에는, 달리는 시간이 가장 짧은 사람을 달리기 대회 우승자로 꼽습니다. 여기서 재미있는 상상을 한번 해 볼까요? 달리는 시간이 10초로 정해져 있고, 그 시간 동안 가장 빨리 뛴 사람이 우승하는 대회가 있다고 상상해 봅시다. 이 대회에서는 ㉮어떤 사람이 우승자가 될까요? ➡ 달리는 시간이 정해진 대회의 우승자

(우승자: 경기, 대회 등에서 이긴 사람.)

중심 화제 찾기

1. 이 글의 중심 화제는 무엇인가요? (④)

① 속도와 가속도의 공통점
② 속도 측정의 대표적 방법
③ 속도와 가속도의 장단점
④ 속도와 가속도의 개념 및 사례
⑤ 속도와 가속도가 우리 생활에 미치는 영향

해설 1, 2문단에서는 속도와 가속도의 개념을, 3, 4문단에서는 속도와 가속도와 관련된 사례를 설명하고 있습니다.

글의 전개 방식 이해하기

2. 이 글의 내용 전개 방식으로 알맞지 않은 것은 무엇인가요? (⑤)

① 단어의 뜻을 풀어 쓰고 있다.
② 두 대상의 차이점을 대조하고 있다.
③ 구체적인 사례를 들어 설명하고 있다.
④ 질문을 던지며 화제를 제시하고 있다.
⑤ 문제와 그 해결 방안을 제시하고 있다.

해설 이 글에는 속도 및 가속도와 관련된 문제점이 제시되지 않았고 그 해결 방안 또한 나타나 있지 않습니다. ① 2문단에서 '속도'와 '가속도'의 개념을 풀어서 설명하고 있습니다. ② 2문단에서 '속도'와 '가속도'의 차이점을 들어 두 개념을 설명하고 있습니다. ③ 2문단의 빗물, 미끄럼틀, 공, 달리기, 3문단의 우사인 볼트의 사례를 통해 확인할 수 있습니다. ④ 1문단의 첫 문장에서 질문을 던지며 글감을 제시하는 데서 확인할 수 있습니다.

문맥 추론하기

3. ㉠~㉢을 이해한 내용으로 알맞지 않은 것은 무엇인가요? (⑤)

① ㉠: '빨라지다'는 '빠르게 되다', '가속도'와 같은 말이다.
② ㉡: '시간'은 속도와 가속도를 계산할 때 꼭 필요한 개념이다.
③ ㉡: '시간'이 일정할 때 속도가 빠를수록 이동한 거리가 멀다.
④ ㉢: '거리'는 나중 위치와 처음 위치의 차이를 의미한다.
⑤ ㉢: '거리'는 가속도를 계산할 때 필요하지 않은 개념이다.

해설 2문단에서 가속도는 일정한 '시간' 동안에 나타난 '속도'의 변화 정도라 했고 속도를 구할 때는 거리를 알아야 하므로, 가속도를 계산할 때 역시 거리 개념이 필요합니다. ① 1문단에서 확인할 수 있습니다. ② 2문단에서 속도는 '시간, 거리', 가속도는 '시간, 속도 변화'를 알아야 구할 수 있다고 하였습니다. ③ 2문단에서 속도는 '일정한 시간 동안 이동한 거리'라고 했으므로 시간이 일정할 때 속도가 더 빠르다면 더 멀리 이동했다고 볼 수 있습니다. ④ 2문단에서 '거리'를 '움직인 거리'로 달리 표현한 것에서 '거리'는 나중 위치와 처음 위치의 차이라는 것을 알 수 있습니다.

이어질 내용 추론하기

4. ㉮의 질문에 대한 답으로 알맞은 것은 무엇인가요? (③)

① 키가 가장 큰 사람
② 보폭이 가장 넓은 사람
③ 이동 거리가 가장 긴 사람
④ 위치 변화가 가장 적은 사람
⑤ 다리 근육이 가장 많은 사람

해설 2문단에서 '속도'는 '시간과 거리'의 관계가 중요하다고 하였는데, ㉮가 전제로 하는 상황은 '시간'이 정해져 있다는 것이므로 우승을 하려면 '이동 거리'를 더 길게 해야 합니다. ①, ②, ⑤는 속도와 직접적인 관련이 없고, ④는 정답과 반대되는 선택지입니다.

배경지식 활용하여 읽기

5. 이 글을 읽은 독자의 질문 중 자신의 배경지식을 활용하여 질문한 것을 찾아 √표 하세요.

(1) '느리다'와 '느려지다'도 '빠르다'와 '빨라지다'의 관계처럼 설명할 수 있을까? (√)

해설 이 글에 나오지 않는 '느리다, 느려지다'라는 단어는 독자가 이미 알고 있는 지식이고, '빠르다, 빨라지다'는 이 글에서 설명한 정보입니다. 독자는 자신의 지식을 활용하여 글의 내용을 확장적으로 이해하는 질문을 던졌습니다.

(2) 글쓴이는 지금까지 100미터를 가장 빨리 달린 선수를 누구라고 생각한 것일까? ( )

해설 이 질문은 이 글의 내용을 확인하는 질문이므로, 독자가 자신의 배경지식을 활용하여 던진 질문으로 볼 수 없습니다.

(3) 빗방울이 떨어질 때 가속도가 생기면 땅에 닿을 때쯤이면 엄청난 속도가 될 텐데, 우리가 비를 맞아도 아프지 않은 이유는 무엇일까? (√)

해설 비를 맞아도 아프지 않은 것은 독자가 이전에 경험한 일이고, '속도, 가속도'는 이 글에서 설명한 정보입니다. 독자는 자신의 경험을 활용하여 글의 내용을 확장적으로 이해하는 질문을 던졌습니다.

내용 요약하기

6. 빈칸에 〈보기〉의 단어를 넣어 이 글의 핵심 내용을 요약하세요.

보기: 속도 가속도 위치

(속도)는 '빠르다'와 관련되는 말로서, 시간과 (위치) 변화가 중요하다. (가속도)는 '빨라지다'와 관련되는 말로서, 시간과 속도 변화가 중요한 개념이다.

해설 이 글에서는 '속도'와 '가속도'의 개념을 설명하면서 두 개념의 차이점으로 속도는 '위치 변화', 가속도는 '속도 변화'가 중요하다는 점을 제시하고 있습니다. 따라서 이 글의 핵심 내용은 '속도', '위치', '가속도'라는 단어를 차례대로 넣어 요약할 수 있습니다.

어휘 익히기

1 단어 뜻 알기

빈칸에 들어갈 알맞은 단어를 〈보기〉에서 찾아 쓰세요.

보기: 동작 과학적 기록 우승자

1. (우승자)에게 상장과 트로피를 주었다.
뜻 경기, 대회 등에서 이긴 사람.

2. 체육 시간에 태권도의 기본 (동작)을/를 배웠다.
뜻 몸을 움직이는 것. 또는 그 몸놀림.

3. 오늘날에도 수많은 새로운 (과학적) 사실이 발견되고 있다.
뜻 과학처럼 정확한 이치와 짜임새를 갖춘.

4. 그는 수영 선수로서 3년 연속 우승하는 (기록)을/를 세웠다.
뜻 운동 경기 따위에서 세운 성적이나 결과를 수치로 나타냄.

2 관용 표현 알기

다음 빈칸에 들어갈 알맞은 말을 쓰세요.

"달리는 말에 채 찍 질"

달리고 있는 말에게 더 빨리 달리라고 채찍질한다는 것으로, 열심히 하고 있는 사람에게 힘을 내어 더 잘하라고 격려하고 권장할 때 사용하는 속담입니다.

3 한자어 익히기

다음 한자어를 소리 내어 읽고 빈칸에 따라 써 보세요.

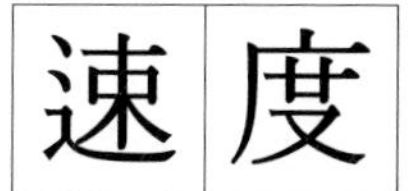
速 빠를 속 / 度 정도 도

속도(速度): 물체가 빠른 정도.
• 기차는 서서히 속도를 늦추기 시작했다.
• 속도를 내기 위해 자동차 페달을 밟았다.
• 신호를 무시하고 속도를 내던 자동차가 사고를 냈다.

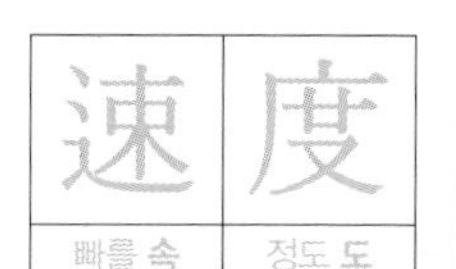
速 빠를 속 / 度 정도 도

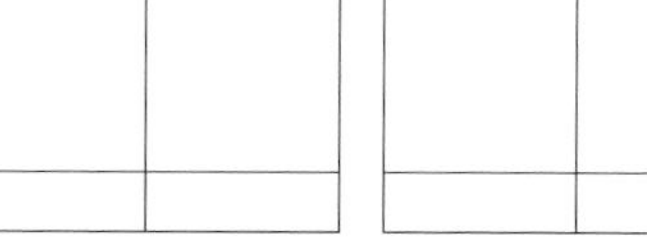

05회 읽기 방법 익히기

1 글의 구조 파악하기

글을 제대로 이해하기 위해서는 글의 구조를 파악하며 글을 읽어야 합니다. '글의 구조'란 글 전체를 이루는 부분이나 요소의 짜임을 말합니다. 글의 구조는 이어 주는 말, 대신하는 말, 지시하는 말 등의 어휘에 의해 표시됩니다. 이 내용들 간의 관계는 나열, 문제–해결, 비교, 대조, 원인–결과와 같은 글의 전개 방식으로 나타납니다. 글의 구조를 파악하면, 글의 중심 생각을 찾거나 재구성하는 데 도움이 되고 내용을 쉽게 요약할 수 있습니다.

★ **글의 구조를 파악하며 읽으려면,**
(1) 문단 간에 이어 주는 말, 대신하는 말, 지시하는 말을 찾습니다.
(2) (1)의 활동을 바탕으로 문단 간의 관계를 확인합니다.
(3) 글을 '처음 – 중간 – 끝'으로 구분해 봅니다.

1 다음 글을 읽고, 빈칸에 들어갈 알맞은 말이나 기호를 차례대로 쓰세요.

① 우리가 사는 지구가 점점 뜨거워진다는 이야기를 들어 보셨나요? 바로 지구 온난화 현상 말입니다. ② 요즘, 지구 온난화로 인해 지구가 점점 더워지고 기후가 급격하게 변하고 있습니다. ③ 지구 온난화의 주된 원인은 이산화탄소입니다. ④ 우리가 에어컨을 틀 때, 불을 켤 때, 차를 탈 때 이산화탄소가 생깁니다. ⑤ 이를 해결하려면 여름에 에어컨 온도 1도 올리기, 필요 없는 불 끄기, 대중교통이나 자전거 이용하기 등의 이산화탄소 줄이기를 위한 작은 습관이 필요합니다. ⑥ 우리 모두 생활 속 실천으로 지구를 살리는 데 앞장섭시다.

①에서는 질문과 답변을 통해 화제를 제시함으로써 독자들의 관심을 불러일으키고, ②에서는 (문제)이/가 되는 자연 현상을 구체적으로 제시하고 있다. ③과 ④에서는 ②에서 일어나는 현상의 원인을 분석하고, ⑤에서는 문제 (해결) 방법을 제안하고 있다. 마지막으로 ⑥에서는 실천으로 옮길 것을 강조하고 있다.

➡ 이 글의 구조는 처음(①), 중간(②~⑤), 끝(⑥)으로 이루어져 있다.

해설 이 글은 '문제–해결'의 구조로 이루어져 있다고 할 수 있습니다.

2 ㉠~㉤ 중 글의 내용상 구조를 알 수 있는 말이 아닌 것은 무엇인가요? (①)

여러분이 살아가는 삶의 터전을 생태계라고 합니다. 생태계는 빛, 온도, 물, 사람, 동물, 식물 모두를 가리킵니다. 생태계 보전이란 생물이나 생물이 살아가는 곳을 보호하고 유지하는 것을 말합니다. ㉠한번 파괴된 생태계를 되살리는 데는 매우 오랜 시간이 걸릴 뿐 아니라 파괴되기 이전의 상태로 완전히 돌리기가 어렵습니다. ㉡따라서 생태계가 파괴되기 전에 그것을 지키고 보호하려는 노력이 필요합니다. ㉢그 노력은 다음과 같습니다. 첫째, 나무 뿌리에 흙을 덮어 줍니다. 그렇게 하면 나무들의 뿌리가 땅 밖으로 드러나지 않기 때문에 나무가 서서히 죽어 가는 것을 막을 수 있습니다. ㉣둘째, 하천 주변에 있는 쓰레기를 치우고 물을 깨끗하게 하는 식물을 심습니다. 그러면 쓰레기로 인한 고약한 냄새도 나지 않고 물이 썩는 것을 막을 수 있습니다. 물고기와 식물들이 살기 좋은 환경이 되는 거지요. ㉤이러한 우리의 작은 노력이 생태계를 살릴 수 있습니다.

① ㉠ ② ㉡ ③ ㉢ ④ ㉣ ⑤ ㉤

해설 '한번'은 앞의 내용이나 뒤의 내용과 관련되는 말이 아니므로 글의 구조를 알려 주는 말이라고 보기 어렵습니다. ㉡은 앞에서 말한 일이 뒤에서 말한 일의 원인이 됨을 알려 주는 이어 주는 말이고, ㉢은 앞에 나오는 '생태계를 지키고 보호하려는'을 대신하는 말입니다. ㉣은 순서를 제시하는 말이고, ㉤은 앞의 내용 중 생태계를 보호하기 위한 노력들을 대신하는 말입니다. 이상의 말들은 문장 간, 문단 간의 관계를 표시하는 단어이므로 글 속의 크고 작은 구조를 보여 준다고 할 수 있습니다.

3 다음 글의 구조를 바르게 이해한 것은 무엇인가요? (①)

우리나라는 사계절이 뚜렷한 나라다. 봄은 3월부터 5월까지 이어지고, 봄이 되면 아침저녁은 서늘하지만 낮은 따뜻하다. 겨울에 움츠렸던 각종 생명체가 봄에 살아난다. 여름은 6월부터 8월까지 이어지고, 하루 종일 더운 날씨가 계속된다. 비가 많이 내리는 장마철이 있으나 여름 내내 비가 오는 것은 아니다. 태풍도 몇 차례 지나간다. 가을은 9월부터 11월까지 이어진다. 가을이 찾아오면 나무에 단풍이 지고 열매가 익는다. 겨울은 12월부터 다음해 2월까지 이어지고, 추운 날씨가 계속된다. 3일은 춥고 4일은 덜 추운 날이 계속된다고 보면 된다. 함박눈이 오기도 한다. 2월 말이 되면 날이 조금씩 따뜻해진다.

① 사계절에 대한 정보나 특성을 나열하는 구조이다.
② 계절이 생기게 된 원인과 결과를 나타내는 구조이다.
③ 봄과 가을, 여름과 겨울의 공통점과 차이점을 비교하는 구조이다.
④ 사계절 중 하나의 계절을 중심으로 자세한 정보를 제공하는 구조이다.
⑤ 사계절로 인해 생기는 문제점과 그에 대한 해결 방안을 제시하는 구조이다.

해설 이 글은 우리나라의 사계절인 봄, 여름, 가을, 겨울을 차례대로 나열하며 설명하고 있습니다.

2 배경지식 활용하여 읽기

독자는 글을 읽는 전 과정에서 글의 내용과 관련된 자신의 경험이나 지식을 활용할 수 있어야 합니다. '배경지식'이란 글을 이해하는 데 바탕이 되는 경험과 지식을 의미합니다. 배경지식은 글과 관련하여 독자가 이미 가지고 있는 지식일 수도 있고, 독자가 직접 경험한 것일 수도 있습니다. 배경지식을 활용하여 글을 읽으면 글에 드러나지 않은 내용을 예측하거나 추론할 수 있고, 중요한 정보를 더 잘 기억할 수 있습니다. 또한, 자기만의 방식으로 글을 재구성할 수도 있습니다.

★ **배경지식을 활용하여 글을 적극적으로 읽으려면,**

(1) 글을 읽기 전에 글의 내용과 관련된 경험이나 지식을 떠올려 봅니다.
(2) 글을 읽는 중에는 글의 형식과 구조에 관해 알고 있는 지식을 활용하여 이해합니다.
(3) 글을 읽는 중에는 자신의 지식이나 경험을 활용하여 글에 숨겨진 의미를 추론하거나 앞으로 나올 내용을 예측합니다.
(4) 글을 읽은 후에는 글의 내용과 자신의 배경지식을 종합하여 글을 재구성합니다.

1 다음 글을 읽으며 배경지식을 활용한 학생을 모두 찾아 √표 하세요.

'아기 돼지 삼 형제' 이야기를 들어 보았나요? 옛날 옛적에 아기 돼지 삼 형제가 부모의 품을 떠나 각자 자기 집을 짓게 되었어요. 첫째는 초가집을, 둘째는 나무집을, 셋째는 벽돌집을 지었어요. 이야기 속에서는 누가 지은 집이 가장 튼튼했을까요? (학생이 대답한다.) 네, 셋째 돼지 맞습니다. 늑대가 부수지 못한 유일한 집이 벽돌집이었죠. 그러나 이야기 밖에서는 답변이 달라집니다. 늑대가 하지 못한 일을 산성비가 해내거든요.

민수: 어렸을 때 재미있게 읽은 '아기 돼지 삼 형제' 이야기가 떠오르는군. (√)

강희: 초가집은 짚으로 지은 집이니까, 첫째 돼지가 지은 집은 튼튼하지 않겠구나. (√)

예현: 아, 돼지 세 마리가 지은 집들 중에 늑대가 부수지 못한 집은 벽돌집뿐이구나. ( )

지혜: 산성비는 우리 몸에 해롭다고 알고 있는데, 벽돌집에도 안 좋은 영향을 주는군. (√)

해설 민수는 어렸을 때 책을 읽은 경험을 떠올렸고, 강희는 초가집에 대한 지식을 활용했으며, 지혜는 산성비가 우리 몸에 해롭다는 지식을 활용하여 글을 읽었습니다. 예현이는 '늑대가 부수지 못한 집은 벽돌집'이라는 글 속의 내용을 있는 그대로 이해했을 뿐, 자신의 경험이나 지식을 활용하지는 않았습니다.

2 다음 글을 읽고, 빈칸에 들어갈 알맞은 말을 쓰세요.

나는 어렸을 때 하늘에서 내리는 비를 보며 생각했다. '하늘에서 누가 비를 뿌려 주는 걸까?', '하늘에도 화장실이 필요한 걸까?'. 그러나 누구에게도 질문하지 않았다. 부끄러웠기 때문이다. 궁금증을 간직한 채 5학년이 되었다. 어느 날 과학책을 읽다가 비의 비밀을 알게 되었다. 비가 내리는 이유는 내가 매일 볼 수 있는 땅 위의 물 때문이라는 것이다! 우와, 비가 땅 위의 물이 하늘로 올라간 후에 다시 땅으로 떨어진 거라니. 그동안 내가 갖고 있던 궁금증이 완전히 해결된 기분이었다. 그러다 갑자기 작년 겨울에 함박눈이 내렸을 때가 떠올랐다. 눈은 왜 오는 걸까? 또 궁금해졌다. 다른 책을 찾아 읽어 봐야겠다.

➡ '나'는 '과학책'을 읽으며 자신이 이전에 겪은 (경험)을 적극적으로 활용하고 있다.

해설 정답은 '경험'입니다. '나는 어렸을 때', '작년 겨울에 함박눈이 내렸을 때'를 통해 '나'가 자신의 과거 경험을 떠올리며 글을 읽는다는 것을 확인할 수 있습니다.

3 다음 글을 배경지식을 활용하여 읽었다고 볼 수 없는 것은 무엇인가요? (④)

㉠ 달리기, 야구공 던지기, 바람처럼 지구에서 일어나는 대부분의 인간 및 자연 활동은 속도를 가지고 있습니다. ㉡ 속도를 낼 수 있기 때문에 빠르고 다양한 운동도 할 수 있습니다. 그러나 속도가 빠르다고 꼭 좋은 것만은 아닙니다. ㉢ 자동차, 기차, 태풍처럼 빠른 속도로 지나가는 것들은 우리에게 큰 피해를 주기도 하죠. ㉣ 자동차가 빠르게 지나갈 경우 교통사고가 날 수도 있고, ㉤ 태풍은 가정과 사회에 씻을 수 없는 상처를 남기기도 합니다.

① ㉠: 야구공을 빠르게 던지는 방법이 있다고 배웠어. 그런 걸 보면 야구공을 던질 때 속도가 생기는 것이 분명해.
② ㉡: '속도'의 '속' 자가 '빠를 속' 자라는 것을 고려하면, 속도는 빠르기와 관련된 개념임을 알 수 있어.
③ ㉢: 지난해 여름 태풍이 시속 169km였던 걸로 기억해. 자동차의 시속과 비교하면 엄청난 속도임을 알 수 있어.
④ ㉣: 자동차 때문에 교통사고가 날 수도 있다고? 오늘부터는 길을 걸어갈 때 차가 오는지 살펴보며 조심히 다녀야겠어.
⑤ ㉤: 과학 시간에 태풍으로 인한 피해로 농작물과 숲 훼손, 건물 파괴, 물난리가 가장 심각하다고 배웠어.

해설 ④는 ㉣에 나온 내용을 바탕으로 앞으로 조심해야 할 점을 생각하고 있습니다. 따라서 글을 읽으며 배경지식을 활용하였다고 볼 수 없습니다. ①의 '야구공을 빠르게 던지는 방법', ②의 '속' 자가 '빠를 속' 자라는 것, ③의 '지난해 여름 태풍이 시속 169km'였다는 것, ⑤의 '숲 훼손, 건물 파괴, 물난리'는 독자가 글을 읽을 때 활용한 배경지식에 해당됩니다.

STEAM 독해

이슬람의 리듬, 아라베스크

이 글의 중심 화제는 아라베스크입니다. 아라베스크를 통해 역사, 미술, 체육을 공부할 수 있습니다.
아라베스크가 만들어진 배경을 이해하고 주요 특징을 알아보세요.

이슬람교는 전 세계 인구(2021년 기준, 약 78억 명)의 25% 이상이 믿고 있는 종교입니다. 하지만 우리나라에는 이슬람교 신자가 많지 않다 보니 이 종교에 대해 오해하거나 잘 알지 못하는 사람들이 많습니다. 이슬람교는 7세기경 사우디아라비아 메카*에서 마호메트에 의해 창시된 종교입니다. 크리스트교, 불교보다 늦게 발생한 종교이지만 짧은 시간 동안 전 세계로 퍼져 나가 지금도 신자 수가 빠르게 증가하고 있는 종교입니다. ➡ 이슬람교에 대한 개관

이슬람교는 오로지 '알라'만을 믿고 그 외에 아무도 숭배하지 않는 유일신(唯一神)교입니다. 이런 점은 유대교, 크리스트교와 유사하지만, 신과 성인*들을 다양한 방식과 재료로 표현한 모습을 볼 수 있는 크리스트교와 달리 이슬람교에서는 신이나 이슬람 성인들에 관한 조형물이나 장식물을 거의 찾아볼 수 없습니다. 인물의 이미지는 자칫 숭배의 대상이 될 수 있으므로 인물을 그리거나 만드는 일을 금지했기 때문입니다. 사람을 만드는 일은 신의 특권이므로, 사람이 사람을 그림이나 조각으로 표현하는 것은 옳지 않다고 믿는 것이죠. 그래서 이슬람교에서는 사람과 동물 이미지 대신, 우상 숭배에 어긋나지 않는 식물과 도형, 아라비아 문자 등의 무늬가 중심을 이루는 추상적이고 조형적인 예술을 선택했습니다. 그것이 바로 '아랍 스타일'을 의미하는 '아라베스크'입니다. ➡ 아라베스크의 탄생 배경

▲ 아라베스크 무늬로 장식된 예루살렘의 황금돔 사원

주로 꽃과 잎사귀, 식물 덩굴이 무한 반복되어 그려져 있는 아라베스크 무늬는 이슬람의 뛰어난 수학과 기하학* 지식이 결합되어 독특한 무늬를 만들어 냈습니다. 이후 많은 이슬람 건축물과 공예품에 활용되어 이슬람 문화를 대표하는 요소가 되었죠. 하나의 무늬가 반복적으로 펼쳐지고 있어 조화로운 리듬의 아라베스크를 가만히 들여다보고 있으면 평화롭고 신비로운 느낌이 듭니다. ➡ 아라베스크 무늬의 특징

▲ 아라베스크 무늬

그럼 왜 아라베스크는 비슷한 무늬를 반복해서 끝없이 표현할까요? 그것은 시작도 끝도 없는 영원한 세계, 즉 수학에서의 '무한함'으로 설명할 수 있습니다. 글씨와 도형, 그리고 아라베스크 모양들을 위와 아래, 그리고 양옆으로 퍼져 나가게 함으로써 영원한 진리의 세계에 도달하기 위한 염원*을 담고 있다고 합니다. 한편, 이슬람 사원에 기도하러 오는 모슬렘* 들은 끊임없이 규칙적으로 이어지는 무늬를 보면서 기도 동작을 되풀이한다고 합니다. 그들은 무늬의 흐름을 따라가면서 리듬을 느끼고, 그러다 보면 오히려 정신을 집중하는 힘이 커진다고 말합니다. ➡ 아라베스크 무늬에 담긴 의미

* **메카**: 사우디아라비아 서남부에 있는, 홍해 연안의 도시. 이슬람교의 창시자인 마호메트가 태어난 곳으로 이슬람교 최고의 성지임.
* **성인**: 덕과 지혜가 뛰어나게 높아 세상 사람들이 우러러보는 사람.
* **기하학**: 도형 및 공간의 성질에 대하여 연구하는 학문.
* **염원**: 마음에 간절히 생각하고 기원함.
* **모슬렘**: 이슬람교를 믿는 신자들(이슬람교도).

1 이 글에서 이슬람교 신자를 의미하는 단어를 찾아 쓰세요.

(모슬렘)

해설 이슬람교 신자를 모슬렘이라고 합니다.

해설 이슬람교는 엄격하게 우상 숭배를 금지하고 있는 종교입니다. 인물의 이미지는 자칫 숭배의 대상이 될 수 있으므로 창시자를 그리거나 만드는 일조차 금지하였습니다. 그래서 발달하게 된 것이 아라베스크 무늬입니다.

2 이 글의 내용으로 알맞지 않은 것은 무엇인가요? (④)

① 아라베스크는 '아랍 스타일'을 의미한다.
② 이슬람교는 크리스트교, 불교보다 늦게 창시되었다.
③ 오늘날에도 이슬람교 신자 수는 계속 증가하고 있다.
④ 이슬람교는 마호메트를 조각상으로 제작하여 기도한다.
⑤ 아라베스크 무늬에는 식물과 도형, 아라비아 문자가 사용된다.

3 〈보기〉를 참고하여 나만의 '아라베스크' 무늬를 넣은 양탄자를 디자인해 보세요.

• 보기 •

이슬람 문학을 말할 때 제일 먼저 언급되는 것이 『아라비안나이트(Arabian Nights)』입니다. 셰에라자드가 1,000일 동안, 그리고 그다음 날까지 끝날 기미 없이 페르시아 왕에게 들려준 이 작품 속 이야기들은 끊임없이 이어지는 아라베스크 무늬를 닮았습니다. 셰에라자드가 들려준 여러 이야기 중에서 가장 인기 있는 이야기 속 주인공 알라딘은 양탄자를 타고 다닙니다. 양탄자는 건조 기후 지역 사람들이 모래 먼지가 많이 발생하고 일교차가 큰 환경에 적응하는 과정에서 만들어졌습니다. 그리고 건조 문화 지역을 중심으로 이슬람교 비중도 높다 보니 양탄자에는 자연스럽게 이슬람교의 상징인 아라베스크 무늬가 많이 표현되어 있습니다. 투르크메니스탄*이라는 이슬람 국가에서는 국기에 양탄자가 표현되어 있기도 합니다.

▲ 세계의 문화 지역

* **투르크메니스탄**: 중앙아시아 서남부, 카스피해에 면하여 있는 나라.

〈나만의 양탄자 디자인〉

예시 답 생략

해설 반복적인 패턴을 활용하여 아름답게 디자인해 봅니다.

4 〈보기〉를 참고하여 나만의 '아라베스크' 동작을 만들어 그림으로 그려 보세요.

• 보기 •

아라베스크 디자인 양식은 유럽에서 크게 유행했는데요, 1800년대에는 발레나 음악 분야에서도 아라베스크라는 용어가 쓰이기 시작했습니다. 발레에서는 한쪽 발끝으로 서서 다른 쪽 다리는 뒤로 높이 들어 올리는 동작을 아라베스크라고 부릅니다. 아라베스크 문양이 특유의 곡선 문양으로 아름다움을 드러내듯이, 무용수가 이 동작을 했을 때 발끝에서부터 다리, 등, 머리, 팔로 이어지는 곡선이 매우 아름답게 표현되었으므로 '아라베스크'라는 이름이 붙었다고 합니다.

아라베스크 동작을 할 때 주의할 점은 양쪽 다리 모두 무릎이 펴져 있어야 한다는 것입니다. 그리고 뒤로 들어 올린 다리의 각도는 보통 45~90도 사이인데, 자신의 머리보다 더 높게 다리를 들어 올리는 무용수들도 있답니다.

▲ 아라베스크 동작들

〈내가 만든 아라베스크 동작〉

예시 답 생략

해설 한쪽 발끝으로 무릎을 펴고 서서 다른 쪽 다리는 뒤로 들어 올리는 자세를 기본으로 팔과 머리 자세를 다양하게 표현해 봅니다.

ERI 지수 554 예술 | 음악

㉠ 안녕하세요, 어린이 여러분. 오늘은 클래식 공연에 관한 여러분의 궁금증에 답해 드리는 시간을 갖기로 했었지요? 지금 바로 시작해 보겠습니다. ➡ 진행자의 시작 알림

먼저, ○○ 초등학교 어린이의 질문입니다.

"저는 악보도 볼 줄 모르고, 클래식 음악을 들어본 적도 별로 없습니다. 그런데 공연장에 가도 될까요?"

이런 질문을 하는 경우가 참 많습니다만, 클래식 음악을 많이 듣지 않았거나 악보를 읽을 줄 모른다고 해서 음악의 아름다움과 즐거움을 느끼지 못하는 것은 아닙니다. 유명한 테너 파바로티도 악보를 능숙하게 읽지는 못했지만, 그는 누구보다 더 아름다운 노래를 불렀잖아요. 관객도 마찬가지입니다.

능숙하게: 어떤 일을 여러 번 하여 서툴지 않고 뛰어나게.

➡ 클래식 공연에 관한 첫 번째 질문과 답변

다음, □□ 초등학교 친구의 질문입니다.

"공연 중에 바이올린 줄이 끊어지면 어떻게 하나요?"

하하, 짓궂은 질문이네요. 바이올리니스트인 제게는 상상도 하기 싫은 일이지만, 아주 가끔 이런 일이 일어나기도 합니다. 다행히 제게는 일어나지 않았고요. 공연 중에 바이올린 줄이 끊어지면 어쩔 수 없이 연주를 중단하고 새 줄로 교체해야 합니다. 그런데 한 번은 ㉡유명한 바이올리니스트가 연주 중에 줄이 끊어졌다고 해요. 순간 눈앞이 캄캄해졌는데, 갑자기 자기 옷 주머니에 여분의 줄이 들어 있던 것이 생각나더랍니다. 마침 피아노 독주 부분이라 바이올린이 쉬는 동안이라서 덜덜 떨리는 손을 진정시키면서 재빨리 줄을 갈아 끼우고는 아무 일도 없었다는 듯 자기 차례에 맞춰 연주했다고 합니다. 이를 지켜본 관객들은 연주가 끝나고 그 바이올리니스트를 향해 기립 박수를 보냈다고 해요. 범에게 물려가도 정신만 차리면 산다고 했던가요? 참 훌륭한 대처였지요?

여분: 쓰고 남은 양. 또는 넉넉하게 더 마련해 두는 양. / 독주: 한 사람이 악기를 연주하는 것.

➡ 클래식 공연에 관한 두 번째 질문과 답변

마지막으로, △△초등학교 어린이의 질문입니다.

"지난번에 연주가 끝난 줄 알고 박수를 쳤다가 연주가 계속되는 바람에 창피해 혼났습니다. 박수는 언제 쳐야 하나요?"

저런! 연주자나 곡에 따라서 곡 중간에 박수를 쳐도 되는 경우가 있고 그렇지 않은 경우가 있어서, 애석하게도 일반적인 답을 분명하게 드릴 수는 없습니다. 유명한 피아니스트 루빈스타인은 연주하는 데 어떤 박수 소리도 전혀 방해되지 않았다고 말합니다. 저도 연주를 할 때 관객의 박수 소리에 별로 방해를 받지는 않습니다. 그러나 연주 중간에 박수를 치면 방해가 된다고 생각하는 연주자도 있어요. 그러니 '박수는 진심으로 열렬하게 치되 ㉢시작은 다른 사람보다 조금 늦게', 이렇게 생각하면 될 것 같아요.

열렬하게: 아끼는 마음이나 태도가 뜨겁고 크게.

➡ 클래식 공연에 관한 세 번째 질문과 답변

아쉽지만 마칠 시간이 되었네요. 클래식 공연에 대한 궁금증이 풀리셨나요? 앞으로도 클래식 공연을 비롯해 다양한 음악 공연을 즐기면서 음악의 아름다움을 느끼고 자신과 삶에 대한 사랑이 가득한 어린이로 자라길 바랍니다.

➡ 마무리 인사

내용 파악하기

1. 이 글의 내용과 일치하지 않는 것은 무엇인가요? (⑤)

① 유명한 테너 파바로티는 악보를 능숙하게 볼 줄 몰랐다.
② 공연 중에 바이올린 줄이 끊어지면 연주를 중단하기도 한다.
③ 공연 중에 바이올린 줄이 끊어지는 일은 아주 가끔 일어난다.
④ 클래식 음악을 많이 듣지 않았어도 클래식 공연을 즐길 수 있다.
⑤ 루빈스타인은 연주 중간에 박수 소리가 나면 연주에 방해를 받았다.

해설 이 글은 클래식 공연에 관한 정보를 전달하는 글입니다. 어린이들의 질문에 연주자가 답을 하는 형식으로 구성되어 있습니다. 글에서는 총 세 가지의 질문에 대해 답하고 있습니다. 각각의 질문과 답변에 따르면 클래식 음악을 많이 듣지 않았거나 악보를 볼 줄 몰라도 클래식 공연을 즐길 수 있습니다. 또 공연 중에 바이올린 줄이 끊어질 경우 연주를 중단하기도 합니다. 그러나 유명한 피아니스트 루빈스타인은 연주하는 데 어떤 박수 소리도 방해가 되지 않았다고 합니다.

내용 파악하기

2. 이 글에서 말하는 이는 자신의 직업을 무엇이라고 했는지 쓰세요.

(바이올리니스트)

해설 말하는 이는 '바이올리니스트인 제게는 상상도 하기 싫은 일'이라고 말하였습니다.

제목 단서 추론하기

3. 제목 '박수는 언제 쳐야 하나요?'에 관한 설명으로 알맞으면 ○표, 알맞지 않으면 ×표 하세요.

(1) 말하듯 표현하여 친근한 느낌이 들도록 하였다. (○)
(2) 무엇에 관한 이야기인지 궁금해하도록 만들었다. (○)
(3) 질문하는 형식으로 써서 답이 무엇인지 찾아보고 싶게 만들었다. (○)
(4) 글 전체와 관련되어 가장 핵심적인 내용을 알 수 있게 만들었다. (×)

해설 이 글의 제목은 구어체로 질문하는 형식으로 되어 있어 독자로 하여금 친근함을 느끼고 질문의 답이 무엇인지 궁금하게 만들고 있습니다. 그러나 제목에 담긴 내용은 글 전체 중 일부에만 해당합니다.

맥락을 활용하여 내용 예측하기

4. ㉠을 바탕으로 이 글의 내용 구성에 관해 예측한 내용입니다. 알맞으면 ○표, 알맞지 않으면 ×표 하세요.

(1) '클래식 공연에 관한 여러분의 궁금증에 답해 드리는 시간'이라는 표현에서 알 수 있듯, 클래식 공연에 대해 어린이들이 궁금해하는 내용에 대한 답이 제시되겠군. (○)

(2) '지금 바로 시작해 보겠습니다.'라는 표현을 통해, 어린이들의 전화 질문을 최대한 많이 소개하는 내용으로 구성되리라고 생각할 수 있겠어. (×)

(3) '먼저'라는 표현을 보니, 어린이들의 또 다른 질문이 뒤에 이어서 나올 것 같아. (○)

해설 ㉠은 이 글의 전체적인 내용 구성을 예측할 수 있도록 하는 단서가 됩니다. ㉠에 따르면, 이 글은 말하는 이가 클래식 공연에 대한 어린이들의 질문에 답을 하는 내용으로 구성되어 있습니다. 특히 '먼저'라는 표현은 이 글이 몇 개의 질문과 답이 병렬되어 제시될 것이라 예측할 수 있는 단서가 됩니다.

설명 방식 이해하기

5. 이 글의 말하는 이가 ㉡의 이야기를 꺼낸 까닭은 무엇인가요? (⑤)

① 말하고자 하는 내용과 반대되는 내용을 전달하기 위해
② 말하고자 하는 내용과 무관하게 읽는 이의 관심을 끌기 위해
③ 단어의 뜻을 풀어서 말하고자 하는 내용을 정확히 전달하기 위해
④ 구성 요소로 나누어서 말하고자 하는 내용을 상세히 설명하기 위해
⑤ 구체적인 예를 통해 말하고자 하는 내용을 생생하게 전달하기 위해

해설 ㉡은 질문과 직접적으로 관련된 사례입니다.

내용 파악하기

6. 이 글의 말하는 이가 ㉢과 같이 말한 까닭은 무엇인가요? (③)

① 공연 중간에 박수를 쳐도 되는 연주곡이 있으므로
② 모든 연주자가 공연 중간에 박수를 쳐도 신경쓰지 않으므로
③ 잘 알지 못하는 상황에서 박수를 치면 공연에 방해가 될 수 있으므로
④ 클래식 공연에서는 박수를 쳐도 되는 시간이 엄격하게 정해져 있으므로
⑤ 공연을 들으며 받은 감동을 적극적으로 표현하고 연주자를 격려해야 하므로

해설 이 글은 클래식 공연 입문자를 위한 것입니다. 그런데 글에 따르면 클래식 공연에서 박수를 언제 쳐야 하는가를 일반적으로 말하기는 어렵습니다. 전문적인 이해나 적절한 상황 판단이 필요하다는 뜻입니다. 따라서 말하는 이는 실수할 가능성을 줄이기 위해 시작은 조금 늦게 하라고 조언을 하고 있습니다.

어휘 익히기

1 단어 뜻 알기

빈칸에 들어갈 알맞은 단어를 〈보기〉에서 찾아 쓰세요.

보기: 능숙하게 여분 독주 열렬하게

1. 이제는 내 방 정리를 (능숙하게) 할 수 있게 되었어.
뜻 어떤 일을 여러 번 하여 서툴지 않고 뛰어나게.

2. 나는 체육 대회에서 우리 반 선수들을 (열렬하게) 응원했다.
뜻 아끼는 마음이나 태도가 뜨겁고 크게.

3. 이번 공연에서는 특히 피아노 (독주) 부분이 제일 인상 깊었어.
뜻 한 사람이 악기를 연주하는 것.

4. 갑자기 볼펜이 안 나와서 당황했지만, 가방에 (여분)의 볼펜이 있어서 다행이었다.
뜻 쓰고 남은 양. 또는 넉넉하게 더 마련해 두는 양.

2 관용 표현 알기

다음 빈칸에 공통으로 들어갈 말을 쓰세요.

유난히 추운 날이었다. 발을 동동 구르며 10분 넘게 기다린 끝에 버스에 탈 수 있었다. 교통카드를 찍고 자리에 앉으려는데, 아뿔싸, "잔액이 부족합니다!". 순간 [눈][앞]이 캄캄해졌다. 아, 어제 충전한다는 걸 깜빡했다. 타지도 내리지도 못하고 정말 큰일이었다.

"[눈][앞]이 캄캄하다"

갑자기 어려운 일을 당해 어찌할 바를 모르고 정신이 흐려지는 것 같은 상태를 표현하는 말입니다.

3 한자어 익히기

다음 한자어를 소리 내어 읽고 빈칸에 따라 써 보세요.

音 (소리 음) 樂 (풍류 악)

음악(音樂): 박자, 가락 등을 갖가지 형식으로 결합하여 목소리나 악기를 통해 나타내는 예술.
• 라디오에서 신나는 음악이 흘러나온다.
• 노래를 부를 수 있는 음악 수업 시간이 참 좋습니다.

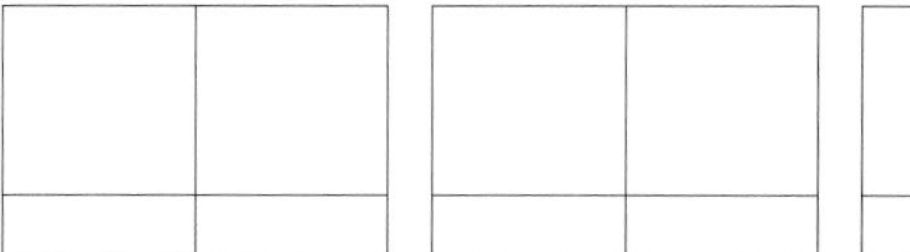

ERI 지수 628 예술 | 미술

여백은 동양 그림의 특징 중 하나로 꼽힌다. 서양 그림에서는 여백이 잘 나타나지 않는다. 여백이란 빈자리를 뜻하는 말이다. 그러나 비었다고 해서 다 여백이 되는 것은 아니다. 채운 부분이 있는 상태에서 일부러 남겨 둔 부분이 여백이다.

➡ 동양 그림에서의 여백의 뜻

예를 들어, 김홍도의 「주상관매도(舟上觀梅圖: 배 위에서 매화를 보는 그림)」를 살펴보자. 화면 아래 땅 옆으로 조각배가 있고, 조각배 위에는 소박한 음식이 차려진 상을 가운데로 하여 두 사람이 앉아 있다. 왼쪽 사람은 웅크리고(몸이나 몸의 일부를 작아지게 만들고.) 앉아 있는 자세로 보아 하인이나 뱃사공인 것 같다. 오른쪽 사람은 편안하게 앉아 경치를 감상하고 있다. 그리고 그의 시선을 따라 화면 위로 눈을 옮기면 거기에는 낭떠러지에 매화나무가 몇 그루 서 있다.

➡ 「주상관매도」에 대한 묘사

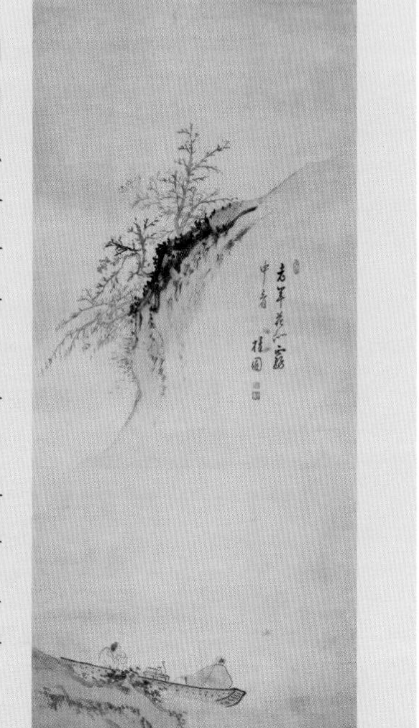
▲ 김홍도, 「주상관매도」

작게 드러난 땅과 배에 탄 사람들, 매화나무 사이사이에는 아무것도 그려져 있지 않다. 그래서 어디까지가 하늘이고 어디까지가 물인지 알기 어렵다. 실제 장면이라면 우리는 매화나무를 둘러싼 쪽빛(짙은 푸른빛.) 하늘, 하늘을 나는 새, 매화나무가 선 땅 위의 풀 · 바위 · 흙, 배가 떠 있는 강물, 강물 위로 피어오르는 물안개 등의 모양을 세세하게(매우 자세하게.) 볼 수 있을 것이다. 그러나 김홍도는 배경을 채우지 않고 여백으로 남겨 두었다.

➡ 「주상관매도」에 나타난 여백

이처럼 여백은 화면에 여유를 주어 편안한 느낌을 준다. 「주상관매도」는 여백 덕분에 화면이 여유롭고 편안하게 보인다. 배경을 비워 표현된 사물들 사이에 여유 공간이 많기 때문이다.

➡ 여백의 기능 ①

또 여백은 표현한 사물을 더 강조하여 나타낼 수 있다. 여백의 빈 화면이 표현한 사물을 더 잘 보이게 만들기 때문이다. 「주상관매도」의 화면에서는 ㉠매화나무와 배에 앉은 사람의 모습이 두드러진다.

➡ 여백의 기능 ②

그뿐만 아니라 여백은 감상자가 자신의 상상으로 그림을 채워 넣을 수 있게 한다. 감상자는 표현된 사물을 통해 그림 전체의 풍경과 느낌을 구성할 수 있으며, 여백에 어떤 장면이 생략되어 있는지 상상할 수 있다. 「주상관매도」의 감상자는 매화나무가 있는 강가의 풍경과 배에 올라 매화나무를 구경하는 사람의 모습을 실제에 가깝게 상상할 수도 있고, 산신령이나 신선이 살고 있을 것 같은 신비로운 공간으로 상상할 수도 있는 것이다.

➡ 여백의 기능 ③

이처럼 편안한 느낌을 주는 동시에 화가의 의도와 감상자의 상상력이 만나 다양한 장면과 느낌으로 채워지는 것, 그것이 바로 여백의 기능이다. 따라서 여백은 ㉡'비어 있지만 꽉 찬 공간'이라고 말할 수 있다. 자세하고 아름답게 화면을 가득 채우는 그림도 멋지지만, 감상자의 상상을 기다리는 공간을 남겨 두는 그림도 매력적(사람의 마음을 사로잡아 끄는 힘이 있는 것.)이다. 앞으로 동양 그림의 여백을 만난다면, 잠시 멈춰 자신의 상상력으로 빈 곳을 가득 채워 보는 것은 어떨까?

➡ 비어 있지만, 꽉 찬 공간인 여백

내용 파악하기

1. 이 글의 내용과 일치하는 것은 무엇인가요? (④)

① 여백은 서양 그림의 특징 중 하나이다.
② 여백은 작가의 의도와 무관하게 만들어진다.
③ 「주상관매도」는 배경이 없는 미완성 작품이다.
④ 「주상관매도」는 여백을 통해 여유로운 느낌을 준다.
⑤ 「주상관매도」는 신선이 사는 세계를 그린 그림이다.

해설 4문단에 '여백 덕분에 화면이 여유롭고 편안하게 보인다.'라는 설명이 나와 있습니다.

전개 방식 이해하기

2. 이 글에서 대상을 설명하기 위해 사용한 방법을 모두 고르세요. (① , ②)

① 단어의 뜻을 풀어 대상의 특징을 설명하였다.
② 구체적인 예를 들어 대상의 특징을 설명하였다.
③ 시간의 흐름에 따라 대상의 특징을 설명하였다.
④ 다른 대상과의 차이점을 들어 대상의 특징을 설명하였다.
⑤ 대상을 일정한 기준으로 나누어 대상의 특징을 설명하였다.

해설 이 글은 동양 그림의 특징인 여백에 관해 설명하기 위하여 1문단에서 여백의 뜻을 풀어 주는 '정의'의 방법을, 2~6문단에서 「주상관매도」를 예로 드는 '예시'의 방법을 활용하였습니다.

맥락을 활용하여 추론하기

3. ㉠처럼 말할 수 있는 까닭이 무엇인지 쓰세요.

땅, 배에 탄 사람들, 매화나무 사이에 아무것도 그려져 있지 않기 때문에 / 매화나무와 배에 앉은 사람의 배경이 여백으로 처리되어 있기 때문에

해설 「주상관매도」 그림과 3문단의 설명을 종합해 보면, 「주상관매도」는 작게 드러난 땅, 매화나무와 배에 앉은 사람을 빼고 나머지 부분이 거의 여백으로 처리되어 있습니다. 그래서 그려진 부분이 더욱 눈에 잘 띕니다.

구절의 의미 파악하기

4. **다음은 ㉡의 뜻을 설명한 문장입니다. 빈칸에 알맞은 말을 써서 문장을 완성하세요.**

여백은 비어 있는 공간이지만 (화가의 의도와 감상자의 상상력)(으)로 채울 수 있기 때문에 '비어 있지만 꽉 찬 공간'이라고 말할 수 있다.

해설 6문단의 '여백은 감상자가 자신의 상상으로 그림을 채워 넣을 수 있게 한다.', 마지막 문단의 '화가의 의도와 감상자의 상상력이 만나 다양한 장면과 느낌으로 채워지는 것'이 여백의 기능이라는 표현을 통해 답을 추론할 수 있습니다.

글의 내용 적용하기

5. **이 글을 읽고 그림을 감상하는 방법에 관해 말한 내용 중 알맞지 않은 것은 무엇인가요? (⑤)**

① 서양 그림과 동양 그림의 특징을 생각하면서 감상해 봐야겠어.
② 동양 그림을 볼 때는 비어 있는 곳을 무심히 넘기면 안 되겠어.
③ 여백이 많은 그림과 그렇지 않은 그림의 차이를 비교하면 재미있겠어.
④ 여백이 그림 전체의 분위기를 어떻게 만드는지 생각하면서 감상해야겠어.
⑤ 여백이 있는 그림이 더 뛰어난 그림이니까 동양 그림을 더 많이 찾아봐야겠어.

해설 마지막 문단의 '자세하고 아름답게 화면을 가득 채우는 그림도 멋지지만'이라는 표현에서 알 수 있듯, 이 글은 여백이 없는 그림을 낮추어 보지 않습니다. 여백을 동양 그림의 특징이자 아름다움을 창출하는 기법으로 소개하고 있을 뿐입니다.

글의 구조를 활용하여 요약하기

6. **다음은 이 글을 요약하기 위하여 만든 글의 구조 틀입니다. 빈칸에 알맞은 내용을 채워 넣으세요.**

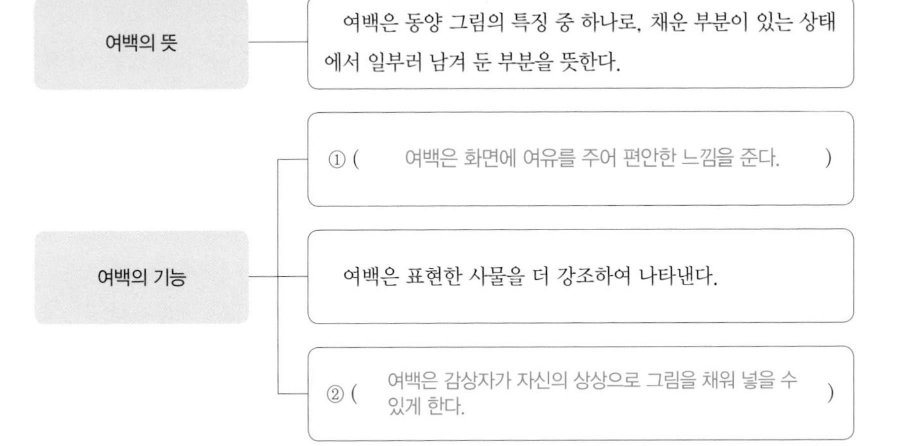

해설 이 글은 여백의 개념과 기능을 설명하고 있습니다. 여백의 기능에 대한 설명은 4~6문단에 나열 구조로 되어 있습니다. 이러한 점을 염두에 두고 이 글의 4문단과 6문단의 중심 문장을 각 칸에 옮겨 적으면 글의 구조 틀을 완성할 수 있습니다.

어휘 익히기

1 단어 뜻 알기

빈칸에 들어갈 알맞은 단어를 〈보기〉에서 찾아 쓰세요.

• 보기 •
웅크리고 쪽빛 세세하게 매력적

1. 호랑이가 나무 뒤에 (웅크리고) 사냥감을 노리고 있었지.
뜻 몸이나 몸의 일부를 작아지게 만들고.

2. 저기 남쪽 멀리에는 (쪽빛) 바다가 아름답게 펼쳐져 있다.
뜻 짙은 푸른빛.

3. 그 아이가 웃을 때 생기는 보조개는 무척 (매력적)(으)로 보인다.
뜻 사람의 마음을 사로잡아 끄는 힘이 있는 것.

4. 선생님께서 잘 모르는 내용을 (세세하게) 설명해 주셔서 잘 알게 되었어.
뜻 매우 자세하게.

2 관용 표현 알기

다음 밑줄 친 말의 뜻풀이를 완성하세요.

그날 아침 밥상에서 본 아빠의 얼굴은 참 지쳐 보였다. 할아버지께서는 "아범아, 오월 농부 팔월 신선이라잖니? 힘들겠지만 조금 더 참자."라고 말씀하셨다.

"오월 농부 팔월 신선"

여름내 농사를 열심히 지으면 가을에 편한 신세가 된다는 뜻으로, 주어진 일을 성실히 하면 이후에 (편하게) 된다는 말입니다.

3 한자어 익히기

다음 한자어를 소리 내어 읽고 빈칸에 따라 써 보세요.

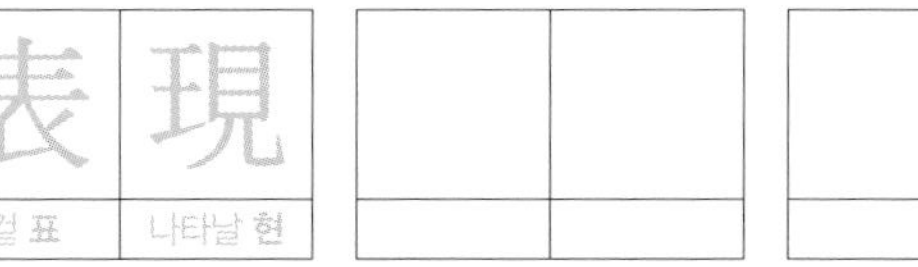

표현(表現): 생각이나 느낌을 말, 글, 그림, 몸짓 등으로 나타내는 것.
• 아주 근사한 표현 방법을 찾아내었다.
• 오늘 있었던 일에 대한 생각을 글로 표현하였다.
• 감사의 표현으로 친구에게 지우개를 하나 사 주었다.

表	現						
겉 표	나타날 현						

ERI 지수 613 예술 | 체육

나는 학교 체육관 창고에 살고 있습니다. 선생님은 나를 배구공이라고 부르지만, 5학년 친구들은 발야구공이라고 부릅니다. 나이는 세 살이지만 5학년 학생들을 친구들이라고 부르는 것이 전혀 이상할 것은 없습니다. 공의 전체 수명은 사람보다 훨씬 짧으니까요. ➡ '나'는 체육관 창고에 있는 공임.

오늘도 체육 시간에 나가서 친구들과 신나게 발야구를 했습니다. 전력이 비슷한 김밥 팀과 라면 팀의 경기. 그런데 문제는 경기를 시작하기 직전에 일어났습니다. 김밥 팀의 상우가 자기는 꼭 3루수를 맡아야 한다고 고집을 피웠습니다. 그래서 김밥 팀은 수비 대형을 갖추지 못했습니다. 3루수를 맡기로 한 동호 역시 양보할 생각 없이 ㉠꼼짝도 하지 않았거든요. 현지가 상우를 설득해 보려고 했지만 어림없었습니다. 공격팀은 빨리 시작하자며 재촉하고, 선생님은 아무 말 없이 지켜보고 계셨지요. 상우와 동호 둘이 3루 옆에 어정쩡하게 서는 바람에 유격수 자리가 빈 채 경기가 시작되었습니다. ➡ 김밥 팀의 유격수 자리가 빈 채 발야구 경기가 진행됨.

(전력: 전투나 경기 따위를 할 수 있는 능력. / 대형: 여럿이 가지런히 줄지어 늘어선 모양. / 어정쩡하게: 머뭇거리고 분명하지 않은 태도.)

라면 팀의 1번 타자 채은이가 시작하자마자 나를 툭 차서 유격수 자리로 굴리고는 재빨리 1루로 뛰었어요. 유격수 자리에 아무도 없으니 나는 데굴데굴 멀리까지 굴러갔지요. 안타! 상우와 동호의 얼굴이 굳어졌어요. 그러다가 결국 동호가 "내가 유격수 할게."라고 말하면서 유격수 자리로 갔습니다. ➡ 동호가 어쩔 수 없이 유격수 자리로 이동함.

2번 타자 연수가 나를 힘껏 찼지만 빗맞은 까닭에 나는 힘없이 3루 쪽으로 굴러갔고, 연수는 실망하는 표정을 지으며 1루로 달렸어요. 상우는 의기양양한 표정으로 나를 덥석 안았습니다. 하지만 나만 알 수 있을 만큼 손을 살짝 떨더라고요. 상우는 1루까지 한 번에 나를 던지려 했지만, 1루까지의 거리가 멀어 보여서 자신이 없어졌나 봐요. 아니나 다를까, 나는 절반도 못 날아가서 느릿느릿 굴러갔고, 연수는 나보다 먼저 1루에 도착했어요. 고집을 피워 양보를 받은 상우 마음이 좋지 않을 것 같았어요. 이후 김밥 팀은 2점을 더 내주고 수비를 마무리하였습니다. ➡ 김밥 팀이 점수를 내주고 수비를 마무리함.

공격 기회에서 내준 점수만큼 2점을 따라간 김밥 팀이 다시 수비. 시무룩해 보이는 상우가 마음에 걸려서, 나는 상우의 머릿속에 살짝 주문을 걸었습니다. 라면 팀의 민수가 나를 힘껏 찼고, 나는 신나게 상우에게로 굴러갔습니다. 그리고 상우는 나를 안아 올려 살짝 웃으며 동호에게 패스했고요. 나를 이어받은 동호가 재빠르게 1루로 던져서 민수를 아웃시켰습니다. 나의 주문이 제대로 작동했습니다. 하하하! 내가 상우에게 건 주문의 이름이 (㉡)이라는 걸 눈치챘나요? 그제야 상우와 동호가 미소를 지었습니다. 김밥 팀의 다른 친구들도 함께 미소를 지었고요. ➡ 상우와 동호가 힘을 합쳐 상대를 아웃시킴.

(주문: 요술을 부리거나 점을 칠 때 외는 말.)

경기는 라면 팀이 8대 7로 이겼어요. 비록 경기에서는 졌지만, 상우는 많은 걸 배우면서 즐긴 경기였을 겁니다. 친구들이 워낙 열심히 한 덕에 옆구리가 조금 아프긴 하지만 나에게도 참 즐겁고 뿌듯한 경기였습니다. ➡ 경기 결과 및 경기에 대한 '나'의 감상

내용 파악하기

1. **다음은 이 글에서 사건이 일어난 과정입니다. 글의 내용과 일치하지 않는 것은 무엇인가요? (③)**

① '나'는 학교 체육관 창고에 있다가 오늘 불려 나왔다.
⇩
② 김밥 팀과 라면 팀으로 나뉘어 발야구 경기가 진행되었다.
⇩
③ 상우가 경기 전에 고집을 피우자 친구들이 상우를 나무랐다.
⇩
④ 동호는 결국 유격수를 맡게 되었다.
⇩
⑤ 발야구 경기에서 라면 팀이 승리하였다.

해설 원래 3루수는 동호가 맡기로 정해져 있는데도 상우는 본인이 꼭 3루수를 맡아야 한다고 고집을 피웠습니다. 이에 현지가 상우를 설득해 보지만 상우는 말을 듣지 않습니다. 하지만 그렇다고 친구들이 상우를 나무라고 있다는 내용은 나와 있지 않습니다.

말하는 이의 특성 이해하기

2. **이 글의 말하는 이를 다음과 같이 바꿀 때, 나오기 힘든 내용은 무엇인가요? (⑤)**

공 → 선생님

① 발야구 경기의 결과
② 발야구 경기를 한 양 팀의 이름
③ 상우가 3루수를 맡겠다고 고집을 피운 장면
④ 동호가 상우에게 3루수 자리를 양보한 장면
⑤ 1루까지 한 번에 공을 던지려던 상우의 떨림

해설 이 글의 말하는 이는 '공'입니다. 공은 상우의 손이 '나만 알 수 있을 만큼 살짝 떨'렸다고 말합니다. 떨어져 지켜보고 있었을 '선생님'은 상우의 이러한 떨림을 알기 어려울 것입니다. 상우 손의 떨림은 '공'과 상우만 알 수 있는 내용입니다.

말하는 이의 효과 이해하기

3. **이 글에서 말하는 이를 '공'으로 하여 얻은 효과로 알맞지 않은 것에 √표 하세요.**

(1) 일상의 장면을 낯설게 느끼도록 하여 새롭게 볼 수 있게 한다. ( )
(2) 사람이 아닌 대상만 알 수 있는 내용을 독자에게 보여 줄 수 있다. ( )
(3) 사람이 아닌 대상을 등장시켜 사건의 진행 과정을 보여 줄 수 있다. (√)
(4) 사람이 아닌 대상이 말하는 장면을 흥미롭게 상상할 수 있도록 한다. ( )

해설 이 글은 말하는 이를 상우나 동호, 선생님이 아니라 '공'으로 설정하여 일상적 장면과 사건을 새롭게 볼 수 있도록 만듭니다. 이를 통해 독자는 사람이 아닌 대상이 말하는 장면을 흥미롭게 상상할 수 있으며, 사람이 아닌 대상만 파악할 수 있는 내용을 알 수 있습니다. 그러나 공이 아닌 다른 인물을 말하는 이로 하더라도 사건의 진행 과정을 보여 줄 수는 있습니다.

개념 적용하기

4. 운동 경기에서 이기기 위해 세우는 계획을 '전략'이라고 합니다. 이 글에 등장하는 타자 중에서 가장 전략적으로 공격한 사람을 찾아 √표 하고, 그렇게 생각한 까닭을 쓰세요.

가장 전략적으로 공격한 사람	채은 (√)　연수 (　)　민수 (　)
그렇게 생각한 까닭	유격수 자리에 아무도 없는 것을 알고 그리로 공을 보냈기 때문에

해설 이 글에 등장하는 3명의 타자 중에서 채은이는 유격수 자리가 빈 것을 보고 일부러 공을 '툭 차서 유격수 자리로 굴리고는 재빨리 1루로 뛰었'습니다. 이는 수비가 잡을 수 없는 곳으로 공을 굴려 살아나가기 위한 전략적인 행동입니다.

구절의 의미 이해하기

5. ㉠에 어울리는 사자성어는 무엇인가요? (④)

① 경거망동(輕擧妄動)
② 감지덕지(感之德之)
③ 기사회생(起死回生)
④ 요지부동(搖之不動)
⑤ 노심초사(勞心焦思)

해설 동호는 자기 자리를 양보할 생각 없이 꿈쩍도 하지 않고 있습니다. '요지부동'은 흔들어도 꿈쩍하지 않는 것을 말합니다. 즉 결코 자기 뜻을 굽히지 않는 고집 센 모습을 가리키므로 ㉠에 어울릴 만한 사자성어입니다. ① '경거망동'은 조심성 없이 함부로 행동하는 것을 말합니다. ② '감지덕지'는 보잘것없는 것에도 고마워하는 것을 말합니다. ③ '기사회생'은 죽은 사람이 일어나 다시 살아난다는 말입니다. ⑤ '노심초사'는 아주 애태우며 걱정하는 것을 말합니다.

문맥 활용하여 어휘 추론하기

6. ㉡에 들어가기에 가장 알맞은 단어를 찾아 √표 하세요.

분석	협력	자신감	의존	규칙
(　)	(√)	(　)	(　)	(　)

해설 이 글의 마지막 장면에서 상우는 거리가 멀어 1루까지 한 번에 공을 던질 수 없음을 알고, 동호에게 공을 건네 상대편을 아웃시켰습니다. 혼자 할 수 없는 일을 동료와 힘을 합쳐 해낸 것입니다.

어휘 익히기

1 단어 뜻 알기

빈칸에 들어갈 알맞은 단어를 〈보기〉에서 찾아 쓰세요.

보기: 전력　대형　어정쩡　주문

1. 나는 잘할 수 있다고 스스로에게 (주문)을/를 걸었다.
   뜻 요술을 부리거나 점을 칠 때 외는 말.
2. 기러기들이 기역 자 모양의 (대형)을/를 이루고 날아간다.
   뜻 여럿이 가지런히 줄지어 늘어선 모양.
3. 나는 회의에서 찬성도 반대도 아닌 (어정쩡)한 입장으로 앉아 있었다.
   뜻 머뭇거리고 분명하지 않은 태도.
4. 각 팀의 (전력)이/가 비슷해서 어느 팀이 우승할지 예측하기 어렵다.
   뜻 전투나 경기 따위를 할 수 있는 능력.

2 관용 표현 알기

다음 밑줄 친 사자성어의 뜻풀이를 완성하세요.

"의기양양(意氣揚揚)"

"윤호는 이번 교내 달리기 대회에서 우승해 학교 대표로 뽑혔다. 달리기 대회를 마치고 윤호는 의기양양 교실로 돌아왔다."

이처럼 이 말은 뜻한 바를 이루어 (만족)한 마음이 얼굴에 나타난 모양을 말합니다.

한자	뜻	음
意	생각	의
氣	기운	기
揚	날리다	양
揚	날리다	양

3 한자어 익히기

다음 한자어를 소리 내어 읽고 빈칸에 따라 써 보세요.

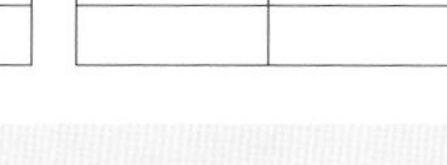

協	力
도울 협	힘 력

협력(協力): 힘을 합하여 서로 도움.
- 혼자 하기 어려워 협력을 요청하였습니다.
- 양국 정상은 경제 교류 협력 방안을 논의했습니다.
- 이번 일이 잘 마무리되도록 협력을 아끼지 않겠습니다.

ERI 지수 591 예술 | 실과

'먹는 방송'을 뜻하는 ㉠'먹방'은 어느새 우리나라는 물론 전 세계적으로 유행하는 방송 콘텐츠가 되었다. 먹는 장면을 보여 주는 방송은 오래전부터 있었다. 그러나 '먹는 것'에 집중한 방송이 유행하고 이를 가리키는 말이 등장한 것은 2000년대 말의 일이다.

➡ '먹는 방송'을 뜻하는 '먹방'의 유행

현재 많은 사람이 먹방에 열광하는 이유는 무엇일까? 어떤 전문가들은 먹방이 사람들의 외로움과 허전함을 달래 주는 역할을 한다고 말한다. 최근 1인 가구가 증가하면서 혼자 밥을 먹는 경우가 예전보다 늘어났다. 혼자 밥을 먹으면 언제, 어디에서, 무엇을, 어떻게 먹을지 자유롭게 정할 수 있어 편리하다. 그러나 계속 혼자 먹다 보면 외로움이나 허전함을 느끼게 된다. 이럴 때 밥상머리에 먹방을 틀어 놓으면 영상에 등장하는 사람과 함께 밥을 먹는 기분을 느낄 수 있다는 것이다.

(열광: 너무 기쁘거나 흥분하여 날뜀.)

➡ 사람들이 먹방에 열광하는 이유 – 외로움과 허전함을 달래 줌.

밥을 함께 먹으면 함께 먹는 사람과 가까워지는 느낌이 든다. 또 함께 밥을 먹은 기억을 통해 그날의 분위기나 함께한 사람들을 따뜻하게 추억하기도 한다. 이처럼 ㉡먹방은 방송이라는 형식과 음식을 통해 '혼자'이면서도 '함께'라는 느낌을 줄 수 있다. 많은 사람이 먹방에 열광하는 이유 중 하나는 이러한 느낌 때문이다. 그리고 사람들의 마음을 위로한다는 점에서 이는 먹방의 좋은 기능이라고 할 수 있다.

(추억: 지나간 일을 돌이켜 생각하는 것. 또는 그런 생각.)

➡ 먹방은 혼자이면서도 함께라는 느낌을 줌.

그러나 일부에서는 먹방이 사람들의 몸과 마음을 상하게 하고, 음식과 돈을 낭비하게 만든다고 지적한다. 이러한 주장을 하는 사람들은 먹방이 사람들의 마음을 위로하는 것은 일시적인 것일 뿐이라고 말한다. 또 먹방이 잦은 야식과 폭식으로 이어져 사람들이 제때, 골고루, 적당히 먹기 어렵게 만들고 음식물 쓰레기를 늘린다고 주장하기도 한다. 이에 중국에서는 최근 먹방을 금지하기에 이르렀다. 우리나라에서도 먹방을 규제해야 한다는 주장과 이를 반대하는 주장이 팽팽하게 맞서고 있다.

(일시적: 짧은 한때의. / 규제: 일정한 한도를 넘지 못하게 막음.)

➡ 먹방의 부작용

먹방이 사람의 몸과 마음에 어떤 영향을 미치는가에 대해서는 명확한 결론을 내리기 어렵다. 전문가들의 의견도 다르게 나타난다. 어떤 전문가는 먹방이 보는 사람의 식욕을 자극하여 과식을 하게 만든다고 주장한다. 반면 ㉢식욕 증가보다는 대리 만족*의 효과가 크다고 주장하는 전문가도 있다.

➡ 먹방을 바라보는 두 가지 관점

중요한 것은 먹방을 지혜롭게 시청하는 것이다. 먹방이 사람들의 몸과 마음에 미치는 영향의 좋은 점과 나쁜 점을 잘 알아야 한다. 그리고 먹방의 좋은 점은 살리고 나쁜 점은 줄이면서, 먹방을 즐겁고 맛있고 건강하게 먹기 위한 수단으로 활용해야 한다. 이를 위해서는 무엇을, 언제, 얼마나 먹을지를 잘 따져 충동적으로 먹지 않도록 하고, 자신의 식습관을 건강하게 유지하도록 노력해야 한다.

➡ 먹방을 지혜롭게 시청하는 태도의 중요성

* **대리 만족**: 내가 아닌 다른 사람의 행동이나 성공을 통해 만족스러움을 느끼는 것.

내용 파악하기

1. 이 글의 내용과 일치하는 것은 무엇인가요? (②)

① 우리나라에서는 최근 먹방을 금지하였다.
② 먹방은 사람들의 외로움을 달래 주는 역할을 하기도 한다.
③ 전 세계적인 방송 콘텐츠였던 먹방은 2000년대 들어 유행이 시들해졌다.
④ '먹방'이라는 말을 사용하기 전까지는 방송에서 먹는 장면을 다루지 않았다.
⑤ 사람들 간의 소통이 활성화되면서 최근에는 혼자 밥을 먹는 사람들이 적어졌다.

해설 글쓴이는 2문단에서 먹방이 '영상에 등장하는 사람과 함께 밥을 먹는 기분을 느낄 수 있'게 하고, 3문단에서는 '사람들의 마음을 위로한다'고 설명하였습니다.

전개 방식 이해하기

2. 글쓴이가 말하고자 하는 내용을 전달하기 위해 사용한 방법이 아닌 것은 무엇인가요? (⑤)

① 묻고 답하는 형식을 활용하였다.
② 전문가들의 의견을 소개하였다.
③ 단어가 등장하게 된 배경을 설명하였다.
④ 소재가 되는 현상의 현재 상황을 언급하였다.
⑤ 한 가지 관점을 골라 자신의 의견으로 제시하였다.

해설 이 글은 먹방이라는 말의 시작과 현재 상황을 언급하는 것으로 시작됩니다. 그리고 많은 사람이 먹방에 열광하는 이유를 묻고 이에 답하고 있으며, 전문가들의 의견을 소개하고 있습니다. 그러나 먹방의 긍정적 기능과 부정적 기능을 모두 언급하고 있는 것이지 그중 한 가지 관점을 골라 자신의 주장을 전개하지는 않았습니다. 오히려 '먹방이 사람의 몸과 마음에 어떤 영향을 미치는가에 대해서는 명확한 결론을 내리기 어렵다.'라고 설명하고 있습니다.

문장 부호의 기능 이해하기

3. 다음 중 ㉠의 작은따옴표(' ')와 같은 기능을 하는 것에 √표 하세요.

(1) 지혜롭게 거절하는 데에도 '용기'가 필요하다. (√)
(2) 그는 마음속으로 '용기를 내자.' 하고 다짐하였다. ( )
(3) "여러분, '하늘이 무너져도 솟아날 구멍이 있다.'고 합니다." ( )

해설 작은따옴표는 (1)처럼 중요한 부분을 두드러지게 만들 때, (2)처럼 마음속으로 한 말이나 (3)처럼 인용한 말 속에 들어 있는 인용한 말을 나타낼 때 사용됩니다. ㉠에서는 '먹방'이 '먹는 방송'이라는 말의 줄임말임을 두드러지게 드러내 보이기 위해 작은따옴표를 사용하였습니다.

문장 종결 표현의 효과 이해하기

4. ㉡의 밑줄 친 부분을 아래와 같이 바꾸었을 때 문장이 주는 효과가 어떻게 달라지는지 쓰세요.

> ㉡ 먹방은 방송이라는 형식과 음식을 통해 '혼자'이면서도 '함께'라는 느낌을 줄 수 있다.
>
> ⇩
>
> 먹방은 방송이라는 형식과 음식을 통해 '혼자'이면서도 '함께'라는 느낌을 준다.

글쓴이가 자신의 생각이 확실하다고 생각함을 보여 준다.

해설 '-ㄹ 수 있다'는 주장하거나 설명하는 내용이 '그렇지 않을 가능성'이 있음을 암시하는 종결 표현입니다. 이를 '-ㄴ/는다'로 바꾸게 되면 주장하거나 설명하는 내용이 틀림없다고 판단한다는 느낌을 주게 됩니다.

맥락을 활용하여 추론하기

5. 다음은 ㉢에 담긴 뜻을 설명한 글입니다. 빈칸에 알맞은 말을 넣어 문장을 완성하세요.

> ㉢은 '먹방이 보는 사람의 식욕을 자극하여 과식을 하게 만든다.'라는 주장과 대립하는 주장이다. 대리 만족이란 다른 사람의 성공이나 행동으로부터 얻는 만족을 뜻한다. 그러므로 ㉢은 시청자가 먹방에 등장하는 사람이 먹는 모습을 보면서 (만족감)을/를 느낄 뿐 더 많이 먹게 되는 것은 아니라는 뜻이다.

해설 ㉢은 먹방이 시청자의 식욕을 자극하여 더 많이 먹게 하기보다는 다른 사람이 먹는 장면을 통해 만족감을 느끼게 한다는 뜻입니다.

글에 대한 반응 추론하기

6. 이 글을 읽고 난 학생들의 반응으로 알맞지 않은 것은 무엇인가요? (⑤)

① 더 즐겁고 맛있게 먹는 도구로 먹방을 활용해야지.
② 혼자 밥을 먹을 때 먹방을 보면서 쓸쓸함을 달랠 수도 있겠어.
③ 밤에 간식이 먹고 싶을 때는 먹방을 보는 것으로 먹는 것을 대신해야겠어.
④ 먹방의 단점을 생각하면서 과식이나 폭식으로 이어지지 않도록 주의할 거야.
⑤ 먹방에는 좋은 점이 없는 것 같으니 나는 앞으로 먹방을 아예 보지 않을 거야.

해설 마지막 문단에서 글쓴이는 먹방이 사람들의 몸과 마음에 미치는 영향력의 장단점을 잘 알고, 먹방을 즐겁고 맛있고 건강하게 먹기 위한 도구로 활용하며 지혜롭게 시청하는 것이 중요함을 강조하고 있습니다.

어휘 익히기

1 단어 뜻 알기

빈칸에 들어갈 알맞은 단어를 〈보기〉에서 찾아 쓰세요.

보기: 열광 추억 일시적 규제

1. 유럽의 많은 사람이 축구 경기에 (열광)한다.
   뜻 너무 기쁘거나 흥분하여 날뜀.
2. 친구와 함께 즐겁게 지내던 시절을 (추억)하였다.
   뜻 지나간 일을 돌이켜 생각하는 것. 또는 그런 생각.
3. 환경부에서는 초등학교 주변의 소음을 (규제)하기로 했다.
   뜻 일정한 한도를 넘지 못하게 막음.
4. 할아버지는 (일시적) 감정에 흔들리지 않는 큰 나무 같은 분이다.
   뜻 짧은 한때의.

2 관용 표현 알기

다음 빈칸에 들어갈 알맞은 말을 쓰세요.

> 감기에 걸리니 몸에 힘도 없고 입맛도 없었다. 그래서 밥을 먹으라는 엄마의 부름에도 꼼짝하지 못했다. 그랬더니 엄마는 "감기는 밥상머리에서 물러간단다. 한술이라도 떠 봐."라고 하셨다.

"감기는 [밥][상]머리에서 물러간다"

밥을 먹어야 약도 잘 듣고 힘도 나겠지요? 이 속담은 밥만 잘 먹어도 웬만한 병은 저절로 물러감을 뜻하는 말입니다.

3 한자어 익히기

다음 한자어를 소리 내어 읽고 빈칸에 따라 써 보세요.

飮	食
마실 음	밥 식

음식(飮食): 사람이 먹거나 마실 수 있는 것.
- 음식이 입에 잘 맞습니다.
- 우리는 음식을 남기지 않고 다 먹었다.
- 그는 손님에게 음식을 정성껏 대접하였습니다.

飮	食
마실 음	밥 식

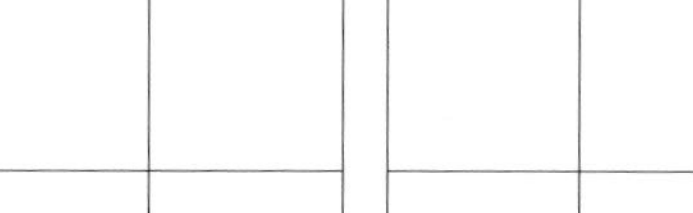
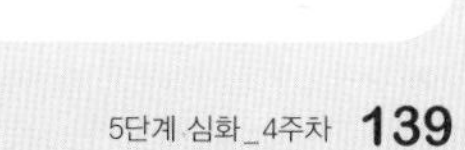

05회 읽기 방법 익히기

1 맥락을 활용하여 내용 예측하기

이어질 내용을 미리 짐작하는 것을 예측이라고 합니다. 예측하며 글을 읽으면 이어질 내용을 이해하는 데 도움이 됩니다. 예측은 미리 생각해 보는 것이기 때문에 맞을 때도 있지만 틀릴 수도 있습니다. 예측이 맞으면 맞는 대로, 틀리면 틀리는 대로 이어질 내용을 이해하는 데 도움이 됩니다. 그렇다고 독자 마음대로 근거 없이 아무렇게나 예측하며 읽는 것은 독해에 별로 도움이 되지 않습니다. 글의 제목, 삽화, 이어질 내용을 안내하는 표현이나 문장 등을 근거로 예측하는 것이 좋습니다.

★ **맥락을 활용하여 내용을 예측하려면,**

(1) 글의 제목이나 삽화를 통해 어떤 내용이 전개될지 예측합니다.

(2) 이어질 내용을 안내하는 표현이나 문장을 통해 어떤 내용이 전개될지 예측합니다. 주로 다음과 같이 글의 구조를 드러내는 표현이나 문장이 여기에 해당합니다.

- '첫째', '둘째', '셋째' 등의 표현이 사용된 글은 동등한 수준의 내용이 나열됩니다.
- '먼저', '다음', '마지막' 등의 표현이 사용된 글은 동등한 수준의 내용이 나열되거나 대상을 순서에 따라 설명하는 내용이 제시됩니다.

(3) 이외에도 글에 따라 내용 전개를 예측할 수 있게 하는 표현이나 문장은 매우 다양합니다. 따라서 글의 서두를 주의 깊게 읽으면서 어떤 내용이 어떻게 이어질지 생각하며 읽도록 합니다.

1 다음의 신문 기사 제목을 보고 예측할 수 있는 내용을 바르게 말한 학생을 모두 찾아 V표 하세요.

어린이들이 직접 마련한 교통사고 방지 대책 눈길

민수	강희	현석	지혜
어린이들이 마련한 대책이 무엇인지 소개하는 내용이 나올 것 같아.	우리나라에서 일어나는 교통사고의 주요 원인과 대책에 관한 설명이 나올 거야.	어린이들이 교통사고 방지 대책을 만든 과정이 소개될 것 같아.	어린이들이 교통사고 방지 대책을 직접 마련한 것이 왜 관심을 받는지 설명하는 내용이 나오겠군.
(V)	( )	(V)	(V)

해설 신문 기사의 제목 '어린이들이 직접 마련한 교통사고 방지 대책 눈길'은 이 기사가 어린이들이 교통사고 방지 대책을 어떤 과정을 통해 만들었는지 소개하고, 그것이 무엇인지 설명할 것임을 예측할 수 있게 합니다.

2 다음은 '사라지는 동물을 구해 주세요!'라는 글의 앞부분입니다. 물음에 답하세요.

사라지는 동물을 구해 주세요!

황새는 예로부터 우리나라에서 흔히 볼 수 있던 텃새였습니다. 그러나 무분별한 개발로 인한 서식지 파괴와 농약 사용으로 인한 먹이 감소, 황새 박제를 얻기 위한 사냥 등으로 1970년대 이후 우리나라에서 완전히 자취를 감추게 되었습니다. 이렇게 어떤 동물이 완전히 자취를 감추어 더 이상 볼 수 없게 되는 것을 '멸종'이라고 합니다. 지금까지 알려진 지구상의 동물 약 170만여 종 중 4분의 1가량이 앞으로 20~30년 안에 멸종될 수도 있다고 합니다. 지구 온난화와 환경 오염, 급격한 도시화 등으로 동물의 먹이와 서식지가 줄고 있기 때문입니다.

멸종은 사라지는 그 동물에게만 중요한 일이 아닙니다. 왜냐하면 멸종은 생태계 전체에 심각한 영향을 미치기 때문입니다. 인간도 지구에 사는 동물 중의 한 종이라는 점을 생각한다면 멸종 현상을 그저 강 건너 불구경하듯 볼 수만은 없습니다. 가장 먼저, 멸종이 인간에게 어떤 영향을 어떻게 미치는지 자세히 살펴볼 필요가 있습니다.

(1) 다음은 이 글을 읽고 친구들이 나눈 대화입니다. 빈칸에 알맞은 말을 써넣으세요.

은정: 이 글은 멸종 위기 동물을 구하기 위해 노력하자는 내용의 글이야.
수혁: 아니, 다 읽어 보지도 않고 어떻게 알아?
은정: 글의 앞부분 내용을 통해서도 짐작할 수 있지만, 특히 글의 (제목)에 뚜렷이 드러나 있거든.

해설 이 글의 제목으로 제시된 '사라지는 동물을 구해 주세요!'는 이 글이 멸종 위기에 있는 동물을 보호하기 위해 노력하자는 내용을 담고 있음을 보여 줍니다.

(2) 이 글의 뒷부분에 이어질 내용으로 알맞은 것은 무엇인가요? (④)

① 멸종의 뜻
② 황새가 멸종한 이유
③ 세계화로 인한 문제점
④ 멸종이 인간에게 미치는 영향
⑤ 인구 증가가 현대 사회에 미치는 영향

해설 이 글의 마지막에 '멸종이 인간에게 어떤 영향을 어떻게 미치는지 자세히 살펴볼 필요가 있습니다.'라고 하였으므로, '멸종이 인간에게 미치는 영향'에 대한 내용이 이어질 것이라고 예측할 수 있습니다. ①, ② 이미 글의 앞부분에서 설명하였습니다. ③, ⑤ 멸종 위기의 동물을 구하자는 글의 내용과 관계가 없으므로 이 글 뒤에 이어질 내용이라고 예측하기에

2 글의 구조를 활용하여 요약하기

요약할 때는 글의 구조를 고려해야 합니다. 글의 구조를 활용하여 요약하면 글의 중요한 내용을 더 잘 이해할 수 있고, 중요한 내용을 분명하게 정리할 수 있습니다.

★ **글의 구조를 활용하여 요약하려면,**

(1) 글을 처음부터 끝까지 읽으며 글의 구조를 파악합니다.

(2) 아래 예와 같이 글의 구조에 따른 틀을 그립니다. 글에 나타난 구조가 두 가지 이상일 때는 거기에 맞게 틀을 여러 개 그립니다.

〈비교 · 대조 구조〉

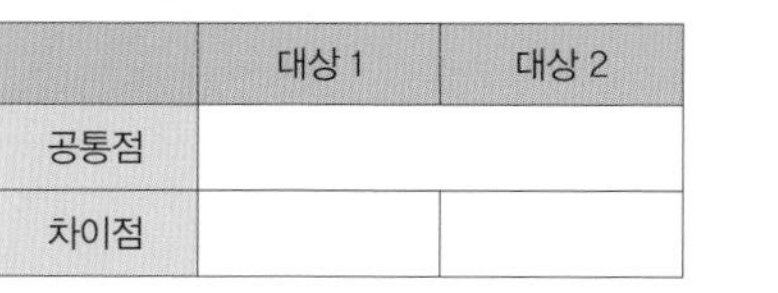

	대상 1	대상 2
공통점		
차이점		

〈나열 구조〉

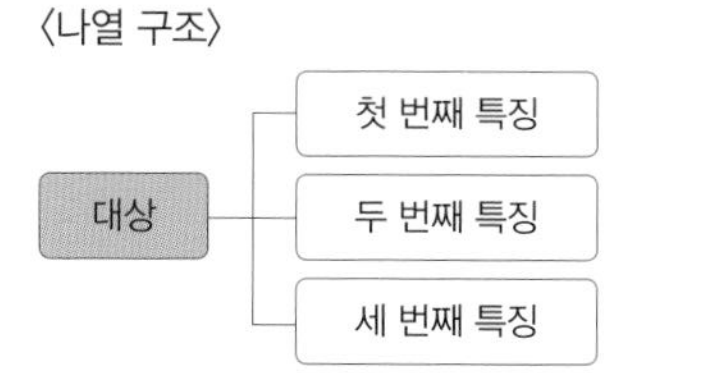

〈문제와 해결 구조〉

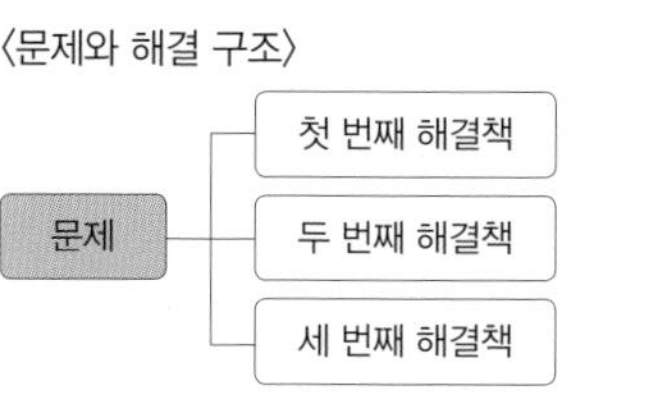

〈순서 구조〉

순서 1 → 순서 2 → 순서 3

(3) 글을 다시 읽으면서 틀에 맞추어 각각의 내용을 채웁니다.

(4) 완성한 틀에 들어간 내용을 문장으로 만들고, 문장을 서로 잇습니다.

(5) 글 전체의 흐름을 고려하여 틀에 들어간 문장을 이은 부분 앞과 뒤에 적절한 단어를 채워 넣어 요약한 글을 완성합니다.

1 다음 글을 읽고, 물음에 답하세요.

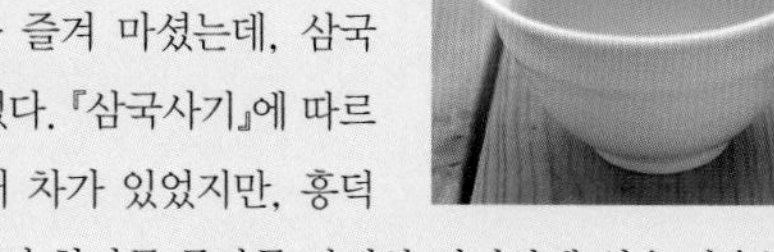

녹차는 푸른빛이 나도록 그대로 말린 부드러운 찻잎이나 찻잎을 우린 물을 뜻한다. 흔히 "차 한 잔 마실래?"라고 말할 때 '차'는 커피, 녹차, 홍차 등을 두루 이르는 말이지만, 원래 '차'는 차나무의 잎을 뜻하는 것이었다.

우리나라 사람들은 예부터 녹차를 즐겨 마셨는데, 삼국 시대에 이미 차를 마시는 문화가 있었다. 『삼국사기』에 따르면, 신라 선덕 여왕(? ~ 674) 때부터 차가 있었지만, 흥덕왕 3년(828)에 당나라에 다녀온 사신이 차나무 종자를 가져와 지리산에 심은 다음부터 본격적으로 차 문화가 발달하기 시작했다. 그리고 지금까지도 우리나라 사람들은 녹차를 즐겨 찾고 있다.

한 잔의 녹차를 마시기 위해서는 제법 많은 시간과 노력이 필요하다. 녹차를 만들기 위해서는 먼저 차나무에서 찻잎을 수확해야 한다. 찻잎은 봄부터 가을까지 수확할 수 있지만, 너무 이르면 잎이 작고 너무 늦으면 잎이 억세서 차로 우리기가 어렵다. 그래서 보통은 4월 중순부터 5월 하순에 수확한다. 찻잎을 따서 모은 다음에는 찻잎을 달구어진 솥에 넣고 재빨리 익힌다. 이를 '덖기'라고 한다. 이때 불은 일정한 온도를 유지하도록 하고 찻잎이 골고루 덖어지도록 한다. 잘 덖은 찻잎은 잠시 식힌 다음, 한데 모아 손으로 잘 비빈다. 비비기 작업은 찻잎 겉의 얇은 막을 없애 차가 잘 우러나도록 하기 위한 것이다. 비비기가 끝나면 찻잎을 잘 펴서 말린다. 말리기 작업은 온돌방에 한지를 깔고 그 위에 찻잎을 펴 두거나 바람이 잘 통하는 선반에 찻잎을 올려 두는 것으로 진행한다. 마지막으로 찻잎이 충분히 잘 마르면 부스러기를 골라내고 형태가 온전한 찻잎을 모아 녹차를 완성한다.

(1) 1문단과 2문단의 중심 내용을 각각 한 문장으로 쓰세요.

1문단	녹차는 찻잎이나 찻잎을 우린 물을 뜻한다.
2문단	우리나라 사람들은 삼국 시대부터 녹차를 즐겨 마셨다.

해설 각 문단의 처음이나 마지막 문장에 주목하면 중심 내용을 찾을 수 있습니다.

(2) 3문단의 구조로 알맞은 것에 동그라미를 치세요.

비교와 대조 구조　　나열 구조　　문제와 해결 구조　　(순서 구조)

해설 이 글의 3문단은 녹차를 만드는 과정에 관한 것으로 순서 구조에 해당됩니다.

(3) 3문단의 내용을 바탕으로 틀 안에 주요 내용을 써넣으세요.

찻잎을 수확한다. → 달궈진 솥에 찻잎을 덖는다. → 찻잎을 비빈다. → 찻잎을 말린다. → 형태가 온전한 찻잎을 모은다.

해설 3문단에 따르면, 녹차 만들기는 수확하기, 덖기, 비비기, 말리기, 모으기 등의 순서로 진행됩니다.

(4) (1)~(3)에서 정리한 내용을 자연스럽게 연결하여 이 글을 요약하세요.

녹차는 찻잎이나 찻잎을 우린 물을 뜻한다. 우리나라 사람들은 삼국 시대부터 녹차를 즐겨 마셨다. 녹차를 만들기 위해서는 가장 먼저 찻잎을 수확해야 한다. 그리고 나서 찻잎을 달궈진 솥에 덖고, 비빈다. 비비기 작업이 끝나면 찻잎을 말린 다음, 형태가 온전한 찻잎을 모아 완성한다.

해설 앞에서 정리한 각 문단의 중심 내용을 서로 연결하여 요약하는 글을 완성합니다.

MEMO